Karl-Wilhelm Weeber

Die unheiligen Spiele

Das antike Olympia zwischen Legende und Wirklichkeit

Artemis & Winkler

Die Deutsche Bibliothek – CIP-Einheitsaufnahme

Die unheiligen Spiele: Das antike Olympia zwischen Legende und Wirklichkeit / Karl-Wilhelm Weeber. – Neuausg. – Düsseldorf; Zürich: Artemis und Winkler, 2000
ISBN 3-7608-1217-1

Neuausgabe 2000

Umschlaggestaltung: Peter Rüfenacht
Motiv aus einem Bild von Jacques-Louis David (1748–1825)
Druck und Verarbeitung: Clausen & Bosse, Leck
Printed in Germany
ISBN 3-7608-1217-1

Inhalt

Warum dieses Buch? – Ein persönliches Vorwort

Den Titel dieses Buches mag manch einer als Provokation empfinden, vielleicht auch als Ausdruck der Ignoranz seines Autors: Stimmt es denn nicht, daß die Olympischen Spiele des Altertums Teil des Zeus-Kultes in Olympia waren und daß sie von antiken Autoren als «heilig» bezeichnet werden?

Natürlich stimmt das. Der kultische Rahmen, in den die Olympischen Spiele eingebettet waren, ist unübersehbar. Opfer und andere sakrale Handlungen waren feste Bestandteile des olympischen Programms. Daß sie sich allmählich – spätestens seit dem 4. Jh. v. Chr. – zu mehr und mehr äußerlichen Ritualen entwickelten, steht dem ebensowenig entgegen wie die Tatsache, daß sich keineswegs alle organisatorischen Details auf einen religiösen Nenner bringen lassen. Inwieweit freilich der kultische Aspekt die Motive der Athleten und das sportliche Geschehen als solches beeinflußt hat, ist sehr umstritten. Selbst Wissenschaftler, die sich einer unkritisch überhöhenden Sicht des antiken Olympia sonst nicht verschließen, urteilen da ganz nüchtern: «In den Spielen selbst gab es keine rituelle Bedeutung; sie waren ganz und gar säkular», meint sogar E. N. Gardiner, der sich sonst nicht gerade als kühler Analytiker in Sachen Olympia hervorgetan hat. Unsere Darstellung wird hoffentlich deutlich machen können, daß die Aktiven und ihre Zuschauer in der Tat sehr wohl zwischen dem religiösen Rahmen der Spiele einerseits und dem sportlichen Teil andererseits zu unterscheiden wußten, in dem um so ganz profane Dinge wie Ruhm und Einfluß, Geld und Macht, Sozialprestige und politischen PR-Erfolg gekämpft wurde.

Insofern waren es eher «unheilige Spiele», zu denen sich da alle vier Jahre die sportliche Elite der Hellenen in Olympia einfand. Die – bewußt leicht polemisch gewählte – Formulierung zielt aber vor allem auf eine idealisierende Olympia-Rezeption in unserer Zeit, die die «Heiligkeit» der antiken Spiele so klischeehaft-penetrant betont, daß die historische Wirklichkeit Alt-Olympias völlig hinter der ideologischen Fassade verschwindet. Die dichte Legendenbildung um die Olympischen Spiele des Altertums geht dabei nicht nur auf eine naive, aus Unkenntnis gespeiste Verklärung des historischen Vorläufers der modernen Olympiaden zurück. Sie hat durchaus auch Methode: das «antike Olympia» wird von Sportfunktionären, Reportern und Leitartiklern nur zu gern beschworen, wenn es gilt, gegen die – von ihnen als solche empfundenen – «Auswüchse» und «Fehlentwicklungen» des modernen olympischen Sports rhetorisch zu Felde zu ziehen.

Man braucht dazu ein leuchtendes Vorbild, dem man das «böse», gewissermaßen depravierte Olympia unserer Zeit entgegenstellt, das sich leider, leider so weit von seinen Ursprüngen entfernt habe... Mit bemerkenswerter Hemmungslosigkeit wird dabei ein historisch falsches Bild gezeichnet, indem man entweder einseitig all das aus dem antiken Olympia herausfiltriert, was man als vorbildhaft propagieren möchte, oder schlicht die eigenen Vorstellungen von olympischen Werten, Zielen und Sport-Auffassungen in das Altertum zurückprojiziert. Klassisches Beispiel dafür ist der Amateur-Gedanke. Er ist nachweislich erst in der zweiten Hälfte des 19. Jh. entstanden; die gesamte Antike kannte weder den Begriff des Amateurs noch die Sache selbst. Was freilich die Verfechter dieser Idee nicht daran hindert, den «Verlust» des angeblichen Amateur-Ideals der alten Griechen zu beklagen.

Oder auch die Begriffe Fairneß, Völkerverständigung und Olympischer Frieden: das alles sind – durchaus ehren- und aus heutiger Sicht unterstützenswerte – Zielvorstellungen der modernen olympischen Ideologie. Es ist indes unhistorisch und argumentativ unredlich, wenn man sich dafür auf das antike «Vorbild» beruft. Das Altertum kannte das sportliche Ethos des *fair-play*-Gedankens wenn überhaupt, dann nur in Ansätzen. Und was die Griechen unter dem «Olympischen Frieden» verstanden, ist etwas viel Bescheideneres, Eingeschränkteres – und insofern Realistischeres – als das, was heute mit schöner Regelmäßigkeit von wohlmeinenden, aber schlecht informierten Kommentatoren als «unerreichtes Vorbild» gepriesen und wärmstens zur Nachahmung empfohlen wird.

Ein besonderes Ärgernis ist die moderne Debatte über die angeblich bedauernswerte Verquickung von olympischem Sport und Politik. Eine typische Verfallserscheinung der modernen Spiele!, tönt es da mit Stentor-Stimme aus dem Radio- oder TV-Lautsprecher. Und gleich darauf – man hört den tiefen Seufzer fast mit –: «Wenn das die alten Griechen wüßten!» Sie wußten es, verehrter Herr Reporter! Mehr noch: Sie praktizierten diese Verquickung emsig und mit großer Selbstverständlichkeit – und sie standen dazu!

Diese Peinlichkeit haben sich die Griechen nicht erlaubt, Krokodilstränen über die politische Instrumentalisierung sportlicher Erfolge zu vergießen! Für sie gehörten die beiden Dinge zusammen, und wenn man etwas von den alten Olympien lernen will, dann sollte das der Abschied von jener Bigotterie sein, die es einem so schwer macht, die Verlautbarungen des IOC und seiner willfährigen publizistischen Hilfstruppen noch ernstzunehmen.

Gewiß, an der Legende von den hehren Olympischen Spielen der Antike haben auch Altertumswissenschaftler mitgewoben. Ein problematischer Humanismus-Begriff, der das Altertum idealisierte und verabsolutierte, statt sich ihm in seiner menschlichen Unvollkommenheit zu nähern und es auf Alternativ-Angebote zu befragen, hat dabei Pate gestanden. Mittlerweile haben aber auch hier Realismus und Nüchternheit die Oberhand gewonnen, hat sich im wissenschaftlichen Bereich eine mutige Aufarbeitung all der Klischees und Legenden vollzogen, die das antike Olympia in ganz anderem Lichte erscheinen läßt.

Es seien stellvertretend für viele andere die Namen von M. Lämmer, R. Muth, H. W. Pleket, I. Weiler und D. C. Young genannt, allesamt renommierte Sporthistoriker und Klassische Philologen, die sich um die Entmythologisierung der Olympischen Spiele des Altertums verdient gemacht haben. Ihrer gediegenen Forschungsarbeit ist die vorliegende Darstellung sehr verpflichtet, die sich zum Ziel gesetzt hat, die oft in Spezialuntersuchungen «versteckte»

Aufklärungsarbeit einem größeren Publikum zugänglich zu machen. Denn was sich im wissenschaftlichen Bereich mittlerweile als Lehrmeinung etabliert hat, hat sich in einer größeren Öffentlichkeit noch nicht recht durchsetzen können: Ideologie und Ignoranz vieler Meinungsbildner bauen eine fast unüberwindliche Barriere auf. Das Olympia der Antike muß in seiner scheinbaren Vorbildfunktion gerettet werden, koste es, was es wolle – und wenn es um den Preis einer Geschichtsklitterung ist, die ihresgleichen sucht.

Die Wahrheit ist unbequem. Und warum sollte das Bild vom «edlen und reinen» Olympia des Altertums auf dem Altar einer fragwürdigen Gottheit namens historische Redlichkeit geopfert werden? *Cui bono?*, wird manch einer fragen, dem die Antike und ihre Kultur am Herzen liegen. Ist «Legendenzertrümmerung» dieser Art nicht bloß Miesmacherei? Muß ausgerechnet ein Altertumswissenschaftler dieses Enthüllungs-Geschäft betreiben – und damit seiner Disziplin in aller Öffentlichkeit in den Rücken fallen?

Mit dieser Kritik ist zu rechnen. Wenn selbst der Rezensent einer liberalen, also nicht im Verdacht unkritischer Antike-Idealisierung stehenden Zeitung meinem Buch über Umweltprobleme im Altertum indirekt vorwarf, es gehe zu wenig auf das Positive ein (das es, versteht man es im Sinne von Vorbildhaftem, bei diesem Thema leider nicht gibt), dann kann man sicher sein, daß ähnliche Einwände gegen die «Nestbeschmutzung» in Sachen Olympia erhoben werden. Wo, bitte, bleibt das Positive?

Auch wenn das nicht gerade eine genuin wissenschaftliche Anfrage ist – es *gibt* sogar eine Antwort darauf. Eine Idealisierung der Antike, wie sie schwärmerischer Klassizismus gewissermaßen als strahlendes, in hellsten Farben leuchtendes Gegenbild zur dunklen, dekadenten Jetztzeit entwirft, schafft nichts anderes als eine Distanz, die den Gegenstand der Bewunderung in unerreichbarer Ferne erscheinen läßt. Es entsteht ein klinisch reines, geradezu desodoriertes Antike-Bild, das Sterilität ausstrahlt – die griechisch-römische Zivilisation auf dem Marmor-Sockel der Historie, schön anzuschauen, aber tot.

Konkret auf unsere Thematik bezogen, heißt das: da kämpfen dort im heiligen olympischen Gottesdienst edle Athleten mit wohlproportionierten Körpern in äußerster Fairneß, weder auf schnöden Mammon schielend noch gar mit dem Blick auf irgendeine politische Verwertbarkeit ihres Sieges, um den olympischen Olivenzweig. Ihnen klatscht ein aufmerksames, die Schönheit und Kraft männlicher Körper bewunderndes Publikum artig Beifall: der Beste soll siegen, er erweist sich im Siege als Liebling der Götter. Neidlos gönnen ihm seine Mitbewerber den Erfolg, und in harmonischem Miteinander feiert die Festversammlung die frisch bekränzten Olympioniken. Keine Disharmonie, kein böses Wort stört den «Olympischen Frieden», denn der steht ja schließlich unter dem Schutz des höchsten Gottes. Und wer würde es wagen, sich mit Zeus persönlich anzulegen, dem Schutzherrn der Spiele, der gleichzeitig streng über die Einhaltung des olympischen Eides wacht?!

Das ist etwa, wenngleich verkürzt und polemisch stilisiert, das Olympia-Bild, das uns aus vielen Darstellungen vertraut ist. Ein Bild, dem nur eines fehlt: Leben. Menschliche Leidenschaften, Versuchungen und Schwächen sucht man darin vergebens. Es scheint, als wetteiferten hier unfehlbare, abgeklärte Götter miteinander, nicht Menschen (und sicher auch keine griechischen Götter, denn denen war nichts Menschliches fremd...). Es ist eine öde, eine langweilige Erbaulichkeit, die die zweifelhafte Faszination dieses Bildes ausmacht.

Das wirkliche Olympia war viel lebhafter, viel widersprüchlicher, viel komplexer. Da kamen Bestechungen und Schiebereien vor, da wurde erbittert um den Sieg gestritten und lautstark angefeuert, da floß der Schweiß in Strömen, da hatten die Schiedsrichter alle Hände voll zu tun, um die Wettkampfregeln durchzusetzen, da hielten Politiker und Rhetoren flammende Fensterreden, da wurde der Sieg aus politischen Gründen verschachert, da bemühte sich jede Stadt, ihr Stück von dem in Olympia über Siege verteilten Propaganda-Kuchen abzuschneiden, und da kam es in der Hitze des brutalen, schwerathletischen Gefechts vereinzelt sogar zu tödlichen Unglücksfällen – und zwar nicht erst in der vermeintlichen «Verfallszeit» der Olympischen Spiele seit dem 4. Jh. v. Chr., sondern durchaus schon in der «hohen» Zeit der Spiele im 6. und 5. Jh.!

Die Griechen selbst haben nicht versucht, diese «Schatten»-Seiten der olympischen Wettkämpfe zu verbergen oder zu beschönigen. Was man von ihnen abschauen kann, ist die Ehrlichkeit, mit der sie sich zum unbedingten Siegeswillen und zur politischen «Vermarktung» olympischer Triumphe bekannten, zur Schadenfreude über das Scheitern von Konkurrenten und zum relativ ideologiefreien Pragmatismus, wie er in der Institution der Ekecheirie, des olympischen Waffenstillstandes, zum Ausdruck kommt.

Die Heuchelei und Saubermann-Attitüde, welche die Diskussionen über die modernen Olympischen Spiele prägt – als Stichworte seien nur Amateur-Status, Sport und Politik sowie Fairneß-Gebot im Zusammenhang mit Doping genannt –, fehlten bei den Griechen weitgehend. Sie hätten es sich vermutlich energisch verbeten, als falsche Vorbilder für Ethos-Vorstellungen im Sport mißbraucht zu werden, die ebenso zeitgebunden wie umstritten sind – auch wenn das IOC und andere Funktionärsvereinigungen sie am liebsten mit dem Heiligenschein zeitloser, selbstverständlicher Werte umgeben möchten.

Olympia – das ist ein Spiegel des alten Hellas im Guten wie im Schlechten; ein Ort, an dem sich die Ambivalenz zwischen dem zu Höchstleistungen stimulierenden Konkurrenzdenken und der Lust, sich mit anderen zu messen, einerseits und der ausgeprägten Neigung zum Partikularismus und Egoismus andererseits in besonders anschaulicher Weise manifestierte. Die Olympischen Spiele waren eine Art Familientreffen mit der solchen Veranstaltungen oftmals innewohnenden Brisanz: man kam dorthin und stellte damit seine Zugehörigkeit zur Familie unter Beweis, aber man tat gleichzeitig alles, um vor allen glänzend dazustehen und die übrigen nach Möglichkeit auszustechen. Solidarität ist ein vielbeschworenes – und viel mißbrauchtes – Zauberwort unserer Zeit; für die Griechen war sie kein Wert – auch nicht in Olympia.

Die modernen Olympischen Spiele und die Spiele des Altertums sind, das ist das für manchen vielleicht enttäuschende, aber realistische Fazit, weder in ihrem organisatorischen Rahmen noch in ihren grundlegenden Ideen miteinander vergleichbar. Viel mehr Verbindendes als den gemeinsamen Namen haben sie nicht. Das soll auf den folgenden Seiten aufgezeigt werden. Wenn das Buch es erreichen könnte, die Olympischen Spiele des Altertums auch nur ein wenig vor den ideologischen Vereinnahmungen durch moderne olympische Moral-Apostel in Schutz zu nehmen, hätte sich die Arbeit gelohnt.

K.-W. W.

Die Olympischen Spiele des Altertums – Ein kurzer Überblick über ihre Geschichte, ihr Programm und ihren Ablauf

Totenkult oder Wettkampf? – Der Ursprung der Olympischen Spiele liegt im dunkeln

Das Datum lernt jeder im Geschichtsunterricht: 776 v. Chr. – Beginn der Olympischen Zeitrechnung, zugleich die ersten Olympischen Spiele des Altertums. Es ist symptomatisch für das moderne Halbwissen über das antike Olympia, daß schon diese Basisinformation nur zur Hälfte zutrifft. Richtig ist, daß die ersten Aufzeichnungen über die Olympischen Spiele dieses Jahr betreffen; seit 776 hielt man den Namen des Athleten schriftlich fest, der den Stadionlauf, damals noch die einzige Disziplin, gewonnen hatte. Ebenso sicher ist indes, daß das Fest selbst viele hundert Jahre älter ist und seine Anfänge bis in die mykenische Epoche hinauf reichen.

Über den Ursprung der Spiele zirkulierte im Altertum eine ganze Reihe von Mythen und Legenden. Klangvolle Namen finden sich unter den vermeintlichen Gründern bzw. Erneuerern des Festes: Pelops, der Ahnherr der Peloponnes, ebenso wie der berühmte Heros Herakles, und sogar Zeus selbst, dem höchsten Gott und

Schirmherrn der Spiele, schrieben manche die Einrichtung der Olympien zu.

Die moderne Forschung hat diese Frage immer wieder aufgegriffen und sehr kontrovers diskutiert – natürlich indem sie die mythischen Berichte auf ihren rationalen, kulturgeschichtlichen Kern zurückzuführen suchte. Trotz der intensiven Auseinandersetzung, die mittlerweile zahllose Bücher und Zeitschriftenbände füllt, hat sich eine weitgehend akzeptierte Theorie noch nicht herausgeschält. H. Bengtson reduziert die Vielzahl der vorgelegten Thesen auf zwei «ernstlich in Betracht» kommende: entweder gingen die Olympischen Spiele auf Leichenspiele zurück und wurzelten somit im Totenkult, oder sie seien von Anfang an als reine Sportwettkämpfe «konzipiert» worden[1]. Ob sich der komplexe wissenschaftliche Diskussionsstand so stark polarisieren läßt, sei dahingestellt. Im Rahmen unserer Darstellung kann jedoch auf eine eingehende Auseinandersetzung mit dieser Streitfrage verzichtet werden – *so* konstitutiv für das Verständnis und die «Programmatik» der Spiele in klassischer Zeit ist die Ursprungsproblematik wahrlich nicht!

Karriere aus bescheidenen Anfängen – 1100 Jahre Festspielort Olympia

Unzweifelhaft ist die Verbindung der Spiele zum Zeus-Kult. Ihm zu Ehren fanden die Olympischen Spiele statt; er war gleichzeitig ihr Schirmherr. Spuren früher Altäre haben sich in der Altis, dem heiligen, von Olivenbäumen bestandenen Hain, gefunden. Der erste große Monumentaltempel wurde um 600 in Olympia gebaut; Herr über dieses Heiligtum war merkwürdigerweise nicht Zeus selbst, sondern seine Frau Hera. Die regste Bautätigkeit begann im zweiten Viertel des 5. Jh. v. Chr.: Damals entstand unter anderm der prächtige Zeus-Tempel, dessen von Phidias geschaffene Kultstatue eines der berühmtesten Kunstwerke des Altertums war. Der Tempel selbst war ein Meisterwerk dorischer Architektur. Er wurde in den folgenden Jahrhunderten mehrfach restauriert. Im

Rekonstruktion des Zeus-Heiligtums von Olympia.

6. Jh. n. Chr. stürzte er bei einem Erdbeben ein. Weitere Bauten ergänzten die architektonische Ausgestaltung der Altis im Laufe der Zeit. Wer heute als Tourist den olympischen «Hain» durchstreift, sieht die Überreste zahlreicher Gebäude, die auf ganz verschiedene Epochen zurückgehen.

Kein Wunder, denn die Geschichte der Olympischen Spiele umfaßt mehr als 1100 Jahre, wenn man sie mit den ersten Aufzeichnungen von 776 v. Chr. beginnen läßt. Ihr Ende fanden sie wahrscheinlich im Jahre 393 n. Chr., als Kaiser Theodosius die Durchführung dieser «heidnischen» Spiele verbot. Die Anfänge waren bescheiden. Ein Stadion gab es ursprünglich nicht, nur eine Art Naturbahn, auf der der Stadionlauf als zunächst einzige Disziplin ausgetragen wurde. Das Fest fiel in den Hochsommer; in jedem vierten Jahr versammelten sich unter der sengenden Hitze der griechischen August-Sonne die besten Athleten der Region im Hain von Olympia.

Ausrichter der Spiele waren in historischer Zeit die Eleer. Sie hatten ihren Führungsanspruch wohl noch im Laufe des 8. Jh. gegenüber den Pisaten durchgesetzt, in deren Landschaft die Kultstätte des Zeus am Alpheios eigentlich lag. Pisa gab freilich den eigenen Anspruch auf die olympische Agonothesie (Festspielleitung) nicht auf; daraus entwickelten sich zeitweise Konflikte, die im Kapitel über den sogenannten Olympischen Frieden besprochen werden.

Nur sehr zögernd wurde das Sportprogramm erweitert. Bei der 14. Olympiade im Jahre 724 kam der Doppellauf (Diaulos), der etwa unserem 400-m-Lauf entspricht, hinzu; vier Jahre später nahm man den Langlauf (Dolichos; vermutlich über 20 Stadien, also knapp 4000 m) hinzu. Im Jahre 708 v. Chr. wurden der Ringkampf und das Pentathlon, der Fünfkampf, als olympische Disziplinen eingeführt. Der Fünfkampf setzte sich aus Diskuswerfen, Weitsprung, Speerwurf, (Stadion-?)Lauf und Ringen zusammen. Bezeichnend für die schlechte Quellensituation im Zusammenhang mit den Spielen, ihrem Ablauf und ihren Einzelaspekten ist die Tatsache, daß weder über die Reihenfolge der einzelnen Pentathlon-Disziplinen noch über die Modalitäten der Ermittlung des Siegers völlige Klarheit herrscht[2].

Die weitere Ausgestaltung des olympischen Programms zeigt die folgende chronologische Übersicht:

23. Olympiade (688 v. Chr.)	Faustkampf
25. Olympiade (680 v. Chr.)	Rennen mit Viergespann
33. Olympiade (648 v. Chr.)	Pferderennen, Pankration («Allkampf»)
37. Olympiade (632 v. Chr.)	Stadionlauf der Knaben, Ringkampf der Knaben
38. Olympiade (628 v. Chr.)	Fünfkampf der Knaben (nur dies einzige Mal durchgeführt)
41. Olympiade (616 v. Chr.)	Faustkampf der Knaben
65. Olympiade (520 v. Chr.)	Waffenlauf
70. Olympiade (500 v. Chr.)	Wagenrennen mit Maultier-Zweigespannen (444 v. Chr. wieder abgeschafft)

93. Olympiade (408 v. Chr.)	Wagenrennen mit Pferde-Zweigespannen
96. Olympiade (396 v. Chr.)	Wettkampf der Herolde und Trompeter
99. Olympiade (384 v. Chr.)	Wagenrennen mit Fohlen-Viergespannen
128. Olympiade (268 v. Chr.)	Wagenrennen mit Fohlen-Zweigespannen
131. Olympiade (256 v. Chr.)	Rennen der Fohlen
145. Olympiade (200 v. Chr.)	Pankration der Knaben

Die Übersicht zeigt, daß das Kernprogramm der Spiele, die «klassischen» Männer-Disziplinen, mit der 33. Olympiade voll ausgebildet war. Danach wurde das Programm nur noch durch die Sonder-Wettkämpfe der Jugendlichen, einige hippische Agone und zwei Spezial-Wettbewerbe, den Waffenlauf und den Wettkampf der Herolde und Trompeter, ergänzt. Dieser war das einzige Zugeständnis der Olympia-Organisatoren an nichtathletische, gewissermaßen musische Disziplinen, die bei anderen großen panhellenischen Festspielen einen festen Bestandteil des Programms bildeten.

Waren die Olympischen Spiele zunächst ein regional begrenztes Fest, an dem vorwiegend die Adligen aus der Umgebung ihre Kräfte maßen, so weitete sich der Kreis der Teilnehmer gegen Ende des 8. Jh. v. Chr. erheblich aus. Dank des einige Wochen vor der Feier ausgerufenen Waffenstillstandes und der Neutralität und Unverletzlichkeit der heiligen Stätte selbst konnten es zunehmend Athleten auch aus weiter entfernten Gegenden wagen, nach Olympia zu reisen. Das war der Durchbruch. Die Olympien entwickelten sich im 7. Jh. zu einem Ereignis, bei dem sich Teilnehmer – und Zuschauer! – aus allen Teilen Griechenlands ein Stelldichein gaben – inklusive der griechischen «Überseegebiete», die durch die große Kolonisationsbewegung zwischen der Mitte des 8. und der des 6. Jh. an allen Küsten des Mittelmeeres entstanden.

Wie es die Organisatoren der Olympien geschafft haben, ihr Fest zum unbestritten führenden panhellenischen Agon aufsteigen zu lassen, ist nicht überliefert. *Daß* es so war, steht fest. Der Glanz der Olympischen Spiele überstrahlte den der «Konkurrenzunternehmen» in Nemea, Korinth (Isthmische Spiele) und Delphi (Pythien) bei weitem.

Sport-Vernissage – Zur gesellschaftlichen Bedeutung Olympias

Entsprechend stark war die Kraft Olympias als Zuschauermagnet. Trotz der mühevollen Reise zu Lande und zu Wasser und der hochsommerlichen Temperaturen pilgerten alle vier Jahre Tausende von «Fans» aus der ganzen griechischen Welt in den Nordwesten der Peloponnes, um ihre Favoriten zu unterstützen oder sich einfach an den spannenden Wettkämpfen der besten Athleten von Hellas zu erfreuen. Die «Königsdisziplin» war übrigens das Wagenrennen mit Viergespannen; besonderer Popularität erfreuten sich auch die schwerathletischen Disziplinen Ringen, Boxen und Pankration.

In das sonst ruhige und eher verschlafene Olympia kam in den wenigen Wochen im Umfeld der Spiele pulsierendes Leben. Die Umgebung des heiligen Haines muß ein riesiges Zeltlager gewesen sein. Die allermeisten Besucher brachten ihr Zelt und ihre Vorräte selbst mit; die touristische Infrastruktur des Dorfes war viel zu unterentwickelt, um die plötzlich anschwellende Flut von Menschen anders unterzubringen. Verkaufsstände und Buden aller Art kamen hinzu. Daß Souvenirverkäufer und eigens angereiste fliegende Händler gute Geschäfte erwartete, versteht sich von selbst.

Unter das zahlreiche Olympia-Publikum mischten sich auch viele Prominente: Politiker, die sich einer gesamtgriechischen Öffentlichkeit «stellen» wollten, aber auch Philosophen, Dichter und Schriftsteller, die mit ihren Vorträgen eine Art kulturelles Rahmenprogramm der sportlichen Agone schufen. Herodot, der «Vater der Geschichte», trug dort sein Geschichtswerk vor der Festversammlung vor. Und zwar mit durchschlagendem Erfolg! Angeblich kannten ihn nach seinem Auftritt in Olympia weit mehr

Menschen als die Olympischen Sieger[3]. Am Rande der Spiele wurden gelegentlich auch politische Gespräche zwischen Vertretern einzelner Städte geführt. Dies allerdings erheblich weniger erfolgreich, wie später darzustellen sein wird[4].

Die gesellschaftliche Bedeutung Olympias hat der österreichische Publizist Egon Friedell in seiner unnachahmlichen Art anschaulich so beschrieben: «Hier traf sich *toute Grèce,* wie die Pariser oder Londoner Gesellschaft bei den Premieren und Vernissagen; auch wer als Rhetor oder Sänger panhellenische Publizität erlangen wollte, mußte dort erscheinen. Aber es bestand ein markanter Unterschied: es fehlten die Damen.»[5]

Gleichwohl: Die sportlichen Wettkämpfe waren und blieben die Hauptsache. Sie standen ganz im Zentrum der Aufmerksamkeit; sie waren es, die den Ablauf des Festes bestimmten. Den zu skizzieren, ist allerdings nicht ganz leicht. Wir besitzen aus der Antike nur wenige einschlägige Informationen und gesicherte Anhaltspunkte, die eine Rekonstruktion nur teilweise und nicht ohne Unsicherheitsfaktoren erlauben. Die dürftige Nachrichtenlage erklärt sich wahrscheinlich mit dem nur scheinbaren Paradox, daß antike Schriftsteller es nicht für nötig erachteten, sich über derlei allgemein Bekanntes zu verbreiten. Das ist stets der Fluch über dem Alltag vergangener Zivilisationen: gerade wegen seiner scheinbaren Banalität wird er nicht für tradierenswert erachtet. Und genau das bereitet Historikern zweitausend Jahre später Kopfschmerzen, wenn sie sich abmühen, aus dem fragmentarischen Quellenmaterial den Ablauf der Spiele auch nur in groben Umrissen zu skizzieren.

Trainingslager, Wettkämpfe, Opfer – Das Programm der Spiele

Dauerten die Spiele in der Frühzeit vermutlich nicht länger als einen Tag, so dehnte sich die Festspielperiode im Laufe der Zeit aus, je mehr Disziplinen ins Programm aufgenommen wurden und je mehr Athleten sich zu den Wettbewerben anmeldeten. Die einzelnen «Stationen» dieser zeitlichen Ausdehnung lassen sich nicht rekonstruieren. Eine einschneidende Neuorganisation der Olympischen Spiele erfolgte im Jahre 472 v. Chr. Damals wurde die Abfolge der einzelnen Wettkämpfe den veränderten Bedingungen angepaßt – es war ein Unding, wenn sich aufgrund zu enger zeitlicher Planung das Finale der Pankratiasten zuvor «bis in die Nacht ausdehnte, da sie nicht rechtzeitig aufgerufen wurden»[6]. Diesen Mißständen begegnete man durch eine großzügigere Zeit-Kalkulation; fortan standen wahrscheinlich sechs Tage für die Durchführung der Sportwettbewerbe, der kultischen Handlungen und der Siegerehrung zur Verfügung.

Das Programm der Spiele stellte sich seitdem etwa folgendermaßen dar (einige Unsicherheiten bleiben, weil die Quellen zu spärlich fließen):

Spätestens einen Monat vor dem Beginn der Spiele mußten die Athleten sich in Elis bei den Hellanodiken («Griechenrichtern») melden, die unter anderem für die Zulassung der Teilnehmer zuständig waren. Es folgte ein vierwöchiges obligatorisches Vorbereitungstraining unter den Augen der späteren Schiedsrichter. Damit sollte sichergestellt sein, daß die Wettkämpfer körperlich fit waren, wenn es ernst wurde.

Kurz vor dem «Startschuß» für die Spiele wurde das Trainingslager beendet. Die Athleten, ihre Trainer und Angehörigen, die Mitglieder der von den einzelnen Poleis an den Alpheios geschickten Festgesandtschaften, die Hellanodiken und zumindest ein Teil der Zuschauer zogen dann in einer feierlichen Prozession von Elis ins etwa 60 km entfernte Olympia. Für die Strecke benötigte der Zug wahrscheinlich zwei Tage. Am Ende des ersten Tages wurde an der Quelle Piera Rast gemacht. Dort opferten die Hellanodiken ein Schwein; danach vollzogen sie eine rituelle Reinigung im heiligen Wasser.

In Olympia angelangt, brachte die Festversammlung dem Herrn des Heiligen Hains, dem Göttervater Zeus, ein Opfer dar. Darauf folgte die Ableistung des Olympischen Eides. An einer offensichtlich besonders furchterregenden Statue des Zeus Horkios («Schwurgottes») mußten die Aktiven und ihre Betreuer schwö-

Wettkämpfe der Jugendlichen: Kämpfende Knaben mit Schiedsrichter (Vase, 2. Hälfte 5. Jh. v. Chr.).

ren, daß sie sich keinen Verstoß gegen die olympischen Regeln zuschulden kommen lassen würden – trotz des grimmigen Aussehens des Standbildes («zur Abschreckung von Bösewichtern geschaffen», beschreibt sie ein antiker Chronist[7]) – keine unbedingte Gewähr für eine ehrlich gemeinte Versicherung, wie wir später sehen werden[8]. Sportliche Wettbewerbe fanden an diesem ersten Tag wahrscheinlich nicht statt, wohl aber der Agon der Trompeter und Herolde. Er bildete seit seiner Einführung im Jahre 396 v. Chr. mit seinen «Fanfaren-Klängen» den Auftakt der Olympischen Spiele.

Der zweite Tag war für die Wettkämpfe der Jugendlichen reserviert. Daß man für die Durchführung der drei Disziplinen Stadionlauf, Ringen und Faustkampf – das Pankration der Knaben wurde ja erst als letzte Sportart im Jahre 200 v. Chr. ins Olympische Programm aufgenommen – mit der Zeit auskam, läßt den Rückschluß zu, daß die Zahl der Wettkampfteilnehmer doch sehr begrenzt war. Ähnlich verhielt es sich bei den Erwachsenen. Man kann davon ausgehen, daß in Olympia wirklich nur die Spitzenathleten aus ganz Hellas an den Start gingen – nur Sportler, die sich mit einigem Recht Hoffnungen auf den Sieg machen konnten. Das moderne Olympische Motto «Dabei sein ist alles» trifft auf das antike Olympia nicht zu[9]. Im Gegenteil: Nicht zu gewinnen, grenzte an eine Blamage, war jedenfalls alles andere als ein Aushängeschild für den Athleten in seiner Heimatstadt – ein wirksamer Mechanismus, um das Feld der Bewerber klein zu halten. Allerdings gab es in den Laufdisziplinen durchaus schon einmal Vor- und vielleicht auch Zwischenläufe, und natürlich mußten in den schwerathletischen Sportarten Vorentscheidungen erfolgen, bevor die Finalisten feststanden. Im ganzen ist man hier jedoch auf Vermutungen angewiesen. Nach welchen Regeln die Endkampfteilnehmer ermittelt wurden, ist im einzelnen nicht bekannt.

Am dritten Tage fanden vormittags die hippischen Agone statt. Sie wurden auf der Pferderennbahn ausgetragen, die südlich des Stadions lag[10]. Spuren dieses Hippodroms haben sich nicht erhalten. Am Nachmittag zogen die Zuschauer und ein Teil der Athleten zum Stadion zurück; dort fand nun der Fünfkampf statt. Die Ermittlung des Siegers muß dabei nach ganz anderen Kriterien erfolgt sein als heute. Man kannte weder eine Stoppuhr, noch wurden Rekordmarken für einzelne Disziplinen festgestellt und aufgeschrieben. Sportwettbewerbe in der Alten Welt waren stets unmittelbare Vergleichskämpfe: Man kämpfte nicht (auch) gegen einen abstrakten Konkurrenten namens Olympischer oder Weltrekord, sondern ausschließlich gegen die konkret anwesenden und mitstreitenden Gegner. Von daher erklärt es sich, daß aus der Antike keinerlei – oder jedenfalls doch keine brauchbaren – Angaben über sportliche Bestmarken in Zeit- oder Streckenangaben überliefert sind. Was die Siegerermittlung im Pentathlon angeht, spricht einiges für das «Prinzip des dreifachen relativen Sieges»: derjenige, der bei drei Einzeldisziplinen jeweils an der Spitze des noch im «Rennen» befindlichen Feldes lag, wurde Gesamtsieger[11] – mehr läßt sich aus dem einschlägigen Quellen-Rinnsal nicht schöpfen.

Am Abend des dritten Tages wurde den mythischen Helden Achill und Pelops das traditionelle Totenopfer dargebracht. Am vierten Tag erreichte das Fest mit dem sogenannten Hekatomben-Opfer seinen kultischen Höhepunkt. Blut floß dabei in Strömen: es waren nicht weniger als 100 Rinder, die in einer Prozession zum Zeus-Altar geführt und dort geschlachtet wurden. Die besten Stücke der getöteten Tiere erhielt der Gott; sie wurden auf dem Altar verbrannt. Für die Menschen blieb dabei – wie üblich – durchaus noch genug übrig. Was lag näher, als im Anschluß an die Kulthandlung einen Festschmaus zu veranstalten, dessen «Basis» gewiß die Reste der 100 geschlachteten Rinder waren!

Der fünfte Tag brachte vormittags die Laufwettbewerbe. Der Nachmittag war ausgefüllt durch die Veranstaltung der schwerathletischen Disziplinen: Ringkampf, Faustkampf und Pankration sowie der seit 520 v. Chr. ausgerichtete schweißtreibende Waffenlauf, der die Teilnehmer in defensiver Waffenausrüstung (Helm, Beinschienen und Schild; später nur noch mit Schild[12]) zeigte. Um die Chancengleichheit zu gewährleisten, stellte man den Läufern «genormte» Bronzeschilde zur Verfügung, die sonst im Zeustempel aufbewahrt wurden. Dort zählte Pausanias bei seinem Besuch in Olympia 25 Stück – möglicherweise ein Indiz dafür, daß nicht mehr als 25 Anmeldungen zum Waffenlauf entgegengenommen wurden oder jedenfalls nicht mehr als 25 Läufer im Endkampf antraten.

Gleichwohl erscheint das Programm dieses fünften Tages ausgesprochen dicht: daß man im Zeitplan blieb, lag sicher, wie oben schon angedeutet, an der sehr begrenzten Zahl der gemeldeten Athleten. In den schwerathletischen Disziplinen kam es manchmal sogar vor, daß man auf recht ungewöhnliche Weise zusätzliche Zeit gewann: Teilnehmer zogen ihre Meldung schlicht zurück, wenn sie erlebten, wie überlegen ein Athlet seinen Konkurrenten war. So brüstete sich der Pankratiast Marcus Aurelius Asclepiades im 2. Jh. n. Chr. damit, «er habe seine Gegner nach der ersten

Runde gestoppt»[13]. Solche kampflos *(akoniti)* errungenen Siegeskränze sind in Einzelfällen auch schon für die klassische Epoche bezeugt[14]. Die Institution an sich setzt voraus, daß der Kreis der Aktiven gerade bei den schwerathletischen Agonen klein gewesen sein muß.

«Spuren gewaltiger Gelage ...» – Siegerehrung und Abschiedsfeier

Am sechsten[15] und letzten Tag der Spiele fand die Siegerehrung statt. In einer feierlichen Zeremonie erhielten die Olympioniken einen Kranz aus Zweigen vom heiligen Ölbaum, der vor der Westseite des Zeustempels stand. Ein Knabe, dessen Vater und Mutter noch lebten, schnitt die Zweige mit einer goldenen Sichel ab[16]. Im 4. Jh. v. Chr. kam zusätzlich der Brauch auf, den Olympioniken wohl schon unmittelbar nach Abschluß jedes Agons einen Palmzweig zu überreichen[17]; die eigentliche olympische Trophäe war und blieb jedoch der Kranz aus Zweigen des wilden Ölbaums.

Nach der Siegerehrung wurde gefeiert. Ein großes, üppiges Festmahl, in dessen Mittelpunkt natürlich die frisch bekränzten Olympioniken standen, bildete den Ausklang des Festes. *Daß* die in Olympia versammelten Griechen zu feiern verstanden, lassen noch heute, nach 2000 Jahren, eindeutige Bodenfunde erkennen. Der Archäologe H.-V. Herrmann: «Auf die Spuren der gewaltigen Gelage, die dabei stattfanden, stößt der Archäologe vielfach bei den Ausgrabungen.»[18]

Die Siegesfeier zog sich oft durch die ganze Nacht bis zum nächsten Morgen hin. Danach brachen die ersten Zuschauer und Athleten auf. Die Olympiasieger erwartete in ihrer Heimat ein triumphaler Empfang. In den nächsten Tagen entvölkerte sich die olympische Zeltstadt zusehends. Allmählich zog wieder Ruhe in den Heiligen Hain am Alpheios ein – bis vier Jahre später die nächsten Olympischen Spiele stattfanden.

Sport und Politik

«Heil dir, Olympiasieger!» – Ein selbsternannter Athlet auf dem Kaiserthron

Im Januar des Jahres 68 n. Chr. wurden die Römer Zeugen eines Triumphzuges von ganz besonderer Art: Ausnahmsweise diente die prunkvolle Demonstration nicht der Feier eines Sieges über militärisch unterworfene Gegner. Anlaß war statt dessen die triumphale Rückkehr des bedeutendsten Wettkämpfers, den Rom bis dahin hervorgebracht hatte. Ihm war es als erstem Römer gelungen, den Titel eines Periodoniken zu erringen. Das war die höchste Auszeichnung, die einem Wettkämpfer zuteil werden konnte; sie zeigte an, daß er bei allen vier großen panhellenischen Spielen – den Olympien, Pythien, Isthmien und Nemeen – zum Sieger ausgerufen worden war.

Der Name dieses Ausnahme-«Athleten», dessen ruhmreiche Hellas-Tournee im Festzug mitgeführte Holztafeln bis in jede Einzelheit exakt protokollierten – u. a. war darauf zu lesen, er «habe als erster aller Römer von Weltbeginn an diesen Sieg errungen»[19] – war Nero. Es war der Kaiser selbst, der sich diesen denkwürdigen Triumphzug gönnte: In ein purpurnes Gewand gehüllt, in einem mit goldenen Sternen bestickten griechischen Mantel auf dem Wagen des Triumphators thronend, mit dem Olympischen Olivenkranz auf dem Haupt, dem in Delphi errungenen Lorbeer in der Rechten – so präsentierte sich der frisch gebackene Periodonike seinem Volk, begleitet von einem eindrucksvollen Gefolge aus Rittern und Senatoren, Soldaten und Zivilisten.

Eine eigens für solche Auftritte bezahlte stimmgewaltige Claque lieferte die akustische Untermalung des feierlichen Spektakels:

«Heil dir, Olympiasieger», jubelten sie; «Heil dir, Sieger in den Pythischen Spielen! Augustus! Augustus! Heil Nero, unserem Herkules! Heil Nero, unserem Apollo! Der einzige Sieger der ‹Großen Tour›! Der einzig Eine vom Beginn der Zeit! Augustus! Augustus! Göttliche Stimme! Selig, welche dich hören dürfen!» Und die Senatoren stimmten – was blieb ihnen übrig – in die Jubelorgie mit ein, während das Volk zu Zehntausenden das prächtige Schauspiel genoß, das ein gar nicht so unpopulärer Autokrat auf dem Kaiserthron ihm darbot.[20]

Eine gelungene Show, die der Kaiser umsichtig inszenieren ließ, um seinen gerade errungenen Ruhm als Olympia- und Periodos-Sieger auch politisch zu vermarkten. Bei aller Skepsis seiner national-römisch eingestellten Landsleute gegen die griechische Athletik, bei allen Vorbehalten der Senatsaristokratie gegen den ungeliebten Tyrannen – auf die Masse der hauptstädtischen Bevölkerung verfehlte die aufwendige Siegesfeier ihren Eindruck nicht: Nero setzte seinen Wettkampflorbeer in klingende politische Münze um.

Das glitzernde Spektakel überdeckte sogar die vielen Pressionen und Peinlichkeiten, die sich mit dem angeblichen Siegeszug des Kaisers in den berühmtesten Stadien der griechischen Welt verbanden. Bei genauem Hinsehen war die grandiose Erfolgstournee dieses zweifelhaften Athleten nämlich gar nicht mehr so grandios. Im Gegenteil: Was sich da in Olympia und andernorts abgespielt hatte, war allenfalls, wenn man beim selben Epitheton bleiben will, eine grandiose Farce, ein riesiger Bluff, der höchstens in puncto Dreistigkeit eine neue Rekordmarke gesetzt hatte.

Generalstabsmäßige Vorbereitung einer Farce

Der Triumph, der da in Rom so überschwenglich gefeiert wurde, stand bereits vorher fest – lange bevor Nero überhaupt nach Griechenland aufbrach. Seine große Hellas-Tournee ließ der Kaiser gewissermaßen als Höhepunkt seiner fragwürdigen Karriere als Künstler und Athlet vorbereiten. Teil dieser Planungen war zunächst die zeitliche Verschiebung der Olympischen Spiele. Sie hätten eigentlich im Jahre 65 n. Chr. stattfinden sollen. Der Zeitpunkt paßte dem mächtigen Sieg-Aspiranten nicht – also erging kurzerhand Befehl, die Spiele erst zwei Jahre später durchzuführen, ein unerhörter Bruch mit der Tradition, die selbst in Kriegs- und Krisenzeiten niemals angetastet worden war.

Auch der nächste Wunsch wurde dem prominenten Teilnehmer von den Organisatoren zähneknirschend erfüllt. So sehr er sich auch zum Wagenlenken berufen glaubte, so schätzte der Kaiser sein Talent als Sänger doch noch höher ein. In Phantasiekostümen als Tragöde vor einem großen – und natürlich begeisterten – Publikum aufzutreten und unter tosendem Beifall als Kitharöde im Gesang zur Kithara zu brillieren – das war der höchste Ehrgeiz dieses Künstlers auf dem Kaiserthron. In Italien hatte er mit solchen Vorstellungen schon von sich reden gemacht. Aber was war das alles gegenüber einem Auftritt an den altehrwürdigen Stätten griechischer Agonistik! In Olympia stand Neros einschlägigen Wünschen freilich das Reglement entgegen: Musische Agone hatten dort noch nie zum Programm gehört. Für den Kaiser aber kein Problem: «Selbst in Olympia ließ er gegen jedes Herkommen einen musikalischen Wettbewerb veranstalten»[21], stellt sein Biograph Sueton lapidar, wenn auch nicht ohne bitteren Unterton fest.

Natürlich stand auch schon der Sieger in diesen beiden in Olympia völlig deplacierten Wettkämpfen – es gab dort weder ein Theater noch eine Bühne[22] – von vornherein fest: Es war derselbe, der diese neuartigen – und nie wieder durchgeführten – Agone angeordnet hatte. Und da nur ein einziger würdig war, solche bedeutenden Siege öffentlich angemessen auszurufen, errang er gleich noch einen weiteren olympischen Titel: Im Wettkampf der Herolde, der inzwischen ein fester Programmteil der Spiele geworden war, belegte der Kaiser selbstredend den ersten Platz[23].

In der einzigen athletischen Disziplin, in der er antrat, kam es dagegen zu einer unvorhergesehenen Panne. Nero hatte darauf bestanden, in einer Konkurrenz mit Zehngespannen als Wagenlenker aufzutreten. Während der stürmischen Jagd durch das Stadion passierte indes ein Mißgeschick: Der Kaiser wurde plötzlich in den

Staub der Rennbahn geschleudert. Er war von dem Sturz benommen, aber zahlreiche Hände waren schnell zugegen, um ihn wieder in den Wagen zu heben. Vergebens: Er hielt nicht durch, sondern mußte aufgeben, bevor er das Ziel erreichte. Eine Panne, die indes ohne Folgen blieb: Eine geschickte Regie hinter den Kulissen sorgte dafür, daß der Kaiser trotzdem den begehrten Olivenzweig auch in dieser Disziplin erhielt[24].

Politische Vermarktung eines Olympia-Sieges – peinlich, aber wirksam

Das ganze abgekartete Spiel war dem Renommee der Olympischen Spiele alles andere als förderlich. Aber die Hellanodiken, die als Schiedsrichter für den ordnungsgemäßen Ablauf der Wettkämpfe zu sorgen hatten, spielten wacker mit – und wurden von Nero mit einer runden Million Sesterzen dafür belohnt. Von Neros Dankbarkeit und Siegestaumel profitierten aber noch viel mehr Menschen: Als Abschiedsgeschenk erklärte er im Stadion der Provinzhauptstadt Korinth die gesamte Provinz Griechenland für frei – was faktisch eine Befreiung von Steuern bedeutete.

Die großzügige Geste – «es ist ein unerwartetes Geschenk, Hellenen, wenn man auch von meiner Großmut alles erhoffen darf, das ich euch gewähre – ein Geschenk so groß, daß ihr nicht gewagt habt, mich darum zu bitten» (so die vollmundige Ankündigung des Kaisers)[25] konnte nicht darüber hinwegtäuschen, daß die Wohltat wenig mehr als eine milde Gabe dafür war, daß die Griechen fast ein Jahr lang gute Miene zum bösen Wettkampf-Spiel Neros gemacht hatten ...

Die Farce, die Nero aus seinen Auftritten in Olympia und an den anderen Festspielorten gemacht hatte, hatte zwar ein Nachspiel – natürlich aber erst nach Neros Tod. Sein Nachfolger Galba forderte die Million, die Nero den Hellanodiken als kaum verhüllte Bestechungssumme hatte auszahlen lassen, von den korrupten Aufsehern zurück, und die Organisatoren der Spiele rächten sich für den durch Neros Manipulationen erlittenen Prestigeverlust damit, daß sie die 211. Olympiade kurzerhand aus den offiziellen Urkunden der Olympischen Spiele strichen[26].

Für den Moment jedoch konnte sich Nero nicht nur als strahlender Olympia- und Periodossieger fühlen, sondern sich auch als solcher feiern lassen. Und diesen agonistischen Ruhm setzte er gezielt ein, um auch politisch für sich Stimmung zu machen. Nichts anderes bezweckte jener grandiose Triumphzug, mit dem er in die Hauptstadt zurückkehrte. Glanz und Gepräge dieser Show, deren kultische Accessoires den Helden zudem mit einer sakralen Aura umgaben, sollten ihm über den politischen Tiefpunkt hinweghelfen, auf dem sein Ansehen durch die lange Abwesenheit und das Willkürregiment jener verhaßten Freigelassenen, die er als Statthalter zurückgelassen hatte, gesunken war. Die Reaktion der Massen auf das faszinierende Schauspiel läßt erkennen, daß er mit diesem Kalkül richtig lag: Die Vermarktung seiner olympischen «Erfolge» in der politischen Arena Roms gewann ihm die Sympathie zumindest eines Teils der unkritischen, nach eindrucksvollen Spektakeln lechzenden hauptstädtischen Bevölkerung zurück.

Mochten hier und da Gerüchte über die zweifelhaften Umstände der kaiserlichen Wettkampfsiege die Runde machen, mochte sich die aristokratische Opposition über die ebenso dreiste wie widerliche Selbstbeweihräucherung dieses Siegers von eigenen Gnaden echauffieren – gegen die Breitenwirkung der geschickten Inszenierung eines Olympioniken auf dem Kaiserthrone standen Skepsis, Ironie und Rationalität auf verlorenem Posten.

Wenn das die alten Griechen wüßten ... – Sie wußten es!

Man stößt nicht selten auf die Meinung, daß diese plumpe Politisierung der Olympischen Spiele, wie Nero sie betrieb, ein typisches Verfallssymptom sei. Ein Exzeß peinlicher PR-Vermarktung eines olympischen Sieges von seiten eines Narzisses, der die hehre Tradition Olympias mit Füßen trat, indem er den olympischen Olivenzweig politisch auszunützen versuchte. Ein bedauerlicher Fauxpas, aber eben doch nicht mehr als ein Reflex auf den Niedergang einer Idee, die in der Glanzzeit der Olympischen Spiele, der Ära der freien, selbständigen Geschichte der griechischen Poleis, eine derartige Politisierung nicht zugelassen hätte. Olympia und Politik – diese Verquickung sei eine spezifische Fehlentwicklung der Spiele der Neuzeit, betonen Sportreporter und Leitartikler unisono, wenn sie die «gute» ursprüngliche Olympia-Idee von der «Perversion» des «bösen» Einflusses der Politik auf das moderne Olympia abheben wollen. Wenn das die alten Griechen wüßten ...

Sie könnten es ruhig wissen – ohne daß ihre Hochachtung vor den Spielen der Neuzeit *dadurch* im geringsten schwände. Denn was sich für ebenso idealisierende wie uninformierte TV-Moderatoren als ein schlimmer Verrat am «Olympischen Gedanken» darstellt, war für die Griechen eine Selbstverständlichkeit: einen Sieg in Olympia innen- wie außenpolitisch gehörig zu nutzen – ohne falsche Scham und Bescheidenheitsattitüde.

Die politische Nutzung – oder, negativ ausgedrückt, die politische Vermarktung – olympischer Erfolge ist fast so alt wie die Olympischen Spiele selbst. Sie beginnt in dem Augenblick, da die Spiele am Alpheios ihren regionalen Charakter verlieren und immer mehr Athleten aus der ganzen griechischen Welt anziehen. Die Konkurrenz der Teilnehmer entwickelt sich so allmählich auch zu einer Konkurrenz der Städte und Landschaften, aus der die einzelnen Athleten kommen.

Gymnische Nacktheit in Olympia – Folge politischen Drucks durch Sparta

Die ersten, die die Olympischen Spiele als Forum politischer Selbstdarstellung entdeckten und die Erfolge ihrer Athleten konsequent in politischen Prestigegewinn für den eigenen Staat umsetzten, waren die Spartaner. Man hat schon lange erkannt, daß die erfolgreiche Selbststilisierung der Spartaner mit ihrer beneidenswert guten «Presse» bei Literaten und Historikern, Philosophen und Pamphletisten auf ihrer geschickten Informationspolitik beruhte, die sich aus einer Mischung von Verschleierungspolitik, Geheimnistuerei und bewußt lancierten Nachrichten aus einem ansonsten nach außen streng abgeschlossenen System speiste[27]. Wie hätten sich diese begabten Propagandisten da die politischen Chancen entgehen lassen sollen, die sich ihnen mit den Triumphen spartanischer Athleten bei den Olympischen Spielen der archaischen Zeit eröffneten!

Mit der 15. Olympiade im Jahre 720 v. Chr. begann ein einzigartiger Siegeszug spartanischer Athleten, der sich bis ins frühe 6. Jahrhundert fortsetzte. Fast anderthalb Jahrhunderte lang dominierten die Spartaner bei den Olympischen Spielen; sie errangen mehr Siege als jede andere Stadt, und es verging kaum eine Olympiade, bei der nicht mindestens ein Sieger aus Sparta kam. Die wenigen entsprechenden Lücken in den Listen der Olympioniken sind sehr wahrscheinlich auf die Dürftigkeit der Quellen zurückzuführen, die für die frühen Jahrhunderte der Spiele keineswegs alle Sieger überliefern. Mehrfach gelang es den Spartanern sogar, gleich mehrere Olivenzweige von einer Olympiade mit an den Eurotas zu nehmen; so in den Jahren 708, 676, 668, 632, 624 und 620, als sie jeweils zwei Sieger stellten, und im Jahre 628, als sogar drei Olympioniken den Ruhm Spartas mehrten. Aufgrund der fragmentarischen Siegerlisten ist mit einiger Sicherheit anzunehmen, daß sich eine solche dreifache Ausbeute nicht auf das Jahr 628 beschränkt hat.[28]

Schaut man sich die Erfolgsserie der Spartaner genau an, so fällt ein interessantes Detail auf: Gleich viermal waren es spartanische Athleten, die in einer neu eingeführten Disziplin den Sieg davontrugen. So gewann Akanthos im Jahre 720 den frisch ins Programm aufgenommenen Dolichos (Langlauf); im Jahre 708 siegten zwei spartanische Athleten in den damals neu hinzugekommenen Disziplinen Pentathlon (Fünfkampf) und Ringen, und schließlich war Eutelidas aus Sparta im Jahre 628 v. Chr. im Ringkampf der Knaben siegreich, der nur bei dieser einzigen Olympiade ausgetragen wurde.

Ein Zufall? Wohl kaum, wenn man bedenkt, daß Sparta damals die einzige Stadt gewesen sein dürfte, die eine Art Equipe an den

Alpheios schickte – während die Sportler aus den anderen Städten als nicht «organisierte» Einzelteilnehmer nach Olympia reisten. Die führenden Leute der spartanischen «Delegation» bemühten sich offenbar schon im Vorfeld der Spiele, das Programm um Disziplinen zu erweitern, in denen Angehörige ihrer Mannschaft gute Siegeschancen hatten. Mit anderen Worten: Die sportlich erfolgreichste – und dazu mächtigste – Stadt nahm ihren Einfluß wahr, um das Reglement der Spiele in einer ihr genehmen Weise zu modifizieren oder zu ändern – ähnlich wie die großen staatlichen Sportverbände unserer Zeit Druck auf das IOC ausüben, um ihre Wünsche bei der Gestaltung und Neuaufnahme von Wettkampfdisziplinen durchzusetzen.

Noch in einem anderen Punkte gelang es der spartanischen Delegation, eine wichtige Forderung erfüllt zu bekommen: bei der gymnischen Nacktheit. Bis zum Jahre 724 v. Chr. trugen die Athleten in Olympia einen Lendenschurz. Das war in Sparta aus kultischen Gründen nicht üblich, und daher drang die spartanische Gesandtschaft auf eine Reform des Austragungsmodus, wie sich einer Notiz bei Thukydides entnehmen läßt: «Die Spartaner waren die ersten, die sich öffentlich nackt auszogen und sich beim Turnen mit Öl einrieben. Ursprünglich nämlich kämpften sogar in Olympia die Wettkämpfer mit Gürteln um die Scham.»[29] Bei der 15. Olympiade im Jahre 720 v. Chr. erreichten die Spartaner dann ihr Ziel, und neben dem Stadionsieger aus Megara war es damals ein spartanischer Läufer, der im Laufwettbewerb ohne Schurz als erster die Ziellinie überquerte.

Man könnte diese Neuerung als kulturgeschichtliches Kuriosum ohne besonderen historischen Wert übergehen, wenn nicht das Umfeld dieser Entscheidung der olympischen Offiziellen bekannt wäre. Das aber läßt eines deutlich erkennen: Ohne starken Druck durch eine dominierende Teilnehmer-Delegation wäre es zur Einführung der gymnischen Nacktheit nicht gekommen. Denn die Widerstände gegen diesen «lächerlichen Anblick» – so Kritiker noch lange Zeit später – waren groß. «Damals, als mit den Nacktturnstätten zuerst die Kreter und dann die Lakedaimonier begannen, konnten die Spötter darüber herziehen», läßt Platon Sokrates sagen[30]. Wenn solche Vorbehalte selbst nach Jahrhunderten noch nicht völlig abgebaut waren, kann man sich vorstellen, wie schwer es im Jahre 720 gewesen sein muß, die Hellanodiken – und damit wohl oder übel die Teilnehmer aus allen anderen Städten – davon zu «überzeugen», daß die in Sparta praktizierte Nacktheit im Sport das Richtige sei. Und daß eine solche Überzeugungsarbeit gelang, zeigt den Einfluß der spartanischen *pressure group* ebenso anschaulich wie ihre Entschlossenheit, ihr Gewicht als führende Olympia-Nation in die Waagschale zu werfen[31].

Spartas kluge Taktik: Einflußnahme nur hinter den Kulissen

Es waren keine machtpolitischen Ziele, die die Spartaner in Olympia verfolgten. Ihre lange Dominanz bei den Spielen hat in der älteren Forschung gelegentlich zu dem Urteil geführt, Sparta habe eine Art Oberhoheit über Olympia angestrebt oder gar die Olympischen Spiele unter seine Herrschaft bringen wollen. Dafür gibt es aber, wie Augusta Hönle in ihrer einschlägigen Untersuchung nachgewiesen hat, keinerlei Anhaltspunkte: Die mächtigste und militärisch führende Macht Griechenlands hat nie daran gedacht, in Elis in irgendeiner Weise einzugreifen und den heiligen Hain des Zeus ihrer Kontrolle zu unterwerfen[32].

Eine derart massive, plumpe Intervention der peloponnesischen Vormacht wäre zudem unklug gewesen – gerade *wenn* man die sportlichen Erfolge in politische Propaganda umsetzen wollte. Denn wer hätte sich über die herausragenden Leistungen spartanischer Athleten gewundert, wer ihren Ruhm der harten spartanischen Erziehung gutgeschrieben, wenn die Neutralität des Austragungsortes in Frage gestellt gewesen wäre? Wenn man den Siegeszug der Spartaner gewissermaßen vor dem Hintergrund ihrer machtpolitischen oder gar militärischen Präsenz in Olympia hätte sehen müssen? Unter solchen Auspizien wäre der Siegeszweig eines Spartaners nicht einmal die Hälfte wert gewesen – und dem Renommee seiner Stadt hätte er nichts genützt.

Anders dagegen, wenn jeder Verdacht einer direkten politischen Pression Spartas auf die Gastgeber der Spiele absurd und ihre Souveränität über jeden Zweifel erhaben war! Dann mußten die Triumphe der von Sparta entsandten Sportler in der gesamtgriechischen Welt Hochachtung und Bewunderung für eine Polis auslösen, die es offenbar wie keine zweite verstand, einen Rahmen oder ein Klima zu schaffen, in dem athletische Höchstleistungen, Siegeswille und Einsatzfreude gediehen. Sicher: diese imposante Siegesserie war auch darauf zurückzuführen, daß die spartanische Delegation jede Chance nutzte, die Gestaltung des Programms und des Reglements in ihrem Sinne zu beeinflussen. Aber erstens spielte sich das im engsten «Insider»-Zirkel der Olympia-«Macher» – und nicht auf der gesamtgriechischen Bühne – ab, und zweitens hatte diese Einmischung, wenn man sie sehr kritisch beurteilen wollte, zwar gewisse manipulative Tendenzen – aber doch weit unterhalb der Schwelle einer politischen Pression!

Also erstrahlte der Stern Spartas hell am athletischen Firmament von Hellas. Aber nicht nur dort: Auch politisch zogen die Spartaner Nutzen aus ihrer Stellung als führende Sportler-Metropole der griechischen Welt. Es kann als sicher gelten, daß ihre Propaganda die Parallelität der sportlichen Erfolge und der militärisch-machtpolitischen Position Spartas als unbestrittene Vormacht auf der Peloponnes betont hat. Beides, die militärische Tüchtigkeit der Spartiaten und ihre sportlichen Leistungen, ließen sich auf eines zurückführen: das harte Training der spartanischen Jugendlichen, die schon früh auf ihren späteren «Beruf» als Krieger vorbereitet wurden.

Olympische Erfolge als «Beweis» für die Überlegenheit eines «Systems»

Ein Reflex dieser mit Stolz auf den spezifisch spartanischen «Kosmos» und seine nicht minder spezifische Erziehung, die berühmt-berüchtigte Agoge, propagierten Besonderheit des Kriegerstaates am Eurotas findet sich in einer Bemerkung des Aristote-

Athleten im Umkleideraum: Die «gymnische Nacktheit» bei den Olympischen Spielen wurde von den Spartanern durchgesetzt (Vase, um 510 v. Chr.).

les: Zu seiner Zeit, im 4. Jh. v. Chr., hätten die Spartaner sowohl ihre Vorrangstellung im Sport als auch ihre politisch-militärische Hegemonie eingebüßt, stellt Aristoteles ganz richtig fest. Früher aber sei das ganz anders gewesen: «Wir wissen von den Spartanern, daß sie allen anderen überlegen waren, als sie sich auf die Ausdauer in Anstrengungen konzentrierten.» Den Grund dafür sieht Aristoteles eindeutig in der allgemeinen, körperlich fordernden staatlichen Zwangserziehung, der sich die jungen Spartaner unterwerfen mußten: «Ihre Überlegenheit (in den gymnischen Wettkämpfen) kam nicht daher, daß sie die Jungen auf eine spezielle Weise trainierten, sondern nur daher, daß sie als Geübte gegen Ungeübte kämpften.»[33]

Mit anderen Worten: Die überragenden olympischen Erfolge der frühen Spartaner waren nicht viel mehr als das willkommene, aber nicht um seiner selbst willen angestrebte «Nebenprodukt» der spartanischen Erziehung. Sport: Das war in Sparta, pointiert formuliert, vorrangig Wehrertüchtigung; das sportliche Training wurde ganz in den Dienst des spartanischen Kriegerdaseins gestellt[34].

Dadurch wurde der einzelne erfolgreiche Athlet viel stärker zum Repräsentanten seines «Systems». Wenn ein Chionis in drei aufeinanderfolgenden Olympiaden Stadion-Sieger wurde, wenn ein Hipposthenes im späten 7. Jh. nicht weniger als sechsmal im Ringkampf siegte oder ein Autelidas im nur einmal veranstalteten Pentathlon der Knaben die Konkurrenz weit hinter sich ließ, so errang nicht nur das Individuum einen Triumph, sondern in und mit ihm auch das Kollektiv – der spartanische Staat und die spartanische Gesellschaft, die sich schon damals in mancherlei Hinsicht von den anderen griechischen Poleis unterschieden. Es ist nicht zweifelhaft, daß das offizielle Sparta diese Interpretation der Olympia-Dominanz nachhaltig gefördert hat. Eine «gute» Erziehung bringt eben «gute» Leute hervor – das war die einfache «Botschaft», die die Spartaner den anderen Griechen suggerierten. Und sie selbst mußten sich durch ihre überaus erfolgreiche Olympia-Bilanz in der Einschätzung bestätigt sehen, daß *sie* auf dem richtigen Weg waren...

Schlechte Verlierer – Spartas Reaktion auf olympische Enttäuschungen

In Argumentationsnöte gerieten die Spartaner freilich in dem Augenblick, da ihre dominierende Position in Olympia ins Wanken geriet. Dieser Wandel vollzog sich im Laufe des 6. Jh. v. Chr. Damals erhielten die spartanischen Athleten zunehmend ernsthafte Konkurrenz von seiten anderer Teilnehmer. Als stark erwiesen sich nunmehr auch die Sportler aus den großgriechischen Städten, vor allem aus Kroton. Aber auch Teilnehmer aus Poleis des griechischen Mutterlandes erstanden den sieggewohnten Spartiaten immer häufiger als Rivalen. Die Zahl spartanischer Namen in den Siegerlisten ging deutlich zurück – auch wenn sie nicht völlig daraus verschwanden.

Verschiedene Gründe führten zu dieser Entwicklung: Zum einen förderten politische Konsolidierung und gestiegene wirtschaftliche Prosperität in vielen Städten auch einen Aufschwung der Athletik – und auch die Ambitionen, bei den panhellenischen Spielen ehrenvoll abzuschneiden. In Athen führte Solon 594 v. Chr. ein staatliches Sportförderungsprogramm ein, das athenischen Olympioniken mit hohen materiellen Belohnungen winkte[35]. Mit ähnlichen Maßnahmen dürften auch andere Poleis den Ehrgeiz ihrer Athleten angestachelt haben – die Quellenlage für Athen ist ja ungleich besser als für Städte, die (später) nicht so im Rampenlicht der Geschichte standen wie die attische Metropole.

Hand in Hand damit vollzogen sich einschneidende Änderungen auf dem Gebiet der Athletik selbst. Eine Intensivierung des Trainings, verbunden mit ersten Schritten in Richtung Profitum, bessere Ausbildungsmöglichkeiten sowie neue Konzepte und Erkenntnisse in der Schulung potentieller Olympia-Teilnehmer führten zu spürbaren Leistungssteigerungen bei den Sportlern. Größere Aufmerksamkeit schenkten Trainer und Athleten nunmehr der τέχνη, das heißt der Methodik der einzelnen Sportart, den gewissermaßen handwerklichen Aspekten der Ausbildung, wie sie durch das deutsche Lehnwort «Technik» oder «Techniken» ganz gut wiedergegeben werden. Man bemühte sich darum, um es zugespitzt zu formulieren, sozusagen das athletische Naturtalent durch eigens für seine Sportart getestete und erprobte Verhaltensweisen, Diäten, Kunstgriffe und Tricks zu «verfeinern» und ganz gezielt für den Wettkampf zu schulen.

Eine Tendenz zur Spezialisierung, bei der die Spartaner nicht mitzumachen bereit waren! Die Aufwertung der Athletik in Richtung Selbstzweck widersprach ihrer Vorstellung von der Unterordnung sportlichen Trainings unter die Bedürfnisse und Ziele einer militärischen Ausbildung, und das Sparta der nacharchaischen Zeit war mit seiner Kasernenhofmentalität nicht mehr flexibel und offen genug, die neuen Anregungen und Herausforderungen anzunehmen.

Das Ergebnis: Man schottete sich ab, büßte die dominierende Stellung in Olympia ein – und gab sich als schlechten Verlierer, indem man aus der Not eine Tugend machte: Athletische Wettkämpfe, bei denen eine speziell antrainierte τέχνη stärker gefragt sei als die ἀρετή, die angeborene und im Erziehungssystem Spartas weiter gefestigte allgemeine körperliche Tüchtigkeit, schätze man in Sparta nicht so sehr, tönte es mitunter vom Eurotas.

Konsequent, wenn auch recht durchsichtig ließen die spartanischen «Generalisten» ab und zu durchblicken, daß sie den Erfolg auf anderen Feldern der Ehre vorzögen. Als Vehikel dieser neuen PR-Linie dienten markige Aussprüche, die als ebenso plastische wie prägnante Beispiele spartanischer Selbststilisierung in die gesamtgriechische Öffentlichkeit lanciert und von spartafreundlichen Publizisten und Politikern begierig aufgenommen und verbreitet wurden. So ließ ein im Ringkampf unterlegener Spartaner seinen Bezwinger in Olympia angeblich wissen, er sei keineswegs der «bessere Mann», sondern nur der, «der die bessere Technik im Umstoßen beherrsche»[36].

Einer spartanischen Mutter legte man die heroische Sentenz in den Mund, sie habe, als sie vom Kriegertod ihres Sohnes erfahren habe, spontan geäußert: «Um wieviel edler, meine Freunde, ist es doch, auf dem Schlachtfeld siegreich den Tod zu finden, als Olympiasieger zu werden und weiterzuleben!»[37]

Auch vor den Hellanodiken machte die griesgrämige Mäkelei der Spartaner nicht halt. Fremden, die die Integrität und Kompetenz der Olympia-Offiziellen hervorhoben, fuhr der spartanische König Agis (Ende 5. Jh.) über den Mund: «Was tun sie eigentlich so Bewundernswertes, wenn sie an einem einzigen Tag in vier Jahren Gerechtigkeit praktizieren?!»[38]

Diese etwas billige und leicht durchschaubare Polemik gegen eine Überschätzung der Olympischen Spiele stellte allerdings nur die eine Seite des spartanischen Bemühens dar, den empfindlichen Prestigeverlust auszugleichen. Die andere Seite bestand – wenig folgerichtig, aber propagandistisch wohl wirksamer – in der Verklärung der «guten, alten» Olympia-Zeit. Je spärlicher die Siege spartanischer Athleten in der Gegenwart wurden, um so mehr gedachte der spartanische Staat der «goldenen» Vergangenheit seiner Olympia-Delegationen. Für besonders berühmte Athleten aus der glorreichen Ära ließ man Denkmäler im heiligen Hain von Olympia aufstellen. Daß der spartanische Staat diese Monumente in Auftrag gab – und nicht etwa die Familie des Olympioniken oder er selbst –, hebt Pausanias an einem Beispiel ausdrücklich hervor[39]. Kein Zweifel, daß die Spartaner versuchten, die früheren Spitzenleistungen ihrer Athleten dem nach Olympia strömenden Publikum in Erinnerung zu rufen. Die etwas anachronistisch anmutenden Werbemaßnahmen – aber was sollte man tun, wenn es aktuell auf dem Gebiete der Athletik nicht viel vorzuweisen gab?! – lassen sich nur als politische «Vermarktung» früherer Siege interpretieren: «Sie verraten die Sorge der spartanischen Behörden um das Ansehen ihres Staates»[40].

Und auch den – nicht mehr ganz so zahlreichen – spartanischen Olympioniken der Gegenwart waren im 5. Jh. höchste Ehren und üppige Geschenke sicher, die beredt Zeugnis darüber abgaben, wie hoch man allen Nörgeleien zum Trotz den Prestigewert eines für Sparta errungenen Olympiasiegers einschätzte. Die höchste Anerkennung, die ihnen zuteil wurde, mochte man anderswo und mag man heute mit etwas anderen Augen sehen. Im Rahmen der spartanischen Werteordnung aber war sie eine nicht mehr zu überbietende Auszeichnung: Ein Olympionike hatte dort das Vorrecht, in der Schlacht unmittelbar an der Seite des Königs kämpfen zu dürfen …[41]

Olympischer Ruhm als Sprungbrett zur Macht – Die Risiken eines aristokratischen «Zähmungskonzepts»

«Nimmer verlöschenden Ruhm hat, wer deine strahlende Krone trägt», preist Pindar den olympischen Hain am Alpheios, und fährt dann fort: «Dem einen wird dieses Gut, dem anderen jenes zuteil – viele Wege führen mit der Götter Huld zum Glück.»[42]

Es waren nicht wenige unter den führenden Aristokraten der archaischen und der klassischen Zeit, die sich den Weg zu einem ganz besonderen Glück mit Hilfe des «nimmer verlöschenden olympischen Ruhmes» ebnen zu können hofften. Dieses besondere Glück hieß Macht. Genauer gesagt: Die Alleinherrschaft als Tyrann.

Die Chancen, die ein Sieg in Olympia einem ehrgeizigen Adligen für die Erringung und Stabilisierung einer usurpierten Machtstellung boten, waren nicht gering. Das durch und durch aristokratisch geprägte Wettkampfethos der Spiele half den Tyrannis-Aspiranten: Es ging darum, wer in einer Disziplin der Beste und Leistungsfähigste war. Belohnt wurde nur der Erste. Und dieser Wettstreit um den ersten Platz war eine anerkannte, in den sportlichen Agonen geradezu institutionalisierte Möglichkeit, sich vor allen anderen auszuzeichnen und damit gewissermaßen aus der sonst streng gewahrten Gleichheit der Aristokratie auszubrechen. Es war eine Art Ventil, das dem einzelnen erlaubte, Ambitions-Überdruck abzubauen, ohne den kollektiven Führungsanspruch des Adels zu sprengen.

Ehrgeiz und Ruhmessucht waren starke Triebfedern, die das Denken und Handeln der griechischen Aristokratie bestimmten[43]. Den aus dieser Mentalität für die Gesamtheit des Adels erwachsenden potentiellen Gefahren versuchte man – lange Zeit erfolgreich – dadurch zu begegnen, daß das Erster-Sein in ausgesuchten Bereichen ausdrücklich geduldet und anerkannt wurde, ja daß der Ehrgeiz durch die Einführung geregelter Agone zusätzlich angestachelt wurde. Wurde der Anspruch, «immer der Erste zu sein und den anderen vorzustreben»[44], durch den Sieg bei einem der großen panhellenischen Sportfeste erfüllt, so konnte ein ambitionierter adliger Herr mit sich und der Welt in Frieden leben, war viel Sprengstoff aus dem Spannungsverhältnis zwischen Individuum und Kollektiv genommen. Zumal ja der Sieg kein vergänglicher Augenblickserfolg war, sondern der sich daraus speisende Ruhm ein Leben lang anhielt – und es einem niemand verwehrte, diesen Glanz von Zeit zu Zeit durch geeignete Maßnahmen aufzupolieren, wenn er etwas matt zu werden drohte.

Was aber, wenn so ein adliger Herr auf den Gedanken kam, den ihm gegönnten athletischen Ruhm nicht nur in höheres gesellschaftliches Renommee, sondern auch in außergewöhnliche politische Macht umzumünzen? Das war die Kehrseite des «Zähmungskonzepts»: Wer sich über die stillschweigende Abmachung hinwegsetzte und sich mit seinem olympischen Ruhm nicht als Lohn für sonst solidarisches Verhalten begnügte, sondern ihn als Ausgangsbasis für die Befriedigung weiterer Ruhmesgelüste mißbrauchte, hatte gegenüber seinen Standesgenossen einen nicht unbeträchtlichen Startvorteil beim Kampf um die Erringung oder Behauptung der Macht. Nicht daß der olympische Kranz eine schlagkräftige Truppe ersetzt hätte, mit der man sich zur Alleinherrschaft putschte bzw. sich dort hielt, aber gepaart mit Waffengewalt konnte der Nimbus des Olympiasiegers einem Usurpator doch einiges erleichtern: Die Verehrung und das Ansehen, die er genoß, wogen auch in der politischen Waagschale nicht wenig.

Der erste, der seine Alleinherrschaft mit olympischem Glanz aufpolierte, war Myron, der Tyrann von Sikyon. Im Jahre 648 v. Chr. errang er in Olympia den Sieg mit dem Viergespann – einer Sportart, die auf die vornehmen Herren Tyrannen wie zugeschnitten war: Denn nicht der Wagenlenker wurde als Sieger gefeiert, sondern der Rennstallbesitzer; die einzige Disziplin, in der man Olympionike werden konnte, ohne selbst einen Tropfen Schweiß zu vergießen. Was indes dem Ruhm eines solchen Siegers keinen Abbruch tat; die Griechen unterschieden nicht zwischen Olympiasiegern «erster» und «zweiter» Klasse. Kein Wunder also, daß Myron sich nach Kräften bemühte, seinen Erfolg ins rechte PR-Licht zu setzen: zur Erinnerung an seinen glänzenden Triumph ließ er im heiligen Hain zwei wertvolle Schreine aus Bronze aufstellen, die seinen Namen trugen. Sie wurden später im Schatzhaus der Sikyonier aufgestellt. Diesen Bau verbindet Pausanias zwar auch mit dem Namen Myrons; archäologische Untersuchungen haben aber auch das ursprüngliche Schatzhaus von Sikyon als deutlich jünger erwiesen[45].

Putsch eines Olympiasiegers

Während Myron als schon etablierter Tyrann olympischen Ruhm zu politischen Werbezwecken nutzte, versuchte wenige Jahre später ein Athener die Macht in seiner Heimatstadt an sich zu reißen, indem er neben Waffengewalt auch ganz deutlich auf sein Charisma als einstiger Olympiasieger setzte. Wahrscheinlich im Jahre 640 v. Chr. hatte Kylon den olympischen Doppellauf gewonnen. Er war damit in Athen eine Berühmtheit geworden[46], und mit dieser Prominenz spekulierte er, als er zwischen 636 und 624 seinen Putschversuch unternahm. Ermutigt durch einen – wie immer mißverständlichen – Orakelspruch und unterstützt von seinem Schwiegervater Theagenes, dem Tyrannen von Megara, wählte er für seinen Staatsstreich einen ganz bezeichnenden Termin:

«Er bot seine Freunde auf sowie Verstärkungen von Theagenes, und als die Olympischen Spiele auf der Peloponnes gekommen waren, besetzte er die Akropolis, um sich zum Tyrannen aufzuwerfen. Er meinte, dies sei das größte Zeusfest und passe zu ihm, dem Olympiasieger.»[47]

Die Wahl des Zeitpunkts und die Begründung zeigen deutlich, wie sehr sich Kylon auf sein Prestige als Olympionike verließ, indem er den quasi religiösen Nimbus eines Zeus-Lieblings in sein machtpolitisches Kalkül einbaute. Eine Spekulation, die freilich am entschlossenen Widerstand des athenischen Adels scheiterte, der die Bürgerschaft gegen den Usurpator mobilisierte. Der Putsch endete schließlich in einem Blutbad. Obwohl es Kylon und seinem Bruder gelang, von dem belagerten Burgberg zu fliehen und an einem Altar Schutz zu suchen, wurden sie zusammen mit ihren Anhängern niedergemetzelt – ein eklatanter Rechtsverstoß, der als politisch folgenreicher «Kylonischer Frevel» in die Geschichte Athens eingehen sollte.[48]

Schützlinge des Zeus als Konkurrenten im Kampf um die Macht

Kylon war gescheitert. Doch das änderte nichts an dem tatsächlichen oder potentiellen politischen Einfluß eines Olympiasiegers, wie sich einige Jahrzehnte später aus der umgekehrten Perspektive zeigte – das heißt aus der Sicht eines Tyrannen, der selbst keinen olympischen Ruhm aufzuweisen hatte, der aber einen Olympioniken unter seinen vornehmen Standesgenossen als möglichen Konkurrenten beargwöhnte.

Im Jahre 561/60 v. Chr. hatte sich Peisistratos in Athen zum Alleinherrscher aufgeschwungen. Wenige Monate später errang Miltiades, ein Aristokrat aus dem Geschlecht der Philaiden, bei den Olympischen Spielen des Jahres 560 v. Chr. den Sieg im Wagenrennen. Die Brisanz im Verhältnis zwischen den beiden vornehmen Herren beschreibt Herodot in ausdrucksvoller Schlichtheit: «In Athen hatte damals die gesamte Gewalt Peisistratos inne; aber auch Miltiades, der Sohn des Kypselos, war mächtig. Er stammte aus einem Hause, das sich ein Viergespann leisten konnte.»[49]

Der latente Konflikt spitzte sich dramatisch zu, als Miltiades kurze Zeit nach der Machtergreifung des Peisistratos das Beste aus seinem Viergespann gemacht hatte und als ruhmreicher Olympionike nach Athen zurückkehrte. Peisistratos mußte in ihm einen ernstzunehmenden Rivalen wittern. Man fand eine Lösung, die für beide akzeptabel war. Miltiades, der sich ohnehin «über die Herrschaft des Peisistratos ärgerte» (Herodot), organisierte ein Kolonisationsunternehmen und zog mit einer Schar von Anhängern nach Norden, wo er sich auf der thrakischen Chersones eine eigene tyrannisähnliche Herrschaft aufbaute.

Laut Herodot ging Miltiades freiwillig ins Exil, ohne von Peisistratos massiv dazu gedrängt worden zu sein[50]. Ob das die ganze Wahrheit ist, steht dahin. Jedenfalls konnte Peisistratos erleichtert aufatmen, nachdem sein einflußreicher, zusätzlich mit olympischem Prestige ausgestatteter Konkurrent außer Landes gegangen war – «gewiß nicht gegen den Willen des Peisistratos, der ihn gern los wurde», wie auch Helmut Berve urteilt[51].

Vom Verkauf des Sieges bis zum Attentat – Kriminelle Praktiken im Spannungsfeld zwischen Politik und Sport

In die zweite Phase der Tyrannis des Peisistratos fällt ein weiterer aufsehenerregender Vorgang, der ein besonders helles Licht auf die politische Bedeutung eines Olympiasieges wirft. Unter den vielen athenischen Aristokraten, die die Alleinherrschaft ins Exil getrieben hatte, war auch der reiche Kimon, der Vater des späteren Marathon-Siegers Miltiades. Keiner der vornehmen Exulanten mußte darben; im Gegenteil: Kimon leistete sich unter anderem eine Pferdezucht, aus der hervorragende Stuten hervorgingen. Mit ihnen errang er bei der Olympiade von 532 v. Chr. den Sieg im Wagenrennen; vier Jahre später war er mit denselben Pferden erneut erfolgreich.

Oder besser: Wäre er erneut erfolgreich gewesen, wenn er sich nicht auf einen offensichtlich politischen «Kuhhandel» eingelassen hätte: Er trat seinen Sieg einfach an den athenischen Tyrannen ab. Mochte alle Welt ahnen, auf welch verschlungenen Pfaden Peisistratos da zu olympischem Ruhm gelangt war; *nachweisen* ließ es sich schwer, wer nun im Zeitpunkt des Sieges tatsächlich Eigentümer des Rennstalls gewesen war. Die Gegenleistung des Peisistratos bei diesem Geschäft: Er gestattete es Kimon, nach Athen zurückzukehren[52] – ein abgekartetes Spiel, bei dem Sport und Politik in bedenklicher und, gemessen am Reglement der Olympischen Spiele, halbkrimineller Weise miteinander verquickt wurden.

Die Sache sollte noch ein Nachspiel haben – nicht etwa von seiten der Hellanodiken, die diesem Verstoß aus Beweisnot offenbar hilflos gegenüberstanden. Was sich tatsächlich ereignete, war überdies viel gravierender, als es peinliche Nachforschungen von seiten der Olympiabehörde hätten sein können. Es floß nämlich sogar Blut.

Kimon siegte bei den Olympien des Jahres 528 v. Chr. noch einmal im Wagenrennen – angeblich mit denselben Stuten wie bei den Spielen zuvor. Kurze Zeit später starb Peisistratos. Die Nachfolge traten seine Söhne an, und deren Regiment war ungleich drückender und skrupelloser als die Tyrannis ihres Vaters, die manch einem sogar als die Wiederkehr des Goldenen Zeitalters erschienen war[53]. Die Bürger Athens bekamen die härtere Gangart der neuen Machthaber schnell zu spüren; auch und gerade die Adligen hatten unter dem Anziehen der Repressionsschraube zu leiden.

Für Kimon, den gefeierten «drei»fachen Olympioniken, war in diesem Klima kein Platz mehr. Allzusehr schien er mit seiner Autorität und seinem Ruhm die Tyrannen der zweiten Generation zu überstrahlen – ein potentieller Konkurrent, den sie auf ihre Weise beseitigten: sie ließen ihn nachts in eine Falle locken und hinterrücks ermorden[54]. Kimon war zum Opfer seines Ansehens geworden, das er sich vor allem durch seine glanzvolle Siegeskarriere bei den Olympischen Spielen erworben hatte. Der eindeutig politisch motivierte tödliche Anschlag auf ihn widerlegt die naive Mär von einem sozusagen politikfreien oder -neutralen Sport-Raum im klassischen Griechenland mit geradezu brutaler Deutlichkeit.

Man läßt sich feiern – Der Epinikien-Dichter als Künder nicht nur sportlichen Ruhmes

Gewalt blieb in diesem Spannungsfeld zwischen Sport und Politik allerdings die Ausnahme. Mit erheblich friedlicheren Mitteln kämpften Tyrannen aus dem westgriechischen Raum – Unteritalien und Sizilien – im 5. Jh. v. Chr. darum, vom Glanz sportlichen Ruhms politisch zu profitieren: Sie traten als Teilnehmer in Olympia auf. Allerdings setzten sie nicht sich selbst der hochsommerlichen Hitze am Alpheios aus, sondern ihre Pferde, Maultiere und Wagenlenker. Wie es sich für hohe und vermögende Herren ziemte, finanzierten sie lediglich den nicht unbeträchtlichen Aufwand eines Rennstalls und ließen die vergleichsweise technische Fähigkeit, die so getätigten Investitionen in sportlichen Profit umzumünzen, von anderen erledigen. Feiern ließen sie sich dagegen selbst – und zwar von den besten Dichtern der Zeit.

In einer Gesellschaft, die geistig durch den aristokratischen Ruhmesgedanken oder auch nur durch die Lust am ehrgeizigen Wettbewerb beherrscht war, konnte eine besondere Literaturgattung

Das Wagenrennen war schon im frühen Griechenland die angesehenste Sportart. Man achte auf das begeisterte «Mitgehen» der Zuschauer. Das Vasenfragment aus der 1. Hälfte des 6. Jh. zeigt das mythische Wagenrennen bei den Leichenspielen für Patroklos.

gedeihen, die aus moderner Sicht leicht in schlechten Ruf gerät: Das Epinikion oder Siegeslied auf Sportler, die bei einem der großen panhellenischen Agone den ersten Platz errungen hatten. Das «Anrüchige» dabei ist die Tatsache, daß es sich um Auftragsdichtung handelte: Der Sieger beauftragte einen «professionellen» Dichter, die Erinnerung an seinen Erfolg in einer feierlichen Ode festzuhalten, und bezahlte ihn dafür.

Die Griechen fanden daran nichts Peinliches – warum nahm denn überhaupt jemand an Wettkämpfen teil, wenn nicht, um sich möglichst intensiv und lange im Glanz seines Siegerruhmes sonnen zu können und als Bester *anerkannt* zu sein?! Die Ehrlichkeit und Gradlinigkeit, mit der sie zu diesem Motiv standen, spiegelt sich in der Bestellung von Epinikien wider – und auch in dem hohen literarischen Wert dieser Siegeslieder, die nicht mit primitiver Lobhudelei zu verwechseln sind. Namen wie Pindar, Bakchylides und Simonides bürgen für diese Qualität, die ohne einen Grundkonsens zwischen Auftraggeber und Künstler über gemeinsame Wertvorstellungen nie erreicht worden wäre. Die Epinikien-Dichter nahmen grundsätzlich von jedem siegreichen Sportler einen Auftrag an, vorausgesetzt, er selbst oder Sponsoren – etwa Mitbürger seiner Heimatstadt – brachten die notwendigen finanziellen Mittel für diese poetische Dienstleistung auf. Und daran mangelte es den westgriechischen Herrschern nicht!

Gleich mehrfach trat Hieron I., der rührige Tyrann von Syrakus, als Auftraggeber indirekter Eigenlob-Hymnik in Erscheinung. Im Jahre 476 v. Chr. errang er im Pferderennen seinen ersten olympischen Erfolg. Den Auftrag für das Epinikion erhielt der berühmte Pindar. In seiner ersten Olympischen Ode bettet der Dichter das Lob des Siegers wie üblich in eine mythologische Erzählung ein.

Aber auch ein Ausblick auf die Herrschertugenden und politischen Leistungen darf nicht fehlen im Siegespreis Hierons,

> «der rechtgebendes Szepter führt in dem herdenviehreichen
> Sikulerland, sein Haupt schmückt mit den Kronen von jeglicher Tugend».

Und einige Verse weiter wird Syrakus zu seinem hervorragenden Herrscher beglückwünscht, dessen Rennpferd

> «so dem Sieg vermählte seinen Herrn,
> von Syrakus den rossekampffreudigen König; hell glänzt der Ruhm ihm in
> der Stadt mannhaften Volkes, Pflanzstadt Pelops' des Lydiers»[55].

Wer kann angesichts dieser glücklichen Symbiose zwischen der berühmten Stadt und ihrem nicht minder berühmten, sportlich geadelten Sohn schon Anstoß daran nehmen, wenn Pindar Hieron mit scheinbar größter Selbstverständlichkeit als *basileus,* als (rechtmäßigen) König, bezeichnet? Der häßliche Begriff *tyrannos* wäre in so erhabenem Kontext doch wirklich deplaciert. Die Bürger von Syrakus, das ist zumindest *eine* Botschaft des Epinikions, können sich glücklich schätzen, daß die Geschicke ihrer Stadt von einem so tüchtigen und nicht zuletzt dank seines Olympiasieges überall in der griechischen Welt hochgeachteten Mann gelenkt werden. Da müßte sich doch jeder Bürger dem Wunsche anschließen, mit dem Pindar sein Gedicht ausklingen läßt: «Es sei dir lange vergönnt, auf solchen Höhen zu wandeln ...!»[56]

Der Wunsch des Dichters ging in Erfüllung: Hieron lebte noch recht lang – und er behauptete seine Tyrannis. Aber nicht nur das: Er profilierte sich auch weiterhin in den panhellenischen Agonen und mehrte seinen olympischen Ruhm. Bei der folgenden Olympiade des Jahres 472 errang er erneut den Sieg im Pferderennen, und vier Jahre später war sein Viergespann in Olympia erfolgreich. Keine Frage, daß Hieron, der an seinem Hofe eine Reihe bedeutender Dichter um sich scharte, auch diese Siege – sowie auch seine in Delphi errungenen – gebührend feiern ließ. Der Dichter wechselte – die neuen Aufträge gingen an Bakchylides –, die Absicht blieb: auch Bakchylides zieht die Parallele zwischen dem sportlichen Erfolg und der Herrscherleistung des Tyrannen, der als «glücklicher Feldherr (!) der rossetummelnden Syrakusaner» gefeiert wird, dessen «rechtlich gesinntes Gemüt» seinen Untertanen jeden Gedanken an die rechtlich brüchigen Grundlagen seines Regimes eigentlich ebenso vertreiben müßte wie die Tatsache seines neuerlichen Sieges, der ihn als Günstling der Götter ausweist[57].

«Dreifach glückselig der Mann ...» – Eloge auf einen geldgierigen, gewalttätigen Olympioniken

Noch enger verbindet Bakchylides im Epinikion von 468 den Olympia-Sieg Hierons mit seiner monarchischen Stellung. Beides führt er auf die Gunst des Zeus zurück, deren Hieron sich durch seine Großzügigkeit würdig erweist:

«... Hierons schnelle Rosse!
Liefen sie doch, im Sieg glanzvoll sich bewährend,
Entlang dem breitwirbelnden Fluß Alpheios, (...)
Aufjauchzte das Volk voll Bewunderung. Dreifach glückselig der Mann,
Der von Zeus begabt mit der Hellenen höchstem Herrscheramt,
Wohl versteht, turmhohen Reichtum nicht zu bergen in schwarzgewandger Nacht!
Voll sind von Stieropferfesten die Heiligtümer,
Voll sind durch die Gastfreundlichkeit die Straßen;
Es leuchtet in schimmerndem Glanz das Gold an schöngeformten Dreifüßen ...»[58].

Derselbe, dessen Herrschertugenden hier und in anderen Festgesängen gepriesen werden, übte in Wirklichkeit keineswegs ein so menschenfreundliches Regiment aus: Seine Macht beruhte auf einer Söldnertruppe, und zur weiteren Einschüchterung seiner Bürger baute er eine Geheimpolizei auf, die ihre Ohren überall hatte und damit jede offene Meinungsäußerung torpedierte[59]. Ein sizilischer Historiker fällt kein sehr schmeichelhaftes Urteil über ihn, wenn er Hieron als «geldgierig, gewalttätig und insgesamt alles andere als ein Muster an Redlichkeit und Hochherzigkeit» charakterisiert[60].

Hieron hatte es also bitter nötig, anerkannte Dichter als Künder seines Ruhmes zu engagieren. Und als Ausgangs-«Stoff» für derartige Hymnen dienten eben die Siege in Olympia und Delphi. Sie brauchte und gebrauchte der Tyrann, um sein Renommee wenigstens etwas aufzubessern – ähnlich wie er Olympia, die Stätte seiner größten Triumphe, überaus großzügig mit erlesenen Kunstwerken beschenkte[61]. Ein Mächtiger, der Olympia-Ruhm kaltblütiger und konsequenter politisch im Sinne von Image-Korrektur und -Pflege umgesetzt hätte als Hieron, läßt sich eigentlich kaum denken.

Nicht viel anders lagen die Dinge im Falle Therons, des Tyrannen von Akragas (Agrigent). Im Jahre 476 v. Chr. durfte auch er sich wie sein «Kollege» Hieron mit einem olympischen Siegeszweig schmücken. Und natürlich versäumte auch er es nicht, seinen Ruhm gebührend feiern zu lassen: Pindar erhielt den Auftrag, gleich zwei Epinikien zu verfassen[62]. Vor allem in der zweiten Olympischen Ode geizte der Dichter nicht mit Lob für den Herrscher: Lob gebühre Theron ob seines siegreichen Viergespannes, ruft er aus und preist unmittelbar darauf den *Staatsmann* Theron, «der gerecht ist, gastlich, ein Turm der Stadt Akragas, von ruhmreichen Vätern abstammend, ein edler, stadterhaltender Sproß»[63]. Der blumige Hymnos ist die eine, die Realität der Regierungspraxis auch bei Theron die andere Seite. H. Berve spricht mit Recht vom «Glanz dichterischer Verherrlichung, der... Theron gewiß in einem helleren Lichte erscheinen (läßt), als es der nüchternen Wirklichkeit entsprach ...»[64].

Die Reihe der Tyrannen, die ihr durch einen Olympiasieg gestiegenes Prestige in ähnlicher Weise politisch vermarkteten, ließe sich mühelos ergänzen, wobei man ihnen Erfindungsreichtum in der Wahl der propagandistischen Mittel nicht absprechen kann: Neben Epinikien aus der Feder führender Dichter traten aufwendige Feiern und prächtige Festbankette, bei denen Tausende von Menschen bewirtet wurden[65], üppige Weihgeschenke und kostspielige Repräsentationsbauten, die die Erinnerung an ihre olympischen Siege bewahrten – so ließ Hieron II., im 3. Jh. v. Chr. mehrfacher Olympionike, dem Olympischen Zeus direkt im Zentrum von Syrakus einen prachtvollen Tempel errichten[66] – sowie Münzprägungen, die die ruhmvollen Wagensiege der hohen Herren im Bild festhielten.

PR-Schlappe eines Tyrannen

Manch ein Mächtiger versuchte zudem, die Olympischen Spiele als Forum für seine Selbstdarstellung zu nutzen. Der Gedanke lag nahe und war besonders für Tyrannen verführerisch: Vor dem gesamtgriechischen Publikum die eigene Pracht und Macht zu demonstrieren – am besten in Verbindung mit der Teilnahme am Wagen-, Maultier- oder Pferderennen. Politische Berechnung und

Münzpropaganda mit olympischen Erfolgen: Tetradrachmen der sizilischen Tyrannen Gelon und Dionys (Anfang 5. bzw. Anfang 4. Jh. v. Chr.).

persönliche Eitelkeit gingen dabei Hand in Hand. In der Regel ging diese Rechnung auf – wenn man die Stimmung unter den Festspielbesuchern und die politische Großwetterlage richtig einschätzte. Und nicht allzu dick auftrug!

Manchmal ging dieses Kalkül mit der Instrumentalisierung der Olympischen Spiele für politische Zwecke freilich auch daneben. In jeder Hinsicht gründlich verrechnet hatte sich Dionys II. von Syrakus, der bei der 98. Olympiade im Jahre 388 v. Chr. mächtig auftrumpfen wollte. Er schickte nicht nur mehrere Viergespanne ins Rennen, sondern ließ auch seinen Bruder Thearides an der Spitze einer pompösen syrakusanischen Delegation an den Alpheios reisen. Das Beste schien gerade gut genug, um den Prunk seiner Herrschaft anschaulich vor Augen zu führen. Die Abgesandten des sizilischen Tyrannen trugen erlesenste Purpurgewänder. Sie wohnten in golddurchwirkten Zelten, die sie – wie die anderen Zuschauer und Offiziellen auch – nach Olympia mitgebracht hatten. Zu der Delegation gehörten zudem die besten professionellen Rhapsoden. Sie waren von Dionys für ein besonders apartes Spektakel verpflichtet worden: sie sollten die von ihm selbst geschriebenen Dichtungen dem geneigten olympischen Publikum zu Gehör bringen. Das würde Eindruck machen: der politisch führende, militärisch mächtigste und offenbar auch reichste Mann des griechischen Westens zugleich in der Rolle des empfindsamen Musenfreundes!

Dionys hatte freilich sowohl seine künstlerische Inspiration über- als auch das Urteilsvermögen der Zuhörer deutlich unterschätzt. Zunächst hörte das Publikum dem Vortrag der Rhapsoden geduldig und nicht ohne Erstaunen über die poetische Ader des sizilischen Tyrannen zu. Allmählich aber bemerkten die Griechen, wie armselig die Dichtungen waren, die man ihnen da mit großer Geste vorsetzte. Es kam zum Eklat. Die Vortragenden wurden stellvertretend für den «Dichter» mit Kübeln von Spott übergossen. Aber nicht nur das. Ein Entrüstungssturm brach los – und zwar nicht mehr nur wegen der poetischen Zumutungen, sondern auch aus Empörung über das großspurige Auftreten einer Delegation, die für einen «machtlüsternen Despoten» werben sollte.

Die Animositäten, die sich da plötzlich gegen den bei vielen Griechen verhaßten Tyrannen entluden, wurden vom Redner Lysias noch angeheizt. In seinem *Olympiakos* stellte er die beiden Machthaber an den Pranger, die die Freiheit Griechenlands in seinen Augen am meisten bedrohten: den persischen Großkönig Artaxerxes und eben Dionys, den Tyrannen von Syrakus. Im Kampf gegen sie solle sich ganz Hellas verbünden, agitierte er, und forderte die Festversammlung auf, die «Vertreter der gottlosesten Tyrannis» von den Olympischen Spielen auszuschließen[67].

Damit hatte er keinen Erfolg. Wohl aber brachte sein flammender Aufruf im Zusammenwirken mit den kläglichen Poesie-Darbietungen der von Dionys besoldeten Rhapsoden einige Hitzköpfe derart in Rage, daß sie sich an den Zelten der syrakusanischen Delegation vergriffen[68].

Damit war genau das Gegenteil dessen geschehen, was Dionys sich in seinen Propaganda-Träumen erhofft hatte: die Olympiade von 388 hatte zwar einen deutlichen politischen Akzent erhalten, aber keineswegs den von ihm erwünschten. Statt auf der gesamtgriechischen Bühne als strahlender «König» Großgriechenlands zu glänzen, war der Tyrann unversehens auf die Anklagebank versetzt worden. Ein grandioser Mißerfolg, der indes die politische Dimension des Olympischen Festes ebenso deutlich werden läßt, wie wenn Dionys mit seinem PR-Rummel Erfolg gehabt hätte ...

Daß freilich die Vermengung von Sport und Politik, wie sie manche Machthaber mit ihrer persönlichen Teilnahme an den Spielen anstrebten, im allgemeinen durchaus ein Erfolgsrezept war, um das eigene Renommee aufzubessern, zeigt ein aufschlußreiches Detail aus der Biographie des berühmten Pindar: Nicht wenige seiner Landsleute verübelten ihm sein dichterisches Engagement zugunsten der sizilischen Alleinherrscher. Sie verdächtigten ihn als Tyrannisfreund – ein Vorwurf, gegen den Pindar sich vehement zur Wehr setzte: Er lehne die Tyrannis als Staatsform ab, beteuerte er. Ihm gehe es nur um das Gemeinwohl; alles andere sei eine böswillige Verleumdung durch Neider[69].

Ob der große Dichter wirklich so blauäugig war, die politische Wirkung seiner Tyrannen-Epinikien zu verkennen, sei dahingestellt. Fest steht jedenfalls, daß seine Zeitgenossen in diesem Punkte den klareren Blick hatten. Zumindest die kritischen unter ihnen durchschauten sehr wohl, wie da sportlicher Erfolg für politische Zwecke ausgebeutet wurde.

Olympische Leistungsbilanz als Trumpf in der Tagespolitik: Der Fall Alkibiades

Die politische Benutzung olympischer Siege machte allerdings vor Demokratien nicht halt. Auch dort kam es vor, daß prominente Politiker sich dieses Mittels bedienten, um gegenüber der Konkurrenz wichtige Punkte zu sammeln. Der berühmt-berüchtigtste Fall ist die ganz unverhohlene Art und Weise, wie der ehrgeizige Alkibiades seinen spektakulären Olympia-Auftritt in die politische Arena einzubringen verstand.

Alkibiades entstammte mütterlicherseits einem der vornehmsten Adelsgeschlechter Athens, den Alkmeoniden. Als Angehöriger der gesellschaftlichen Führungsschicht verfügte er über genügend finanzielle Mittel, um einen großen Rennstall zu unterhalten. Die Motive, die diesen «sportlichen» Ambitionen zugrunde lagen, schildert der Redner Isokrates, indem er den Sohn des Alkibiades sagen läßt: «Mein Vater erkannte, daß die Festversammlung in Olympia von aller Welt geliebt und bewundert wurde und daß die Griechen dort ihren Reichtum, ihre Körperkraft und Bildung zur Schau stellten und daß nicht nur die Athleten beneidet wurden, sondern auch die Heimatstädte der Sieger Berühmtheit erlangten. Er war außerdem überzeugt, daß zwar die in Athen vollbrachten öffentlichen Leistungen das Prestige dessen, der sie vollbrachte, in den Augen seiner Mitbürger erhöhte, daß aber Erfolge bei den Olympischen Spielen den Ruhm der Stadt in ganz Griechenland mehrten. Von diesen Überlegungen ließ er sich leiten (...), als er sich der Pferdezucht zuwandte, was nur den vom Schicksal Begünstigten möglich, dem einfachen Manne aber verwehrt ist.

Er übertraf aber nicht nur alle seine Konkurrenten, sondern auch alle, die jemals zuvor gesiegt hatten. Denn er ging mit so vielen Gespannen ins Rennen, wie nicht einmal die mächtigsten Städte es taten. Und diese Gespanne waren so hervorragend, daß er den ersten, zweiten und dritten Platz belegte. Außerdem erwies er sich bei den Opfern und den anderen Ausgaben, die das Fest mit sich brachte, als so großzügig und über die Maßen freigebig, daß die öffentlichen Mittel anderer Staaten offensichtlich geringer waren als seine privaten Mittel allein.»[70]

Kein Zweifel: Alkibiades wollte mit seinem herrschaftlichen Auftreten in Olympia Eindruck machen. Zum einen, wie die Rede deutlich erkennen läßt, im Interesse seiner Heimatstadt Athen, deren «Ruhm in ganz Hellas» er mehren wollte. Zum anderen spekulierte er aber auch mit geradezu aristokratischer Selbstverständlichkeit auf einen persönlichen Prestigegewinn, der es ihm erlaubte, seine Stellung in Athen zu festigen und auszubauen. Daß noch der Sohn voller Stolz auf diese «Leistungen» seines Vaters hinweisen konnte, deutet an, daß Alkibiades' Rechnung aufgegangen ist.

Es gibt aber einen noch viel überzeugenderen Beweis für dieses politische Kalkül mit olympischen Ehren und sein Gelingen. Seinen Triumph in Olympia feierte Alkibiades im Jahre 416 v. Chr. Kurze Zeit später stand in Athen eine brisante Frage auf der Tagesordnung der Volksversammlung: die Entscheidung darüber, ob Athen im Rahmen des Peloponnesischen Krieges auch in Sizilien mit einer starken Flotte eingreifen und wer das Kommando bei dieser sizilischen Expedition innehaben solle. Alkibiades plädierte nachdrücklich für ein athenisches Engagement im Westen, und er beanspruchte zudem den Oberbefehl für sich. Als wichtiges Argument für diesen politisch-militärischen Führungsanspruch führte er unter anderem sein Prestige als Olympiasieger ins Feld: Er habe bei der Olympiade des vergangenen Jahres der gesamten griechischen Welt demonstriert, daß seine Heimat Athen trotz des langen, schweren Krieges keineswegs am Boden liege:

«Denn die Hellenen hielten Athen über all seine Macht hinaus für noch größer wegen meines glanzvollen Auftretens als Festbote in Olympia, nachdem sie eine armgekämpfte Stadt erwartet hatten, weil ich sieben Wagen ins Rennen schickte (...) und auch sonst alles dem Sieg entsprechend hergerichtet hatte.»[71]

Man sieht: Ohne Scheu setzt Alkibiades die sportlich-repräsentative Olympia-Waffe im innenpolitischen Kampf um Meinungsführerschaft und Macht ein. Und nicht ohne Erfolg! Seine olympische «Leistungsbilanz» imponiert den Athenern; es leuchtet ihnen ein, daß dieser Mann, so viel Mißtrauen viele auch seiner schillernden Persönlichkeit entgegenbringen[72], ein gutes Stück politischer Werbung für seine Heimat geleistet hat – was im übrigen nicht nur Eigenpropaganda des Alkibiades ist, sondern durchaus den Tatsachen entspricht[73]. Nicht zuletzt dieses hervorragende Ansehen veranlaßt viele, sich auf die Seite der Befürworter der sizilischen Expedition zu schlagen: Alkibiades setzt seinen Führungsanspruch durch – vorerst jedenfalls.

Der Olympiasieg als Statussymbol – auch für die Heimat des Siegers!

Das Vorgehen des Alkibiades fällt nur insofern aus dem Rahmen, als er seinen Olympiasieg ganz ungeniert als Argument in die *tagespolitische* Diskussion einbrachte und aus seinem sportlichen Erfolg und dem damit verbundenen Prestigegewinn für seine Heimatstadt einen *unmittelbaren,* ganz konkreten Führungsanspruch ableitete. Ansonsten war die enge Beziehung zwischen Sport und Politik insofern eine von niemandem bestrittene Selbstverständlichkeit, als sich mit dem Sieg eines Athleten in Olympia anerkanntermaßen auch ein Zuwachs an Anerkennung und Ruhm für seine Polis verband. Bei der Siegerehrung wurde neben dem Namen des Olympioniken auch der seiner Heimatstadt ausgerufen – ein begehrtes Statussymbol im Wettstreit der griechischen Staaten auf dem *Publicity*-Sektor.

Ein Statussymbol, das sich die Städte denn auch eine Menge Geld kosten ließen! Die Methoden, um möglichst viele der schlichten Olivenzweige aus dem heiligen olympischen Hain in die eigene Polis zu holen, waren vielfältiger Art. Sie reichten von einer staatlichen Sportförderung im Vorfeld der Spiele bis zu üppigen materiellen und ideellen Ehrungen, mit denen die Gemeinden ihre Olympiasieger überhäuften. Aus den Ehrentafeln und Standbildern, den Siegesmonumenten und den Prozessionen aus Anlaß der Heimkehr ihrer olympiaberühmten Söhne sprechen Stolz, Genugtuung und Dankbarkeit der Mitbürger. Wer seine Heimat am Alpheios würdig vertreten hat, darf fortan einer Vorzugsbehandlung sicher sein; die Belohnungen für die unschätzbaren PR-Dienste der Olympiasieger reichen vom Ehrenbürgerrecht und der Befreiung vom Militärdienst bis hin zu Logenplätzen im Theater und unentgeltlicher Speisung auf Lebenszeit.

Im einzelnen wird darüber noch zu reden sein, wenn es um die «Vergoldung» des Sieges geht[74]. Soviel dürfte indes jetzt schon deutlich geworden sein: Wenn die Heimatgemeinde auch vor zum Teil sehr hohen Kosten nicht zurückschreckte, um ihre Olympioniken angemessen zu ehren, so folgt daraus, daß ein Olympiasieg alles andere als eine Privatsache war. Er galt als ein öffentliches Ereignis, als ein Ruhmesblatt für die gesamte Polis – und entsprechend unnachsichtig verfuhr man mit Athleten, die die in sie gesetzten Erwartungen nicht erfüllt hatten. Sie hatten Schande über ihre Heimatstadt gebracht und taten nach ihrer Rückkehr gut daran, große Plätze und breite Straßen zu meiden, wenn sie dem Spott und Hohn ihrer enttäuschten Mitbürger entgehen wollten[75].

Handgeld für einen neuen «Paß» – Abwerbungen erfolgreicher Athleten

Mitunter trieb die politische Öffentlichkeitsarbeit mit Olympiasiegern recht seltsame Blüten. Genauer gesagt: einige Städte und Herrscher schreckten nicht davor zurück, sich auch mit fremden Federn zu schmücken. Da wurden dann – gegen klingende Münze, versteht sich – Athleten aus anderen Staaten kurzerhand naturalisiert.

Betrügereien dieser Art waren technisch relativ leicht zu bewerkstelligen: außer einem ordentlich gefüllten Beutel Gold auf seiten des «Verführers» und einer ordentlichen Portion Rückgratlosigkeit auf seiten des «Verführten» brauchte man dazu nichts. Denn die Hellanodiken prüften nicht, ob die Heimatangabe, die der Athlet ihnen bei seiner Bewerbung machte, auch wirklich zutraf. Sie notierten nur, welche Stadt im Falle seines Erfolges als «Mit-Siegerin» bekanntzugeben war, und hielten sich in jedem Fall daran – auch wenn sie den Verdacht hegten, es gehe nicht alles mit rechten Dingen zu. Nach dem Reglement waren ihnen in diesem Punkte die Hände gebunden, bei wahrheitswidrigen Angaben zu Sanktionen zu greifen.

Und so kam es dann und wann tatsächlich vor, daß sich ein Athlet «abwerben» ließ. Den zweifelhaften Ruhm, einen solchen Etikettenschwindel erstmals verabredet zu haben, erwarben sich der Tyrann Gelon und der Läufer Astylos von Kroton. Gelon, damals noch Tyrann über das sizilische Gela, war von Astylos' Doppelsieg im Jahre 488 sehr beeindruckt. Vier Jahre später «verpflichtete» er ihn für Syrakus, das er zwischenzeitlich unter seine Kontrolle gebracht hatte: der neue Tyrann war bestrebt, den Glanz seines Regimes mit Hilfe des berühmten Athleten aus Unteritalien aufzuwerten. Es sollte tatsächlich keine Fehlinvestition sein: Astylos wurde im Jahre 484 erneut Olympiasieger – diesmal jedoch als Syrakusaner. Ob dabei Bestechung im Spiel war, läßt Pausanias offen. Aber es ist doch sehr wahrscheinlich. Die Reaktion der Krotoniaten spricht jedenfalls Bände: Aus Zorn über den Heimat-«Verrat» warfen sie die bereits öffentlich aufgestellte Statue des

Astylos um. Mehr noch: Die Behörden konfiszierten das Privathaus des abtrünnigen Athleten und funktionierten es zu einem Gefängnis um[76].

Weniger Erfolg hatte rund 100 Jahre später ein anderer syrakusanischer Tyrann mit seinen Abwerbungsversuchen. Im Jahre 392 oder 388 v. Chr. ließ Dionys I. durch Beauftragte bei dem Vater des Olympiasiegers im Knabenfaustkampf anfragen, ob er gegen ein «Geschenk» bereit sei, seinen Sohn Antipatros als Syrakusaner ausrufen zu lassen. Bei ihm holten sich die Betrugsagenten jedoch eine klare Abfuhr: Vater und Sohn blieben standhaft, und Antipatros ließ auf seiner Siegesstatue noch ausdrücklich vermerken, «er sei von Herkunft Milesier und weihe als erster ionischer Grieche in Olympia ein Standbild»[77]. Ist es zu kritisch spekuliert, wenn man annimmt, daß es die – nun doppelt dankbare – Heimatstadt Milet gewesen ist, die die Kosten für die Antipatros-Statue hochherzig übernommen hat...?

Nicht nur Tyrannen lechzten nach olympischem Ruhm, mochte er auch durch Bestechung erkauft worden sein. Auch die kleinasiatische Stadt Ephesos schrieb sich in die unrühmlichen Annalen des «Herkunftsbetruges» ein. Die Stadtväter zahlten dem Langläufer Sotades ein erkleckliches «Handgeld», und Sotades revanchierte sich dafür wie erwartet: Nachdem er seinen olympischen Ruhm im Jahre 384 v. Chr. noch mit seiner Heimat Kreta geteilt hatte, gab er sich vier Jahre später als Ephesier aus. Seine kretischen Landsleute waren über diese sportliche Fahnenflucht verständlicherweise empört. Sie verhängten eine passende Strafe über Sotades: Nachdem er zuvor seine Heimat verleugnet hatte, konnte er sich nicht darüber beklagen, daß man ihn nun offiziell auf die Liste der Verbannten setzte[78].

Zugegeben: Dies sind die einzigen Fälle tatsächlicher oder versuchter Abwerbung, die in der langen Geschichte der Olympischen Spiele überliefert sind. Diese Ausnahmen taugen sicher nicht dazu, zu einer einschlägigen *chronique scandaleuse* betrügerischer Machenschaften hochstilisiert zu werden – auch wenn einiges dafür spricht, daß die dokumentierten Fälle nur die Spitze des Eisberges gewesen sein dürften. Denn über derlei sensible Abmachungen wurde gewiß nicht auf dem offenen Markt verhandelt; da wurden vorsichtig Fühler ausgestreckt und Versuchsballons gestartet, bevor man einen – in der Regel schon berühmten – Athleten unverblümt auf einen «Wechsel» ansprach. Und daß der eine oder andere begehrte Sportler die Offerte einer anderen Polis im Verhandlungs-«Poker» mit seiner Heimatstadt in Sachen Vergoldung des Ölzweigs ganz gezielt eingesetzt hat, scheint ebenfalls nicht ausgeschlossen zu sein, mögen auch die Quellen dazu schweigen...

Jedenfalls zeigen schon die wenigen historisch bezeugten Beispiele, wie sehr viele Poleis nach athletischem Ruhm geradezu hungerten und dürsteten (C. A. Forbes)[79] – und welch ein nicht zu unterschätzendes Politikum ein Olympiasieg darstellte, wenn manche Stadtväter im Kampf darum nicht einmal vor kriminellen oder zumindest moralisch anrüchigen Methoden haltmachten.

Statuen, Ehreninschriften, diplomatische Missionen – Olympiasieger als Exponenten politischer Öffentlichkeitsarbeit

Es gab indes auch ehrenvollere Mittel, um mit und über Olympia staatliche Selbstdarstellung zu betreiben. Am besten war es natürlich, möglichst viele Olympioniken aus der eigenen Polis präsentieren zu können. Diese Präsentation geschah bei manchen prominenten Sportlern in ganz konkreter Weise. So nutzten Staaten den Nimbus ihrer Olympiasieger, um sie mit diplomatischen Missionen zu beauftragen: Eine Delegation, so das offensichtliche Kalkül, an deren Spitze ein gefeierter Athlet stand, würde auf die Gesprächspartner in anderen Staaten größeren Eindruck machen und die eigene Position besser durchsetzen können[80]. Auch zu Gründern von Kolonien und zu Feldherren wurden Olympioniken und Sieger in anderen panhellenischen Spielen häufig gewählt. Auch wenn das teilweise mit ihrer aristokratischen Abstammung zusammenhing, die sie für Führungsaufgaben eh prädestinierte, ist

Schatzhausterrasse (Modell von A. Mallwitz). Mit den aufwendigen Schatzhäusern demonstrierten einige Poleis ihre Präsenz in Olympia besonders auffällig. Vor der Terrasse standen die «Zanes», aus Strafgeldern errichtete Zeus-Statuen.

die Absicht erkennbar, die Autorität dieser Athleten möglichst gewinnbringend für die Gemeinschaft einzusetzen[81].

Freilich: Nicht jeder Staat hatte jederzeit einen Olympiasieger zur Hand, dessen Ruhm er sich auf die eine oder andere Weise für seine politische Öffentlichkeitsarbeit hätte zunutze machen können. In solch einer Situation bemühte man gern die Vergangenheit; dort fand sich in der Regel der eine oder andere Athlet, der mit seinem Sieg in Olympia auch für seine Heimat Ehre eingelegt hatte. Was lag näher, als die Erinnerung an solche Glanzzeiten möglichst lange zu bewahren? Nun ist Stein ein überaus dauerhaftes Material, das auch die etwas weniger glanzvollen «Täler», die man auf dem Weg zu neuen Höhen athletischen Ruhms von Zeit zu Zeit zu durchmessen hatte, problemlos überdauerte: Standbilder und Inschriften, die die Erfolge früherer Spitzensportler unter den Bürgern festhielten, waren daher kein ungewöhnlicher Anblick in den Zentren griechischer Städte.

Aber nicht nur dort! Viel wirkungsvoller war diese Art sportlich-politischer Selbstdarstellung, wenn sie vor den Augen der gesamten griechischen Welt erfolgte. Kein Wunder also, wenn zahlreiche Städte erpicht darauf waren, Olympia selbst mit Weihgeschenken, Statuen und Ehreninschriften zu schmücken, die die Erfolge «ihrer» Athleten verherrlichten. Daß es offiziell bis ins 5. Jh. den Olympioniken selbst vorbehalten war, sich ein Siegesdenkmal zu setzen, störte dabei kaum; es kam ja nicht darauf an, daß die Stadt als (tatsächliche) Stifterin auch erwähnt wurde!

Mochte sich dieser Repräsentationseffekt mit der zunehmenden Zahl derartiger Monumente auch verringern, so fuhr man doch jahrhundertelang unverdrossen fort, immer neue Standbilder und Gedenktafeln im heiligen Hain aufzustellen. Pausanias, der Olympia im 2. Jh. n. Chr. besuchte und sich alles genau für seinen «Reiseführer» notierte, füllt mehrere Dutzend Seiten seiner «Beschreibung Griechenlands» allein mit der Aufzählung der Siegerstatuen[82] – eine historisch und archäologisch hochinteressante Fundgrube, aber eine ermüdende Lektüre, wobei der Perieget selbst schon eine Auswahl getroffen hat![83]

Schatzhäuser in Olympia – Medium staatlicher Selbstdarstellung

Spätestens ab dem 4. Jh. v. Chr. muß auch der noch so bildungsbeflissene und geschichtsinteressierte Normaltourist den Überblick über all das Sehenswerte verloren haben, das sich da in Olympia aufgetürmt hatte. Was indes durch all die Jahrhunderte *nicht* im Meer der zahllosen Einzelmonumente unterging, waren die prächtigen Schatzhäuser *(thesauroi)*, die einige Poleis in der Altis hatten errichten lassen.

Sie lagen auf einer Terrasse oberhalb des Hera-Tempels; ein gutes Dutzend kapellenartiger Bauten, die ohne systematische Planung im 6. und 5. Jh. in dichter Reihe entstanden waren. Ihre praktische Funktion bestand in der sicheren Aufbewahrung von Weihgeschenken aller Art, die die jeweiligen Stifterstädte dem olympischen Zeus im Laufe der Zeit zukommen ließen. Darunter fanden sich kostbare Objekte aus edlen Materialien wie Gold, Silber, Zedernholz und Elfenbein. Sie vor Beschädigung und Diebstahl, aber auch vor Witterungseinflüssen zu schützen, war gewiß eine sinnvolle Maßnahme, die den Bau der Schatzhäuser rechtfertigte.

Zugleich aber verbanden die Stifterstädte damit auch eine propagandistische Absicht. Alle Thesauroi trugen in großen Lettern den Namen der großzügigen Polis, die damit einerseits ihre Verbundenheit mit Olympia dokumentierte, andererseits aber auch ihren Wohlstand unter Beweis stellen wollte – und ganz einfach in nicht zu übersehender Weise ihre Präsenz an der heiligen Stätte demonstrierte, an der alle vier Jahre nicht nur um sportliche Ehren, sondern auch um gesellschaftliches und politisches Prestige gekämpft wurde. Das Erfolgsgeheimnis jeder Eigenwerbung gegenüber einer großen Öffentlichkeit ist nun einmal die Präsenz. Und was Politiker im TV-Zeitalter in dieser Hinsicht praktizieren, war auch den Stadtvätern griechischer Poleis in archaischer und klassischer Zeit wohlbekannt. Nur war das Medium ein anderes. Was aber an der Intention der hochherzigen Schatzhaus-Stifter keinen Zweifel läßt, die H.-V. Herrmann prägnant so auf den Punkt bringt: Sie «dienten natürlich zugleich in hohem Maße der ehrgeizigen Selbstdarstellung dieser Staaten.»[84]

Daß nicht alle Poleis diesen Aufwand betrieben, steht dem nicht im Wege. Sparta, Athen und Korinth konnten auf den Bau eines Thesauros in Olympia leicht verzichten: Ihnen standen andere Wege der Öffentlichkeitsarbeit – etwa die Werbung mit «ihren» Olympioniken – offen. Mehr als die Hälfte der 14 oder 15 Schatzhäuser waren übrigens Stiftungen von Städten im griechischen Kolonialland; es scheint, als hätten diese an der Peripherie des Griechentums gelegenen Poleis eine besondere Notwendigkeit gesehen, in dieser Weise im «Herzen» des Mutterlandes präsent zu sein.

Unpolitischer Sport? – Nicht bei den Griechen!

Olympischer Sport und Politik, das sollte auf den vorangegangenen Seiten an einer Reihe von Beispielen aufgezeigt werden, waren in Hellas auf vielfältige Weise miteinander verwoben. Die moderne Ideologie, die eine fein säuberliche Trennung beider Bereiche verlangt, kann sich jedenfalls nicht auf das «klassische» Vorbild berufen. Wenn sie es trotzdem tut, verrät sie damit nur ihre Ignoranz – und zwar gleich in doppelter Hinsicht. Zum einen, weil sie die historischen Fakten nicht zur Kenntnis nimmt, und zum anderen, weil das Gerede von einem «unpolitischen Sport» kaum mehr als eine schöngeistige Fiktion ist, die mit der von Interessen bestimmten Realität nichts gemein hat.

Die Griechen hätten sich diesen Unsinn verbeten; für sie war es klar, daß alles, was sich in einer Gemeinschaft im Mit- oder Gegeneinander vollzieht, immer auch eine politische Dimension hat. Nicht zufällig ist «politisch» ja ein griechisches Wort; und auch wenn die Athleten in Olympia in aller Regel als Individuen, nicht als Angehörige einer vom Staat entsandten Equipe an den Start gingen, war damit ihr Eingebundensein in ihre Polis nicht aufgehoben.

Das Politische als «zentrales Lebenselement» der Griechen (Christian Meier) strahlte bekanntlich in die unterschiedlichsten Lebensbereiche aus; es fand Eingang in Kunst und Literatur, in Philosophie und Religion[85]. Wieso hätte da ausgerechnet der Sport eine politikfreie Zone darstellen sollen? Ein solches Reservat des Unpolitischen hat es nie gegeben – auch nicht in der Theorie der Spiele. Dazu waren die Griechen einfach zu ehrlich zu sich selbst und den anderen. In dieser Ehrlichkeit scheint mir mehr Vorbildhaftes zu liegen als in dem geschichtsklitternden Bild vom angeblich unpolitischen Olympia der Antike.

Olympia der Profis

Disqualifikation im Namen einer Geschichtsfälschung – der Fall Thorpe

«Bei den Olympischen Spielen von Stockholm im Jahre 1912 gewann James Thorpe beide leichtathletischen Mehrkampf-Disziplinen, den Fünf- und den Zehnkampf. Es war ein herrlicher Auftritt. Der schwedische König überreichte ihm die Medaille und sagte: ‹Mr. Thorpe, Sie sind der größte Athlet der Welt.› Thorpe gab, erzählt man, die unsterbliche Antwort: ‹Danke, König!› Aber im Januar 1913 kam Thorpes kriminelle Vergangenheit ans Licht. Er hatte in den zwei Sommern vorher als Halbprofi Baseball gespielt – für 15 Dollar die Woche. Er war *kein* reiner Amateur-Athlet. Ein reumütiger Thorpe entschuldigte sich, indem er schrieb: ‹Ich wußte nicht, daß ich etwas Verbotenes tat.›

Das Internationale Olympische Komitee ergriff die Gelegenheit, an Thorpe ein Exempel zu statuieren, um die vielen Athleten, Clubs und Colleges, die gegenüber den Amateurbestimmungen ein Auge zuzudrücken pflegten, zu warnen. Baron Pierre de Coubertin, Gründer und Präsident des IOC, war schnell dabei, die legendäre Reinheit der altgriechischen Olympischen Spiele als Präzedenzfall – tatsächlich als Grund – für die Disqualifikation des großen Athleten aus Carlisle anzuführen:

‹Es reicht, an die Sorgfalt zu erinnern, mit der das Altertum die Teilnahme an den Olympischen Spielen nur solchen Athleten erlaubte, die untadelig waren. Sollte es in der modernen Welt nicht genauso sein? Wenn der Fall Thorpe die ganze Welt von der Notwendigkeit einer Umkehr überzeugt, wird er dem Sport unzweifelhaft einen unschätzbaren Dienst geleistet haben.›

Thorpes Medaillen wurden zurückgefordert, seine Olympiasiege aus den offiziellen Aufzeichnungen gestrichen – ein in der Olympischen Geschichte einmaliger Vorfall.

Jahre später wurde Thorpe zum herausragenden Athleten Amerikas in der ersten Hälfte des 20. Jh. gewählt. Einige Sportjournalisten versuchten, die Olympia-Offiziellen zu einer erneuten Prüfung seiner Disqualifikation zu bringen. Aber Avery Brundage vom amerikanischen NOK (der spätere Präsident des IOC) blieb stur. Eine Regel war eine Regel. Manche meinten, der alte Avery sei ein bißchen streng, aber sie mußten seine Prinzipientreue anerkennen. Immerhin betonte Brundage, es gebe da das altgriechische Modell des reinen Amateurs – und dem gegenüber sei man in der Pflicht.»[86]

Mit dieser Schilderung leitet der Amerikaner D. C. Young eine Art Kurzfassung seines 1984 erschienenen Buches über den «Olympischen Mythos der griechischen Amateur-Athletik» ein. Die Untersuchung ist eine bittere Abrechnung mit der unhaltbaren, aber weitverbreiteten Legende, an den Olympischen Spielen der Antike hätten nur «Amateure» teilnehmen dürfen. Unter Berufung auf dieses fragwürdige Vorbild hat das IOC jahrzehntelang mit äußerster Zähigkeit an seinen sogenannten Amateur-Statuten festgehalten. Der Fall Thorpe belegt es: an ihm wurde gnadenlos ein Prinzip exekutiert, das man dreist als «altgriechisches Modell» ausgab – und das doch reine Fiktion war.

Nicht das Verhalten Thorpes war der Skandal – und in gewisser Weise auch nicht seine Disqualifikation. Der eigentliche Skandal war und bleibt die Tatsache, daß man sich – z. T. aus purer Ignoranz, z. T. aber auch mit raffinierter Methode und skrupelloser Geschichtsverfälschung – eine dann als Vorbild zementierte Ideologie von altgriechischem Amateur-Sport zurechtgezimmert hatte, die lediglich der Legitimation zunächst sozialen Dünkels und später rechthaberischer Sturheit diente.

Der vor allem in den siebziger Jahren heftig diskutierte olympische Amateur-Gedanke blickt keineswegs auf eine fast dreitausendjährige Tradition zurück. Er ist vielmehr ein geistig-ideologisches Pflänzchen des vergangenen Jahrhunderts, das im Erscheinungsjahr dieses Buches gerade einmal sein 125jähriges Jubiläum feiert – wenn denn Standesdünkel, Selbstzufriedenheit und Heuchelei, die wichtigsten Ingredienzien dieses gar nicht so edlen Ideals, Anlaß zum Jubeln sind. Im Jahre 1913, als der «Profi» Thorpe auf dem vermeintlich uralten Altar des Amateurwesens im Sport geopfert wurde, war die spirituelle Grundlage dieser rituellen Handlung noch keine fünfzig Jahre alt. David Young lakonisch: «Amateurism was the late-comer.»[87]

Der Amateur-Gedanke – Ausdruck einer Ideologie des sozialen Dünkels

Die Geburtsstunde des Amateur-Gedankens schlug im Jahre 1866. Damals wurde in London der erste Amateur-Club der Geschichte gegründet. Er nannte sich *Amateur Athletic Club* (AAC). Weitere Gründungen folgten kurz darauf, und sie alle verankerten in ihren Satzungen, daß ihre Mitglieder keinerlei materiellen Gewinn aus sportlicher Betätigung erzielen dürften. Was auf den ersten Blick wie eine noble Huldigung an Idealismus und als mutige Absage an schnödes Gewinnstreben im Sport aussieht, diente in Wirklichkeit dazu, die «Amateur-Clubs» vor Konkurrenz aus anderen sozialen Schichten abzuschotten, mit denen man nichts zu tun haben wollte.

In den Amateur-Vereinigungen schlossen sich nämlich all diejenigen Sportinteressierten zusammen, die sich selbst als *gentlemen* definierten. Das Feld des bezahlten Sports – also Veranstaltungen, die die Sieger mit Geld- und Sachpreisen belohnten – überließen diese Herren großzügig der Arbeiterklasse. Die Statuten sagten es klipp und klar: Als «Profi» definierten sie jeden, «der Handwerker oder Arbeiter ist»[88].

Auf diese Weise erreichte man gleich zwei Ziele: zum einen ging man der «Peinlichkeit» aus dem Wege, sich mit Angehörigen der Arbeiterklasse gemein machen zu müssen, indem man zusammen mit ihnen bei Wettkämpfen antrat – und zugleich der «Schande» und der Einbuße an Selbstwertgefühl, die die Niederlage eines gewissermaßen von Natur aus «Besseren», weil gesellschaftlich höher Gestellten, gegenüber einem auf der sozialen Rangleiter weit unter ihm rangierenden Athleten mit sich gebracht hätte. Und außerdem entledigte man sich im rein sportlichen Bereich elegant einer unangenehmen Konkurrenz: mit dem Ausschluß der «Profis» von reinen Amateur-Wettbewerben war es natürlich erheblich leichter für die *gentlemen*, selbst einen Sieg zu erringen...

Nachfolgerin des *AAC* wurde im Jahre 1880 die *Amateur Athletic Association* (AAA). Sie verzichtete zwar darauf, die Standesbarrieren ausdrücklich in ihre Satzungen aufzunehmen, verbot ihren Mitgliedern aber noch strikter, irgendwelche materiellen Zuwendungen im Zusammenhang mit der Ausübung von Sport anzunehmen. *De facto* bedeutete das freilich die Beibehaltung des exklusiven Sozialstatus der «Amateure»; denn wer als Arbeiter oder Handwerker darauf angewiesen war, sich seinen Lebensunterhalt Tag für Tag zu verdienen, konnte sich weder weite Reisen noch zeitintensives Training erlauben, wenn er auf keinerlei finanziellen Ausgleich durch Siegesgelder u. ä. rechnen konnte.

Das elitäre Bewußtsein, das eine scharfe Trennung zwischen den gesellschaftlichen Klassen bejahte und förderte, machte natürlich auch vor Gelehrten nicht halt. Und so fanden sich einige Altertumswissenschaftler, die sich darauf kaprizierten, dem neuzeitlichen Gedanken einer Sportler-Elite von wirtschaftlich unabhängigen Angehörigen der Oberschicht gewissermaßen die ideologische Munition aus der griechischen Antike bereitzustellen.

Interessegeleitete Wissenschaft oder: Wie man eine Geschichtsklitterung anlegt

Die Voreingenommenheit und Einseitigkeit der Fragestellung waren es, die diese Forscher dabei straucheln ließen: sie befragten das Altertum auf das, was sie in ihm an Parallelen zu ihren eigenen Präferenzen in Sachen *gentleman*-Sport finden konnten. Alles, was nicht dem schönen Bild vom aristokratischen Olympia-Wettkämpfer entsprach, wurde dabei konsequent ausgeblendet, heruntergespielt oder in eine spätere «Verfallszeit» der Olympischen

Spiele hinabdatiert. Man wußte, was man in der Blütezeit der Olympischen Spiele im 6. und 5. Jh. v. Chr. suchte – und das fand man: den Sport-Amateur des Viktorianischen Zeitalters, den Edelmann, der den Sport sozusagen als Freizeitbeschäftigung – aber nicht im Übermaß! – betrieb, der es indigniert ablehnte, sich für einen Sieg «bezahlen» zu lassen, der Gefallen daran fand und Ehrgeiz darein setzte, mit anderen ambitionierten Standesgenossen fair um die Siegespalme zu wetteifern ...

Für eine solche Parallelisierung zwischen dem «Amateur» der Viktorianischen Epoche und dem «Amateur» des klassischen Hellas fanden sich in den Quellen natürlich einige Anhaltspunkte. Aber eben nur *einige* Indizien wie etwa die Dominanz aristokratischer Teilnehmer an den Olympischen Spielen der Früh- und archaischen Zeit. Daneben stieß man indes auf Nachrichten, die sich in diese heile Welt nicht so problemlos einfügen ließen. Wo war der Ausweg aus diesem wissenschaftlichen Dilemma? Er fand sich rasch, und zwar in Form einer Schwarz-Weiß-Malerei, die die Geschichte der antiken Olympien fein säuberlich in zwei Abschnitte unterteilte: da war einmal die gute alte Zeit des frühen Olympia – jenes Olympia, das sich in der aristokratisch geprägten Welt der Hymnik Pindars noch im 5. Jh. manifestierte. Mit dem Beginn des 4. Jh. ging es bergab: da verkamen die Olympischen Spiele zusehends durch die zunehmenden Auftritte professioneller Athleten. Mit dem sozialen Abstieg – selbstredend postulierte man, daß Aristokraten sich nicht als Profis «verdingten» – ging ein Abstieg in sportethischer Hinsicht einher. Solche «Typen», die den Sport um seiner selbst willen betrieben, die sich ihm ganz und gar verschrieben, um daraus schnöden Profit zu schlagen, begingen gewissermaßen Verrat am ursprünglichen olympischen Gedanken. Das waren keine «Amateure» mehr – im materiellen Sinne nicht mehr und, viel schwerwiegender, schon gar nicht mehr in sozialer Hinsicht! Damit war eine Linie gezogen, die die «guten» Olympischen Spiele vom 8. bis zum 5. Jh. von den «schlechten», depravierten Spielen des Hellenismus und der Römerzeit scharf abgrenzte.

Der «olympische Amateur» – Produkt Coubertinscher Taktik

Daß nun die modernen Olympischen Spiele so stark ins Fahrwasser der elitären Amateur-Ideologie gerieten, geht auf einen Schachzug Coubertins zurück, mit dem er sich die Zustimmung der «Mächtigen» im Amateur-Lager zu seinen hochfliegenden Olympia-Plänen verschaffte. Seine Idee, die Olympischen Spiele in internationalem Rahmen wiederzubeleben, zündete nämlich zunächst nicht; von dem Namen selbst ging wenig Attraktivität aus, mußte er ernüchtert feststellen.

In dieser Situation griff Coubertin zu dem Zauberwort «Amateurwesen». Für den Sommer 1894 lud er Delegierte von Amateur-Clubs in aller Welt nach Paris zu einem «Internationalen Amateur-Kongreß» ein. In die Tagesordnung, auf der hauptsächlich offene Fragen im Zusammenhang mit dem Amateur-Status standen, «schmuggelte» er auch den Punkt ein, der ihm besonders am Herzen lag: «Möglichkeit, die Olympischen Spiele wiederzubeleben.»

Die Täuschung gelang. In Paris angekommen, fanden die Delegierten den einstigen Unterpunkt der Agenda plötzlich als das Hauptanliegen des Kongresses bereits auf ihren Zutrittskarten vor, und am Ende der mehrtägigen Diskussionen wurde tatsächlich der Beschluß gefaßt, schon 1896 in Athen die «ersten» Olympischen Spiele der Neuzeit aus der Taufe zu heben (die «ersten» in Anführungsstrichen, weil es eine Reihe von Griechen organisierter, heute vergessener Vorläufer-Veranstaltungen unter demselben Namen im 19. Jh. gegeben hat).

Coubertin hat später freimütig eingeräumt, daß er persönlich nie besonders am Amateurwesen interessiert gewesen sei. Er habe diesen Punkt als Tarnung seines eigentlichen Vorhabens in den Einladungen bewußt hochgespielt[89]. Aber natürlich verlangten sowohl die Situation als auch die Interessen der Kongreß-Delegierten, daß der Amateur-Status der künftigen Olympia-Teilnehmer als *condicio sine qua non* in die Statuten aufgenommen wurde. Dies um so mehr, als ja der «wissenschaftliche» Boden für eine Legitimierung des Amateur-Gedankens aus dem antiken Vorbild schon bereitet worden war. Das war eine hervorragende Berufungsinstanz; eine ideologische Bastion, die fortan noch weiter ausgebaut werden sollte.

Zwar wird Falsches nicht dadurch richtig, daß man es unentwegt wiederholt. Aber man beginnt allmählich doch, selbst daran zu glauben. Die Legende vom antiken Olympia der Amateure wurde so zum Selbstläufer: in schöngeistigen, pathetischen Reden immer wieder beschworen, wurde sie im Laufe der Zeit so etwas wie ein allgemeines Bildungsgut. Ein Mythos war geboren, der gut zur eigenen Sport-Ideologie paßte; und so wurde er kritiklos abgeschrieben und abgeschrieben – und von «willfährigen» Wissenschaftlern weiter untermauert.

Eine besonders unrühmliche Rolle weist Young dabei dem englischen Sporthistoriker E. N. Gardiner zu, in den ersten Jahrzehnten unseres Jahrhunderts der «Papst» in Fragen Athletik des Altertums. Gardiners Buch über *Greek Athletic Sports and Festivals* erschien im Jahre 1910. Es trug erheblich dazu bei, die verfehlte, weil rückprojizierte Amateur-Vorstellung zu verfestigen und die Spiele des Altertums in eine ganz und gar «gute» und eine ebenso kompromißlos «schlechte» Phase zu unterteilen – natürlich mit dem unausgesprochenen Appell an die eigene Zeit, sich ohne Wenn und Aber die «gute» frühe Phase der griechischen Olympien zum Vorbild zu nehmen (oder das, was Gardiner und andere darunter verstanden). Die Olympia-Offiziellen nahmen die Anregung nur zu gern auf und setzten die «Botschaft» einer in diesem Bereich recht obskuren Wissenschaft prompt in die Tat um: im Falle Thorpe bemühten sie ja nicht zuletzt das dubiose Ideal des «untadeligen Amateurs» des klassischen Hellas als Rechtfertigung für das Exempel, das sie an dem Profi-Sünder statuierten.

«Du willst mir den Kampfpreis wegnehmen!» – Homer kennt den Amateur nicht

Man hätte es – und das ist das Empörende an der Geschichtsklitterung – besser wissen *müssen*. Denn wie immer man manches nicht so ganz eindeutige Quellenmaterial interpretierte, *eine* Tatsache ließ sich weder übersehen noch wegdiskutieren: zu keiner Zeit hat es im Altertum eine Bestimmung gegeben, die es Olympia-Teilnehmern untersagt hätte, sich auch an Agonen zu beteiligen, bei denen sie Sachpreise oder Geld gewinnen konnten. Insofern wurde das Amateur-Ideal des 19. Jh. völlig sachwidrig auf die Antike geradezu aufgepfropft. Für einen griechischen Athleten war es selbstverständlich, soviel an Preisgeldern «mitzunehmen», wie es nur eben ging – und zwar völlig unabhängig davon, ob er sie aufgrund seiner sozialen Stellung brauchte oder nicht. Von keinem Athleten, und mochte er aus den Spitzen der Aristokratie stammen, ist bekannt, daß er die bei den «Erwerbsagonen» ausgesetzten Preise als schnöde, eines vornehmen Herrn nicht würdige materielle Belohnung verschmäht hätte.

Im Gegenteil! Schon die homerischen Helden zanken sich um die kostbaren Siegesprämien bei den Athletenspielen. Im Zusammenhang mit dem Wagenrennen, das bei den Leichenspielen zu Ehren des Patroklos ausgetragen wird, kommt es zu einer Reihe unschöner Szenen. «Du willst mir den Kampfpreis wegnehmen!», beschwert sich Antilochos lautstark bei Achill[90]. Auch wenn es bei diesen Streitereien primär ums Prestige geht, ist doch die materielle «Ader» der feinen Herren alles andere als unterentwickelt – und das, obwohl sie es wahrhaftig nicht nötig hätten! Denn die da miteinander wetteifern und herumzanken, sind die Anführer, die «Könige» ihrer Krieger, deren ausgedehnter Großgrundbesitz die Basis ihrer Macht und ihres Ansehens ist.

Diagoras, ein blaublütiger Sport-Profi des 6. Jh. v. Chr.

An dieser Einstellung adliger Athleten änderte sich auch später nichts. Der Faustkämpfer Diagoras von Rhodos entstammte der Hocharistokratie seiner Heimat; der Überlieferung gemäß «war seine Abstammung so blaublütig, wie man sie im Altertum nur finden konnte»[91]. Nahm er deshalb nur an den großen panhellenischen Kranzspielen teil, die für den Sieger keinerlei materielle

Zuwendungen bereit hielten? Keineswegs! Er ging auch in Rhodos und Athen, in Argos und Theben, in Ägina und Megara an den Start und sicherte sich dort die nicht unerheblichen Preisgelder![92] Keine Spur von *gentleman*-Amateur, obwohl gerade Diagoras dafür prädestiniert gewesen wäre: was seinen Ruhm angeht, hätte er sich durchaus mit seinem Sieg jeweils in Olympia und Delphi sowie seinen mehrfachen Erfolgen in Korinth und Nemea zufrieden geben können. Aber eine solche Beschränkung bloß auf die undotierten – in klassizistischer Diktion: die vornehmen – Kranzspiele lag ihm völlig fern. Er war, ohne auf die Einnahmen aus seiner sportlichen Betätigung angewiesen zu sein, «Profi» – einer, der selbstverständlich überall in Hellas präsent sein, überall seine Überlegenheit unter Beweis stellen wollte.

Schon am Beispiel des Diagoras zeigt sich, wie lebensfremd und unsinnig die lange Zeit praktizierte Amateur-Regel der modernen Olympischen Spiele in den Augen der Griechen war: sollte denn ein Ausnahmeathlet wie Diagoras darauf verzichten, anderswo an den Start zu gehen, nur weil es dort etwas zu verdienen gab? Und das einzig und allein deshalb, um die «Reinheit» der Olympischen und der drei anderen «heiligen» Spiele zu wahren? Die Griechen hätten sich über solche starrköpfige, dem Wesen des sportlichen Wettkampfes zutiefst fremde Prinzipienreiterei doch sehr gewundert (um es bei einer sprachlich eher freundlich formulierten Spekulation zu belassen)...

Und zwar, man darf es ja in diesem ideologisch hochkarätigen Umfeld nicht vergessen hinzuzusetzen, schon die «guten» Griechen der klassischen Zeit! Denn dieser Aristokrat, der sich für zahlreiche Auftritte bei «Erwerbsspielen» nicht zu schade war, lebte in der ersten Hälfte des 5. Jh. v. Chr. Sein Olympiasieg fällt ins Jahr 464[93] – und derjenige, dem wir die «Enthüllungen» über die Sünden des Diagoras in Sachen Amateurwesen zu verdanken haben, ist kein geringerer als Pindar, der große Hymniker der «Kranzspiele», auf den sich die Amateur-Ideologen des 19. und 20. Jh. am liebsten berufen. Auch Pindar fand offensichtlich nichts dabei, daß Diagoras in die Niederungen gut dotierter «Erwerbsagone» hinabstieg...

1300 Siege in 22 Jahren – Bilanz eines Berufssportlers

Nächstes Beispiel: Theogenes von Thasos, auch er ein Schwerathlet, der allerdings gleich in zwei Disziplinen, im Boxen und im Pankration, erfolgreich war. Auch er wahrscheinlich aus vornehmem Hause, wie sich aus der Tatsache schließen läßt, daß sein Vater Herakles-Priester war[94]. Und auch er alles andere als ein «Amateur» im modernen Sinne! Wenn einer ein lupenreiner Sportprofi im heutigen Sinne war, dann Theogenes: 22 Jahre lang war er die dominierende Gestalt in einer Art von athletischem Wanderzirkus, der von Stadt zu Stadt, von Agon zu Agon zog – ähnlich den Skiläufern und Rennfahrern, den Tennisspielern und Radsportlern in der Sport-Welt unserer Tage.

Anders nämlich läßt sich die gewaltige Erfolgsbilanz des Theogenes nicht erklären: Die an sich schon beeindruckende, unerreichte Zahl von insgesamt 24 Siegen bei panhellenischen Kranzspielen macht nur einen Bruchteil seiner Gesamtsiege aus. Deren Zahl belief sich auf 1300![95] Geht man davon aus, daß Theogenes stets in beiden schwerathletischen Disziplinen antrat und so gut wie immer den ersten Platz errang, so kommt man immer noch auf eine durchschnittliche jährliche «Belastung» von rund 30 Agonen. Natürlich waren die Wege damals kürzer als im heute weltumspannenden Sportler-Zirkus; aber dafür war das Reisen auch erheblich langsamer und mühseliger.

All das zwingt zu dem Schluß, daß es sich bei Theogenes um einen Vollprofi gehandelt hat, der mindestens zwei Jahrzehnte nichts anderes als Leistungssport betrieben haben kann, der ganz und gar für die Schwerathletik gelebt und ihr seine ganze Zeit in Form von Wettkämpfen, Training und Reisen gewidmet hat. *Nach* seiner langen Karriere war er ein einflußreicher, in Politik und diplomatischem Dienst seiner Heimat sehr aktiver Mann; *während* seines Sportler-Daseins dürfte er jedoch dafür keine Zeit gehabt haben, wenn er in der gesamten griechischen Welt von Termin zu Termin hetzte.

Man hat vermutet, daß schon der Profi Theogenes so wie erfolgreiche, gut verdienende Spitzensportler unserer Zeit einen Privattrainer beschäftigt habe[96]. Die Vermutung hat, auch wenn sie sich nicht im strengen Sinne beweisen läßt, einiges für sich: wenn sich Theogenes mehr als zwanzig Jahre an der Spitze halten konnte, darf man dahinter eine systematische Betreuung durch einen Spezialisten vermuten, der ihn nicht nur im rein Technischen «coachte». Denn ein «Spaziergang» kann die kontinuierliche Leistungsstärke des Theogenes nicht gewesen sein: Die große Zahl der Wettkämpfe zeigt, daß es sehr wohl ernstzunehmende Konkurrenten gegeben haben muß. Theogenes war mit Sicherheit nicht der einzige Schwerathlet, der sich der Ochsentour ständiger Agone unterwarf...

33 Jahreseinkommen als Buße – Schwindelerregende Summen im olympischen Sport

Warum tat er das? Warum quälte er sich so ab, gönnte er sich zwei Jahrzehnte lang keine Ruhe? Plutarch nennt als Grund für diese Rastlosigkeit des Theogenes einen fast krankhaften Ehrgeiz[97]. Das paßt durchaus ins Bild, aber es schließt andere Motive nicht aus. Auch wenn Theogenes einer begüterten Familie entstammte, heißt das ja nicht, daß er den materiellen Verlockungen gegenüber unempfindlich gewesen sein muß, die von den «Erwerbsagonen» ausgingen. Zumal sein Leben als Sport-Profi ja auch mit einer Reihe finanzieller Belastungen und hoher Spesenausgaben verbunden war, zu deren Deckung die Preisgelder sehr willkommen waren. Um welche Summen es im Sport des frühen 5. Jh. – jedenfalls bei den Spitzenathleten – schon ging, zeigt die Nachricht über die höchste «Spesen»-Summe, die Theogenes in seiner Laufbahn ausgeben mußte. Genauer gesagt: Es war ein von den Hellanodiken dafür verhängtes Strafgeld, daß sich der «Meister» nach seinem Sieg im Faustkampf im olympischen Finale des Pankrations aus Erschöpfung nicht mehr richtig einsetzte. Jeweils ein Talent Buße für Zeus und den düpierten Endkampf-Gegner «brummten» ihm die Schiedsrichter auf; im ganzen also 12 000 Drachmen[98]. Das war eine gewaltige Summe: Jahrzehnte später, als die Kaufkraft der Drachme durch inflationäre Tendenzen deutlich gesunken war, reichte eine Drachme pro Tag aus, um eine 4–5köpfige Familie zu ernähren.

Mit anderen Worten: Theogenes wurde damals eine Buße auferlegt, die – ohne Berücksichtigung der Geldentwertung – mehr als 33 Jahreseinkommen einer Arbeiterfamilie entsprach. Das Ganze spielt wohlgemerkt nicht in der vermeintlichen Dekadenz-Zeit der Olympischen Spiele, sondern im Jahre 480 v. Chr. – es sollte all denen zu denken geben, die sich über sogenannte Sport-Amateure des klassischen Hellas verbreiten.

Sport als Beruf – von Aristokraten erstmals praktiziert

Diagoras und Theogenes gehörten, wie gesagt, der Aristokratie an. Wenn schon nicht in anderer Hinsicht, so passen sie wenigstens von daher in das Bild des *gentleman*-Sportlers. Es ist sicher auch unbestreitbar, daß sich ein großer Teil der Olympia-Teilnehmer bis hin zur archaischen Zeit aus der führenden Schicht der einzelnen Städte rekrutierte. Trainingsvorbereitung und Anreise waren zeitaufwendig, und insofern gab es lange Zeit keine Chancengleichheit zwischen Adligen, die ihren Lebensunterhalt nicht selbst bestreiten mußten, und Angehörigen des bürgerlichen oder bäuerlichen «Mittelstandes» oder gar der Klasse der Lohnarbeiter. In besonderem Maße trafen die unterschiedlichen Voraussetzungen natürlich auf die Teilnehmer an den hippischen Agonen zu. Um hier mit einiger Erfolgsaussicht an den Olympischen Spielen teilzunehmen, brauchte man einen eigenen ordentlichen Rennstall. Dessen Gründung und Unterhalt waren teuer, so daß diese «Luxus-Disziplinen» ein Tummelplatz der Reichen und Arrivierten blieben.

Eines gilt für alle sportlichen Disziplinen: Wer in Olympia Erfolg haben wollte, mußte sich auf den Wettkampf ordentlich vorbereiten. Hartes, langwieriges Training war Pflicht – das Reglement verlangte ja neben dem vierwöchigen Schautraining in Elis die Versicherung, daß man sich zu Hause schon zehn Monate lang intensiv vorbereitet habe[99]. Wann diese Bestimmung in die olympischen Spielregeln aufgenommen worden ist, muß allerdings offen bleiben. Gleichwohl: die Konkurrenz war stark; jeder Teilnehmer mußte damit rechnen, gegen die wirklich führenden Athleten aus dem gesamten griechischen Kulturkreis antreten zu müssen. Und da Verlieren als Schande galt, kann man sicher sein, daß gerade Teilnehmer aus der Aristokratie alles daran gesetzt haben, um durch hartes Training nicht von vornherein auf verlorenem Posten zu stehen.

Und das heißt: solange sie als Athleten aktiv waren, widmeten sie einen großen, wohl den größten Teil ihrer Zeit dem Sport. Einem «richtigen» Beruf gingen sie ja nicht nach; sie bezogen ihren Lebensunterhalt aus den Erträgen ihres Grundbesitzes, den andere für sie bestellten. Insofern ist es durchaus einsichtig, die Anfänge eines professionalisierten Sportbetriebs schon in die archaische Epoche zu datieren, wie es H. W. Pleket in seiner Definition der frühen aristokratischen Profis vorschlägt:

«Sie wären mit dem Titel ‹Profis› einverstanden gewesen, wenn man unter Profi einen Mann versteht, der eine längere oder kürzere Zeit hindurch nichts anderes als Wettkampfsport betreibt; sie hätten diese Bezeichnung zurückgewiesen, wenn man die folgende Definition gegeben hätte: Ein Profi ist ein Mann, der sein Einkommen vom Sport bezieht.»[100]

Staatliche Sportförderung, Teil I: Der spartanische «Staatsamateur»

Neben dieser Frühform individuellen Sport-Profitums bei einer Reihe von Angehörigen der Oberschicht tritt in einigen Städten die Tendenz, durch gezielte staatliche Sportförderung tüchtige Athleten aus anderen sozialen Schichten zu unterstützen und zu motivieren. Natürlich geschieht das nicht ganz uneigennützig von seiten der Stadtväter: sie erhoffen sich dadurch eine bessere Olympia-«Ausbeute» der eigenen Polis – mit den entsprechenden, angenehmen Folgen in Sachen Renommee-Zuwachs. Von weitem glaubt man da hin und wieder schon das Bild vom «Staatsamateur» umrißartig aufscheinen zu sehen, das bekanntlich die früheren Ostblock-Staaten zu hoher Perfektion entwickelt haben. Die Formen und Methoden dieser verdeckten Art sportlicher Professionalisierung sind sicher nur sehr bedingt miteinander vergleichbar; der prinzipielle Ansatz dagegen und die Zielvorstellungen weisen deutliche Parallelen auf.

Am besten zeigt sich das in der lange anhaltenden, auf manch einen Betrachter sicherlich fast unheimlich wirkenden Erfolgsserie spartanischer Athleten in der Frühzeit der Olympischen Spiele bis etwa zur Mitte des 6 Jh. v. Chr. Ganz gleich, wann man jene Epoche beginnen lassen will, als sich um die Stadt am Eurotas ein Eiserner Vorhang senkte und sie sich von der «Stadt der lieblichen Chöre» zu einer grauen, freudlosen Garnisonsmetropole wandelte – die harte, staatlich verordnete Erziehung der spartanischen Knaben und Jugendlichen, die berühmt-berüchtigte Agogé, ist ebenso wie die gesellschaftlich-soziale Struktur des spartanischen Kriegerstaates erheblich älter als die abrupte Wende in der Innenpolitik Spartas[101]. Es ist kaum daran zu zweifeln, daß die vielen olympischen Siege, die spartanische Athleten in den ersten Jahrhunderten der Spiele erringen konnten[102], vor allem vor dem Hintergrund dieser für alle verpflichtenden paramilitärischen Ausbildung zu sehen sind.

Angehörige der spartanischen Herrenschicht – und das *waren* alle Vollbürger – gingen bekanntlich keinem Beruf nach. Ihre Felder wurden von Heloten, den einzelnen von der Allgemeinheit zugewiesenen «Staatssklaven», bestellt. Die Versklavung und brutale Ausbeutung der gesamten früheren Bevölkerung der von Sparta okkupierten Gebiete erlaubte den spartanischen Herren diese Lebensführung (und zwang sie gleichzeitig dazu; denn die Furcht vor Heloten-Aufständen hielt die Spartaner ständig in Atem). Diese gesellschaftlichen Verhältnisse boten den Spartanern in Verbindung mit der Agogé die besten Voraussetzungen für ein permanentes athletisches Training. Daß diese breite Basis ein hoffnungsvolles Reservoir von besonders begabten Spitzensportlern darstellte, verwundert nicht. Die Spartaner selbst ließen es ja mitunter stolz anklingen, daß ihre Olympia-Dominanz Folge und Ausdruck ihrer besonderen Lebensweise sei. Man kann auch umgekehrt formulieren: die spartanischen «Staatsamateure» waren von jeder Erwerbspflicht «freigestellt» – und das brachte ihnen einen Wettbewerbsvorteil in Olympia ein, der erst viel später von anderen Städten ausgeglichen werden konnte.

Staatliche Sportförderung, Teil II: Solons generöses Prämien-Modell

Andere Wege der staatlichen Sportförderung ging der athenische Gesetzgeber Solon. Zu dem umfangreichen Gesetzgebungspaket, das er in seiner Eigenschaft als «Schlichter» zwischen den völlig zerstrittenen sozialen Schichten im Jahre 594/93 schnürte, gehörte auch die Bestimmung, daß ein Sieger bei den Isthmischen Spielen fortan Anspruch auf 100 Drachmen, ein Olympionike aber sogar auf 500 Drachmen Preisgeld aus Athens Staatskasse haben sollte[103]. Das waren sehr ansehnliche Beträge; sie entsprachen im Falle des Olympiasiegers dem Kaufwert von 500 Schafen oder 100 Rindern.

Was wollte Solon damit erreichen? Über die Ziele, die er mit dieser generösen Belohnungsregelung für sportliche Höchstleistungen verfolgte, ist viel gerätselt worden[104]. Unbestritten ist, daß sich darin das Interesse der Polis an einer möglichst erfolgreichen Teilnahme ihrer Athleten an den panhellenischen Spielen widerspiegelt. Der Bürger-Gemeinschaft konnte es nicht gleichgültig sein, wie ihre sportlichen Exponenten bei den Agonen abschnitten, wo sich die Spitzenathleten von ganz Hellas ein Stelldichein gaben: allzu sehr verband sich ihr eigenes Renommee mit dem Erfolg oder Mißerfolg der von ihr (wenn auch nicht offiziell) «entsandten» Sportler.

Solon wollte also ganz sicher einen zusätzlichen Anreiz für tüchtige athenische Sportler schaffen, den Gang nach Korinth und Olympia zu wagen, um dort auch für ihre Polis Ehre einzulegen. Daß die Staatsprämie darüber hinaus als eine Art Belohnung für politisches Wohlverhalten adliger Olympioniken gedacht war, um ihnen gewissermaßen durch ein offizielles Hofieren zu schmeicheln und ihnen so mögliche Tyrannis-Aspirationen auszutreiben[105], ist wenig wahrscheinlich. Wer hätte sich solche Macht-Ambitionen durch ein Geldgeschenk abkaufen lassen? Oder aber: bestand nicht sogar die Gefahr, daß gerade eine derartige außergewöhnliche Respektbezeugung von seiten der Polis-Gemeinschaft den einen oder anderen auf «dumme Gedanken» brachte?

Mehr Sinn macht Solons Prämienregelung, wenn man sie als kräftigen Motivationsimpuls auch und gerade für nichtadlige Sportler versteht. Gerade für sie waren es gewaltige Summen, die da vom Staat ausgelobt wurden. Neben den materiellen Aspekt trat ja auch noch der Gesichtspunkt der gesellschaftlichen Anerkennung: mit ihrem ungewöhnlich großzügigen Angebot signalisierte die staatliche Gemeinschaft ganz deutlich, wieviel ihr ein Olympionike aus den eigenen Reihen auch hinsichtlich des Sozialprestiges wert war – durchaus ein Ansporn für einen talentierten jungen Mann, auf die «Athletik-Karte» zu setzen!

Falls er Erfolg hatte, zahlten sich die Investitionen in seine sportliche Karriere aus. Wie aber finanzierte jemand, der sich nicht auf die üppigen Ressourcen einer Aristokratenfamilie stützen konnte, seine Trainings- und Reisekosten? Vermutlich war es in dem von Solon geschaffenen «Klima» in Sachen staatlicher Sportförderung doch erheblich leichter, «Sponsoren» zu finden, die einen Teil der Kosten übernahmen: es waren keine Riesenbeträge, die da durch erhöhten Trainingsaufwand als Verdienstausfall anfielen. Und was die Reisekosten angeht, scheint es angesichts des staatlichen Interesses an Olympia- und anderen Kranzsiegern durchaus nicht ausgeschlossen, daß man sich bei aussichtsreichen Sieges-Aspiranten auf eine Art Vorschuß auf die spätere Erfolgsprämie verständigt hat. Sicher, diese Vermutung läßt sich aus den Quellen für diese Zeit noch nicht belegen; andererseits wäre ein starres Festhalten an der Erst-Sieg-dann-Geld-Regelung mit der sonst so flexiblen, vorausschauenden Politik Solons und seiner Offenheit für neue Konzeptionen und Lösungen kaum vereinbar.

Im übrigen war Athen nicht die einzige Stadt, die ihre Sportler auf diese Weise förderte und indirekt damit auch Professionalisierungstendenzen Vorschub leistete. Sehr großzügig belohnten auch die süditalischen Städte Kroton und Sybaris ihre führenden Athleten. Wie gut ein prominenter Sportler in der Mitte des 6 Jh. v. Chr. von solchen staatlichen Anerkennungsprämien und den bei «Erwerbsspielen» erzielten Preisgeldern leben konnte, zeigt eine in Süditalien gefundene Inschrift des Olympiasiegers Dexilaos: er verwandte den zehnten Teil seiner Preise darauf, in Athen ein kleines Gebäude zu stiften[106]. Seine Motive dafür sind nicht bekannt, aber man darf doch annehmen, daß sich eine solch großzügige Geste nur jemand erlaubte, der mit den restlichen neun Zehnteln seiner Preisgelder nicht gerade am Hungertuch nagte.

Außerdem stifteten die Poleis im 6. Jh. immer mehr eigene Sport-Agone, bei denen den Siegern nicht unerhebliche Preise winkten – sei es in Form von Bargeld, sei es in Gestalt von Sachpreisen wie Wein und Öl, Mänteln und Schilden. Gerade diese Veranstaltungen mit einem vergleichsweise kleinen Einzugsbereich von Teilnehmern boten den «Lokalmatadoren» gute Verdienstmöglichkeiten. Für manch einen stellten sie geradezu eine sichere materielle Basis und damit das Sprungbrett dar, von dem aus er sich auf «höhere Aufgaben» im regionalen und schließlich im panhellenischen Rahmen vorbereiten konnte. Durch die Einrichtung immer neuer Wettbewerbe sprudelten die Einkommensquellen für tüchtige Sportler so, daß zunehmend auch solche Athleten den Absprung ins «Profi-Lager» wagen konnten, die keine sichere Existenzgrundlage durch Familienbesitz hatten. Kein Zweifel: die direkte wie indirekte Sportförderung, die schon im 6. Jh. v. Chr. zahlreiche griechische Poleis betrieben, ermutigte viele dazu, eine professionelle Sportler-Laufbahn einzuschlagen. Von den adligen Sport-Profis unterschieden sich diese Athleten allerdings dadurch, daß sie auf die Preisgelder und Siegesprämien angewiesen waren, um ihren Lebensunterhalt zu bestreiten.

Staatliche Sportförderung, Teil III: Der Zorn des Intellektuellen

Welche Ausmaße die Großzügigkeit solcher staatlichen Sportförderung schon damals angenommen haben muß, zeigt die herbe Kritik, die ein Zeitgenosse, der Lyriker und Philosoph Xenophanes von Kolophon, an der fürstlichen Honorierung der Athleten übt. Die Schelte des Intellektuellen an dem in seinen Augen verfehlten Umgang mit öffentlichen Mitteln, die anderswo erheblich sinnvoller investiert wären, als sie Sport-Profis «in den Rachen zu werfen», ist nicht ohne pikante Parallele zu unserer Zeit – übrigens auch insofern, als der «Aufklärer» Xenophanes mit seiner erbosten Philippika gegen «falsche Werte» seiner Gesellschaft ziemlich allein dagestanden haben dürfte:

«Angenommen, ein Mann wird Sieger durch Raschheit der Füße
oder im Fünfkampf, dort wo der Bezirk sich des Zeus
an dem Pisa-Ufer erstreckt in Olympia, oder als Ringer,
oder auch, weil er die Kunst schmerzhaften Boxens besitzt,
oder als Ringer und Boxer zugleich (eine schreckliche Kampfart):
Dieser erscheint dann dem Volk würdiger, wenn es ihn sieht,
und er erhält bei Festen den Ehrenplatz zur Belohnung,
und gespeist wird er aus dem Gemeindebesitz
von der Stadt, und empfängt dazu eine kostbare Gabe;
auch wenn nur sein Gespann siegte, bekommt er all das,
ohne mir gleichzukommen an Wert. Denn besser als Stärke,
sei es von Mann oder Roß, ist doch die Kunst, die *ich* kann.
Nein, diese Satzung beruht auf reiner Willkür; 's ist unrecht,
treffliche Weisheitskunst minder zu werten als Kraft.
Denn mag einer im Volk im Faustkampf trefflich und gut sein,
oder im Fünfkampf vielleicht, oder als Ringer sehr stark,
oder an Raschheit der Füße (und dieses gilt immer als erstes
und vornehmstes, wo man Leistung der Stärke erprobt):
So wird doch die Ordnung des Staates durch ihn nicht gebessert.
Kleine Freude erwächst davon der heimischen Stadt,

daß da jemand am Ufer von Pisa im Wettkampf Erfolg hat,
denn die Kammern der Stadt werden durch solches nicht fett.»[107]

Xenophanes stand mit seiner Kritik, wir haben es oben schon angedeutet, auf verlorenem Posten. Die Zeit arbeitete sogar noch gegen ihn: mochte er noch so recht haben mit seiner Feststellung, daß ein Olympiasieg «die Kammern der Stadt nicht fett» mache, er fand mit seinem Appell zur Umwertung traditioneller Werte kein Gehör. Im Gegenteil: es waren die «Kammern» der Profi-Athleten, die mehr und mehr «fett» wurden ...

Sozialer Aufstieg dank Profisport – Das Beispiel Milon

Einer von denen war Milon von Kroton, der berühmteste Athlet des Altertums überhaupt, über den noch viele Jahrhunderte nach seinem Tode eine Vielzahl von Legenden im Umlauf war. Er gewann in seiner Laufbahn als Ringer nicht weniger als sechs olympische Kränze, außerdem sieben Kränze in Delphi, zehn in Korinth und neun in Nemea[108]. Mindestens ein Vierteljahrhundert lang beherrschte er in der zweiten Hälfte des 6. Jh. v. Chr. die Ringer-Szene in ganz Hellas – ein Mann, der mit seinem riesenhaften Körperbau und seinen bärenstarken Kräften reichlich Stoff für Anekdoten lieferte.

Das Merkwürdige an dem überlieferten Milon-Bild ist freilich seine Zwiespältigkeit. Wird er von den einen geradezu heroisiert und auch als hervorragender Feldherr gerühmt, so schildern ihn die anderen eher als hirnlosen Muskelprotz, der außerhalb der Palaistra wenig anderes zustande brachte als einfältige Kunststückchen wie etwa das Platzenlassen einer Darmsaite, die um seinen Kopf geschlungen war, indem er durch Luftanhalten seine Stirnadern furchterregend anschwellen ließ[109]. Schon Aristoteles spricht abfällig von ihm als Vielfraß, und Cicero stellt ihn ein halbes Jahrtausend später geradezu als Ausbund an Dummheit dar[110].

Möglicherweise hängt dieses sehr widersprüchlich gezeichnete Milon-Porträt mit der sozialen Herkunft des berühmten Ringers zusammen. *Daß* er ein «waschechter» Profi war, kann angesichts seiner sportlichen Laufbahn keine Frage sein. Offen ist nur, ob er wie Diagoras und Theogenes der Typus des aristokratischen Professionellen war oder einer, der sich über seine Erfolge auf der sozialen Leiter emporgearbeitet hat, in seinem Tun und Reden indes seine Herkunft aus kleinen Verhältnissen nicht immer verleugnen konnte. Dann ließe sich die böswillige Legendenbildung mit dem Dünkel der «besseren» Gesellschaft über den sozialen Aufsteiger erklären, dem dieser Aufstieg nur über seine Leistung als Sport-Profi möglich geworden wäre...

So selbstverständlich, wie die ältere Forschung Milon als Adligen eingestuft hat, ist das heute keineswegs mehr, nachdem man die Quellen einer sorgfältigen Nachprüfung unterzogen hat[111]. Nirgendwo findet sich dort *expressis verbis* ein Beleg für seine aristokratische Abstammung. Die wenigen Nachrichten, die über das soziale Umfeld Milons überliefert sind, sprechen eher für das Gegenteil: Wir erfahren nämlich aus zuverlässiger Quelle, daß Milon seine Tochter mit dem Arzt Demokedes verheiratet hat[112]. Der galt zwar als Kapazität auf seinem Gebiet – sogar der Perserkönig konsultierte ihn und hielt ihn sich eine Zeitlang als Hofarzt –, in gesellschaftlicher Hinsicht aber wäre die Heirat zwischen der Tochter eines Aristokraten und einem Angehörigen des eher gering geschätzten Mediziner-Standes eine aufsehenerregende Mesalliance gewesen. Dies um so mehr, als Demokedes sich die Verwandtschaft mit dem berühmten Milon eine Menge Geld hat kosten lassen – eine Art von Heiratsschacher, die nicht gerade zum Comment der krotoniatischen Führungsschicht gehörte[113].

Fazit: Es spricht einiges dafür, daß Milon es als einer der ersten Vollprofis, die sehr wohl auf die Einkünfte aus ihrer sportlichen Tätigkeit angewiesen waren, zu legendärer Berühmtheit gebracht hat – ein Aufsteiger, dem der Profisport zu Geld und Anerkennung, zu Sozialprestige und einem ehrenvollen militärischen Kommando[114] verholfen hat, der allerdings dem maliziösen Neid adliger Kreise nicht ganz entgangen ist, die ihn als Prototyp des starken, aber dummen und gefräßigen Sportprofis in Verruf zu bringen versuchten.

Demokratisierung des Sports – Ein neues Leitbild entsteht

Es dürfte deutlich geworden sein, daß die Professionalisierung der griechischen Spitzenathletik schon sehr früh begonnen hat. Im 6. Jh. v. Chr. waren Sportprofis keine Seltenheit mehr, wenngleich die Erscheinungsformen dieses Berufsathletentums vielfältiger waren als das, was man dann ab dem 4. Jh. v. Chr. darunter versteht. Auch wer zögert, etwa den spartanischen «Staatsamateur» oder den begüterten Aristokraten, der sein Leben jahre- und jahrzehntelang allein seinem Sport widmete, als Sportprofi zu definieren, kommt nicht umhin, diese Männer zumindest als Nicht-Amateure im modernen Sinne «anzuerkennen» – sie alle haben gegen den ehernen Grundsatz des Amateurwesens Coubertinscher Prägung verstoßen, indem sie sich ihr athletisches Können in klingender Münze honorieren ließen.

Nachdem die Weichen schon in archaischer Zeit in Richtung Profitum gestellt waren, war es nur eine Frage der Zeit, bis auch die Olympischen Spiele ganz und gar auf dieses Gleis gerieten. Im 5. Jh. v. Chr. nahmen die Professionalisierungstendenzen weiter zu – nicht zuletzt durch eine stetig ansteigende Zahl neu eingerichteter Agone, die weitere Verdienstmöglichkeiten schufen und damit das Risiko minderten, als professionell tätiger Athlet in materielle Existenznöte zu geraten.

Man kann insofern mit H. W. Pleket von einer «Demokratisierung» des Sports im 5. Jh. sprechen[115], die es zunehmend auch Talenten aus dem einfachen Bürger- und Bauerntum sowie der Schicht der Lohnarbeiter erlaubte, sich für eine Sportkarriere zu entscheiden, ohne dadurch brotlos zu werden. Hand in Hand mit dieser Entwicklung gingen eine zunehmende Spezialisierung und Leistungssteigerung sowie die Herausbildung eines neuen Berufsbildes von Vollzeit-Trainern – alles Faktoren, die in ihrer Gesamtheit und wechselseitigen Wirkung das Tempo der Professionalisierung erheblich beschleunigten.

Oder besser das Tempo der Entwicklung, die zu einer Umverteilung im Verhältnis zwischen den verschiedenen Typen von Berufsathleten führte. Wenn Galen im 2. Jh. n. Chr. feststellt, kurz vor Platon, also im späten 5. Jh. v. Chr., sei «der Beruf des Athleten» entstanden, so denkt er an jenen Typus, für den der Auftritt in den Stadien den unabdingbaren Broterwerb bedeutete – im Unterschied zum adligen «Hobby»-Athleten, der zwar auch seine ganze Zeit in den Dienst seines Sportes stellte, der aber jederzeit ohne Rücksicht auf finanzielle Konsequenzen die Freiheit hatte, damit aufzuhören.[116]

Nur noch Kulturbarbaren im Stadion? Revision eines Klischees

Gleichwohl: Daß *dieser* Typus des Berufsathleten in den nächsten Jahrhunderten von den großen Athletik-Schauplätzen der griechischen Welt vollständig abgetreten wäre, ist nur wieder eine weitere Legende, die die unheilvolle rigide Teilung der Olympischen Spiele in eine «gute» Früh- und eine «schlechte» Spätzeit heraufbeschworen hat. Denn ab dem 4. Jh., als praktisch nur noch Sportprofis den Sieger in den Wettkämpfen am Alpheios unter sich ermittelten, paßte der *gentleman*-Sportler aristokratischer Provenienz oder auch nur der gebildete Athlet aus dem besseren Bürgertum nicht mehr ins Bild: unvorstellbar, daß er sich unter die ungehobelten, blöden «Proleten» gemischt hätte, die seitdem den Ton in den Stadien angaben!

Unvorstellbar – aber wahr! Auch hier gilt es die Klischeevorstellung zu korrigieren, als könnte man seit dem 4. Jh. v. Chr. alle Athleten gewissermaßen über einen Leisten schlagen. Detaillierte soziologische Untersuchungen beweisen eindeutig, daß sich nach 400 v. Chr. Athleten aus der Oberschicht keineswegs völlig von den panhellenischen Spielen zurückgezogen oder lediglich auf die «vornehmen» hippischen Agone beschränkt haben. Eine Reihe prominenter Olympioniken hat in hellenistischer Zeit hohe politische und militärische Posten bekleidet – und das waren schwerlich jene – gewiß nicht seltenen! – hirnlosen Muskelprotze, die für das Negativ-Image der damaligen Profisportler verantwortlich waren[117].

Mag sein, daß solche anspruchsvollen Athleten zu einer immer kleineren Minderheit im großen Heer der aufschneiderischen, großmäuligen und dümmlichen Sportprofis wurden. Trotzdem muß Plekets durch überzeugende Belege erhärtete These nachdrücklich unterstrichen werden, «daß der professionelle Sport nicht von vornherein als der Bereich der Kulturbarbaren betrachtet werden» darf[118]. Das soll nicht über die unleugbaren Schattenseiten des Professionalismus hinwegtäuschen, wie er sich im Hellenismus und in der Römischen Kaiserzeit entwickelte und auch zur Zielscheibe massiver Kritik griechischer Schriftsteller wurde[119]. Aber es gehört ebenfalls zum historischen Befund, daß ein professioneller Spitzenathlet wie der berühmte Pankratiast M. Aurelius Asclepiades noch um 200 n. Chr. zum Mitglied des renommierten Museion, der Literatur-Akademie von Alexandria, gewählt worden ist[120]. Schwarz-Weiß-Malerei, das zeigt diese Nachricht, und das zeigen andere Nachrichten, ist auch für diese Zeit völlig unangebracht: die Wirklichkeit auch der Olympien seit dem 4. Jh. v. Chr. war viel bunter und komplexer, als es die Ideologen des «reinen Amateurwesens» wahrhaben wollen.

Koroibos, der erste Olympiasieger – im Weltbild der Amateur-Ideologen unerwünscht

Ihre schöne Fiktion der zumindest in der Frühzeit «heiligen» und edlen, weil profifreien Olympischen Spiele zerplatzt, sieht man nur etwas genauer hin, wie eine Seifenblase. Das alte Hellas war eben nicht das England des Viktorianischen Zeitalters, und das Sport-Ethos der frühen Griechen entsprach eben nicht den Idealen der Amateur-Clubs des späten 19. Jh. Die moderne olympische Bewegung hat lange gebraucht, um das zu begreifen. Die Lockerung der

Amateur-Bestimmungen in den achtziger Jahren war längst überfällig.

Und Thorpe? Er wurde im Zuge dieser Öffnung gegenüber dem Profisport im Jahre 1982/83 rehabilitiert. Seine Siege wurden wieder in die offiziellen Olympia-Annalen aufgenommen, und seine Medaillen wurden zurückgegeben. Er selbst erlebte diesen Triumph über eine ein halbes Jahrhundert währende Epoche der Heuchelei, Ignoranz und Anmaßung nicht mehr – schon Jahrzehnte vorher war er einsam als mittelloser Alkoholiker in einer kalifornischen Wohnwagen-Siedlung gestorben[121].

Dieses ungerechte Schicksal teilt der amerikanische Leichtathlet mit seinem frühesten Vorgänger auf dem «Thron» des olympischen Siegers. Das soll der Eleer Koroibos gewesen sein: er gewann im Jahre 776 v. Chr. als erster Athlet den olympischen Stadionlauf. Erwähnung findet er nur selten – und das wohl nicht nur, weil seine Person ebenso wie die Frühzeit des Festes selbst in legendäres Dunkel gehüllt ist, sondern auch, weil er zumindest aus der Sicht der *gentleman*-Sportler eine bittere, geradezu peinliche Enttäuschung darstellt: er war nämlich Koch![122]

Aber immerhin wenigstens ein lupenreiner Amateur im materiellen Sinne? Auch da Fehlanzeige: der rein symbolische Olivenzweig wurde in Olympia erst einige Zeit später als Siegeslohn eingeführt. Koroibos erhielt als Preis noch etwas «Nützliches», «Materielles»: einen Apfel[123].

Das «süße Leben» der Olympiasieger

Wettfahrt auf Leben und Tod – Ein Ursprungsmythos der Olympischen Spiele

Das Strickmuster der Sage ist so einfach wie bekannt. Als Protagonisten dienen drei *dramatis personae:* Eine schöne Königstochter im heiratsfähigen Alter, ein anspruchsvoller Vater, für den nur der Beste als Schwiegersohn in Frage kommt, und ein ehrgeiziger junger Held, der fest entschlossen ist, sich jeder Prüfung zu unterziehen, um die Dame seines Herzens für sich zu gewinnen. Daneben treten als Statisten noch ein paar Verlierer auf: All die Konkurrenten, die bei der Werbung gewogen und für zu leicht befunden worden sind. Die Spielregeln der edlen Brautwerbung versprechen Spannung und Dramatik: Wird der Freier es schaffen, die ihm auferlegten Aufgaben zu meistern? Wird er sich im Wettkampf mit anderen oder mit dem Vater durchsetzen – oder wird er scheitern, Schmach auf sich laden oder gar sein Leben verlieren? Als Lohn der Angst oder, heroischer ausgedrückt, als Kampfpreis in dem gefährlichen Spiel mit hohem, ja höchstem Einsatz winkt die Hochzeit mit dem vornehmen Fräulein – und als Zugabe nicht selten noch die Nachfolge auf dem Königsthron.

Die griechische Mythologie kennt – ebenso wie die Sagenwelt anderer Kulturen – eine Reihe solcher Hochzeits-Agone, die die Phantasie der Hörer und Leser beflügeln und ihnen ein spannendes, in der Welt der Mächtigen und Ehrgeizigen angesiedeltes Unterhaltungserlebnis verschaffen – Spiegel eigener Erfahrungen, Wünsche und Träume, Reflex von Lebensrealität und mythische Überhöhung zugleich.

Schauplatz des wohl berühmtesten griechischen Hochzeits-Agons ist Pisa, die peloponnesische Landschaft, in der Olympia liegt. Mit den Olympischen Spielen hat er, jedenfalls einem Teil der Überlieferung gemäß, viel zu tun. Sehr viel sogar: er gilt als einer der Ursprungsmythen der Olympischen Spiele – Grund genug, ihn etwas näher zu betrachten.

Den Part des Vaters spielt in dieser Version Oinomaos, der König von Pisa. Seine Tochter Hippodameia soll derjenige zur Frau bekommen, dem es gelingt, Oinomaos in einer Wettfahrt mit dem Wagen zu besiegen. Auf den ersten Blick sind die Bedingungen des Agons hart, aber fair: Wer sich auf den Wettkampf einläßt, büßt seine Niederlage mit dem Tode. Seine Ausgangschancen scheinen indes recht gut zu sein: Oinomaos läßt jedem Konkurrenten einen Vorsprung, bevor er selbst mit seinem Gespann hinter ihm herjagt. Der König kann sich diese Großzügigkeit freilich erlauben: Er verfügt über Pferde, deren Schnelligkeit unübertroffen ist – ein Geschenk seines Vaters Ares, des Kriegsgottes. Und so ereilt jeden Freier früher oder später das gleiche grimmige Schicksal. Oinomaos kommt mit seinem Gespann näher und näher, überholt seinen Konkurrenten schließlich und durchbohrt ihn während des Überholvorgangs von hinten mit einer Lanze. Der tödlich Getroffene sackt in sich zusammen und stürzt vom Wagen, auf dem Hippodameia allein zurückbleibt: Sie ist stets Augenzeugin des furchtbaren Geschehens. Das Objekt des Wettstreits fiebert gewissermaßen jedesmal mit, ob es dem Freier gelingt, sich mit ihr gemeinsam wohlbehalten über die Ziellinie zu retten ...

Die Zahl der Opfer bei diesem tödlichen Agon ist bereits auf dreizehn angestiegen, als Pelops, der Sohn des Tantalos, ein kühner, junger Mann aus dem fernen Lydien, auf der Bildfläche erscheint. Auch er nimmt die Herausforderung des Oinomaos an – aber er hat sich für das Wettkampf-Abenteuer besser gewappnet als seine unglücklichen Vorgänger: ebenso wie sein Widersacher bemüht er sich um göttliche Hilfe. Und hat Erfolg damit. Poseidon erhört die

Bitten seines Schützlings und schenkt ihm «einen goldenen Wagen und Stuten mit nie erlahmenden Flügeln»[124].

Aber nicht nur das. Nach einem Teil der Überlieferung besticht Pelops entweder allein oder im Verein mit Hippodameia, die sich in ihn verliebt hat, Myrtilos, den Wagenlenker des Königs. Myrtilos lockert daraufhin am Wagen seines Herrn die Radpflöcke oder ersetzt sie, wie andere Autoren berichten, mit Wachs. Gleich, welcher Art der Manipulation man den Vorzug geben will, das Ergebnis ist dasselbe: Oinomaos wird während der rasenden Fahrt aus dem Wagen geschleudert und tödlich verletzt. Nach einer anderen Tradition tötet Pelops den König mit eigener Hand[125].

Sekunden vor seinem Tode, der den Wettkampf so ganz unprogrammgemäß beendet und Hippodameia zu Pelops' Frau machen wird, durchschaut Oinomaos das Komplott und verflucht seinen untreuen Diener Myrtilos. Der Fluch geht bald in Erfüllung – und ausführendes Werkzeug dieses letzten Willens ist ausgerechnet Pelops. Er stürzt seinen Komplizen von einem Fels ins Meer – sei es, weil der Hippodameia Gewalt antun will, sei es, um sich nicht an die Vereinbarung halten zu müssen, in der er Myrtilos als Belohnung für seinen Betrug eine Nacht mit seiner Braut versprochen hat[126].

Als Sühne für den Tod des Oinomaos stiftet Pelops Leichenspiele für ihn – eine Tradition, die Herakles später wieder aufleben läßt und damit als Neubegründer der Olympischen Spiele in die Geschichte eingeht. So will es jedenfalls ein Zweig der komplizierten und zum Teil widersprüchlichen Ursprungsgeschichte von Olympia.

Jagd nach dem Kampfpreis mit allen Mitteln – Betrug und Verrat inklusive

Am Anfang der Olympischen Spiele – oder zumindest des olympischen Wagenrennens, das seit 680 v. Chr. ins Programm einbezogen wurde und rasch zur beliebtesten Disziplin aufstieg – stand demnach ein dramatischer mythischer Agon auf Leben und Tod.

Einer der Ursprungsmythen der Olympischen Spiele: Wettfahrt auf Leben und Tod zwischen Pelops und Oinomaos (römisches Sarkophag-Relief, 2. Jh. n. Chr.).

Manch einer störte sich indes an den Schönheitsfehlern dieser Sage; da war doch sehr viel von Betrug, List, üblen Machenschaften, Gewalt und Unrecht die Rede. *Zuviel* davon, befand Pindar – und legte in seiner Ersten Olympischen Ode eine «bereinigte» Fassung vor: Von der Untreue des Myrtilos gegenüber seinem König weiß der Epinikien-Dichter nichts. Bei ihm entscheidet allein das Eingreifen Poseidons den Wettkampf; sein Geschenk, «die Stuten mit nie erlahmenden Flügeln», sichert Pelops den Sieg und bringt Oinomaos den Untergang.[127]

Gleichwohl – andere Dichter und Bildhauer, unter ihnen auch schon Zeitgenossen Pindars[128], kennen die Myrtilos-Episode sehr wohl, und *sie* scheuen sich nicht, die Version vom je nach Geschmack listenreichen oder betrügerischen Wettkampfverhalten des Pelops zu propagieren. Möglicherweise fand sich die Geschichte vom Verrat des Myrtilos sogar an einem Platz, wo man sie wohl am wenigsten vermuten würde: Ausgerechnet im östlichen Giebelfeld des Zeus-Tempels von Olympia!

Das berichtet jedenfalls der Reiseschriftsteller Pausanias *expressis verbis:* «Gerade in der Mitte des Giebels ist eine Zeusstatue angebracht, und rechts von Zeus befindet sich Oinomaos mit einem Helm auf dem Kopf und neben ihm seine Frau Steropa (...). Myrtilos, der den Wagen des Oinomaos lenkte, sitzt vor den Pferden; die Pferde sind vier an der Zahl ...»[129]

Die Archäologen sind sich allerdings nicht so sicher, daß Pausanias die Figurengruppe im Ostgiebel des Zeus-Tempels richtig gedeutet hat. Seit der Auffindung der ersten Skulpturfragmente herrscht eine heftige wissenschaftliche Kontroverse über die richtige Rekonstruktion. Der Streit entzündet sich vor allem an der Gestalt des Myrtilos: war der «Verräter» in die Darstellung von der Wettfahrt zwischen Oinomaos und Pelops einbezogen, oder hat der Bildhauer die Sage ebenso «geschönt» wie Pindar? Die besseren Argumente scheinen dafür zu sprechen, daß das betrügerische Element auch hier als peinlich empfunden und Myrtilos deshalb in der Komposition der Giebelplastik nicht berücksichtigt worden ist[130]. Sicher nachweisbar ist das jedoch nicht.

Gleichgültig, ob den Besuchern Olympias Bestechung, Unredlichkeit und Verrat als Ingredienzien des an prominentestem Ort dargestellten olympischen Ur-Wettkampfs «zugemutet» worden sind oder nicht, *eines* wurde jedem Betrachter des Giebelfeldes plastisch vor Augen geführt: Einsatz und Kampfpreis bei diesem ersten «olympischen» Wagenrennen waren hoch – Sieg bedeutete erfolgreiche Brautwerbung, Niederlage hieß Tod. Für jedermann war klar: Ohne die Aussicht auf einen überragenden Lohn hätte sich Pelops nie und nimmer auf das Wettkampf-Abenteuer mit Oinomaos eingelassen; sein Motiv, sich der Herausforderung zu stellen, war die Erringung des Kampfpreises Hippodameia, keineswegs die pure Lust am Wettstreit. Der Sieg war für ihn Mittel zum Zweck – und nicht Selbstzweck.

Waren demnach Pelops und Oinomaos gar keine echten Griechen? Standen da für den Beginn der olympischen Tradition zumindest im Wagenrennen zwei Symbolgestalten, die gar nicht repräsentativ waren für den wahren Geist solcher Wettkämpfe? Schaute die olympische Festgemeinde, wenn ihr Blick auf den Ostgiebel des Zeus-Heiligtums fiel, zu falschen «Vätern» auf?

Zweckfreier sportlicher Wettstreit? – Jacob Burckhardts «agonaler Mensch»

Es hat den Anschein – zumindest wenn man jener weitverbreiteten Vorstellung vom «agonalen» griechischen Menschen anhängt, die Jacob Burckhardt begründet und die viele in seiner Nachfolge aufgegriffen und weiter ausgebaut haben. Laut Burckhardt geht es dem «agonalen Menschen» vorrangig des 7. und 6. Jh. v. Chr. lediglich um den Agon, den Wettkampf an sich: Er miß sich unaufhörlich in allen möglichen Disziplinen und Lebensbereichen mit und an anderen, und zwar ohne damit irgendeinen «praktischen Nutzen» zu verfolgen[131].

Burckhardts Wortschöpfung vom «agonalen Menschen» und seine These vom «agonalen Prinzip», das das gesamte Leben der Griechen durchwalte, sind auf fruchtbaren Boden gefallen. Die einschlägige Typisierung der Griechen, deren «Volkscharakter» mehr als bei allen anderen Völkern durch eine leidenschaftliche Lust am puren Wettstreit geprägt werde, wurde lange Zeit als geradezu unumstößliche Tatsache gehandelt und erfreut sich noch heute großer Beliebtheit. Selbst ein gewöhnlich so umsichtig arbeitender und differenziert urteilender Althistoriker wie Viktor Ehrenberg schreckt in Sachen «agonales Prinzip» nicht vor apodiktischen Formulierungen zurück: «Das Agonale ist der Trieb und der Wille zum Wettkampf, zum Sich-Messen um des Sieges willen, *nicht für ein* noch so wertvolles und allgemein gültiges *praktisches Ziel, erst recht nicht für materiellen Gewinn,* aber auch nicht zu kultischem oder magischem Zweck. Es ist der Wille zum ‹*Wettkampf an sich*›.»[132]

Der Sport wird dabei besonders gern als Argumentationsinstanz herangezogen. Nicht um ideelle oder gar materielle Werte gehe es den Agonisten in Olympia und bei den anderen großen Sportereignissen der griechischen Welt – nein, ihre Motivation erschöpfe sich in der Freude am Wettkampf. Nicht einmal der Sieg sei das Entscheidende, sondern der Wettstreit selbst, der zum Sieg führe. Die griechischen Sportler waren demnach, wenn man es begrifflich prägnant oder sogar in einer schönen Formel ausdrücken will, nicht so sehr ergebnisorientiert als vielmehr prozeßorientiert.

Es ist zu befürchten, daß manche Fehlurteile über das antike Olympia, die den edlen, zweckfreien Wettstreit hochgesinnter Amateure des Altertums den moralisch geradezu degenerierten, da geldgierigen und publicitysüchtigen Sport-Profis der Moderne plakativ einander gegenüberstellen und das Idealismus-Defizit heutiger Spitzensportler beredt beklagen, sich in manchmal rauschhaft anmutender Nostalgie an jenem hehren agonalen Prinzip orientieren, das für griechische Athleten das entscheidende Motiv ihres sportlichen Handelns gewesen sein soll.

«Athlet» kommt von «athlon», «Kampfpreis» – und das merkt man auch!

Gegenüber dieser Schwarzweißmalerei sollte schon die Etymologie jenes Begriffes skeptisch stimmen, mit dem die Griechen die Protagonisten des vermeintlich zweckfreien sportlichen Treibens bezeichneten: *athletes,* «Wettkämpfer», leitet sich ab von *athlon,* «Kampfpreis», «Belohnung». Athlet ist also offensichtlich zunächst derjenige, der als Ziel seines schweißtreibenden Tuns einen – wie auch immer gearteten – Lohn anstrebt. Anschaulicher läßt sich die Zweckgerichtetheit des sportlichen Wettstreits bei den Griechen eigentlich kaum machen als über dieses sprachliche Argument.

Und so sind es denn auch sehr handgreifliche und überaus wertvolle Kampfpreise, die anläßlich des frühesten Wettkampfes ausgesetzt werden, von dem uns eine Schilderung vorliegt. Ein «fiktionaler Text» zwar, in dem Homer im 23. Buch der «Ilias» die Leichenspiele zu Ehren des Patroklos beschreibt, aber als Quelle für die frühgriechische Welt der homerischen Helden durchaus zuverlässig: Sobald Patroklos verbrannt und sein Grabmal aufgeschüttet ist, fordert Achill die Trauergemeinde auf, sich zu setzen, um den bevorstehenden Agonen zuzuschauen. Doch bevor das Wagenrennen als erste Disziplin gestartet wird, beeilt sich Achill erst einmal, die Motivation der Wettkämpfer zu stärken. Wie er dabei vorgeht, beschreibt Homer so:

> «Und holte aus den Schiffen Kampfpreise: Kessel und Dreifüße
> und Pferde und Maultiere und der Rinder starke Häupter
> und Frauen, gutgegürtete, und graues Eisen.»

Aus der Fülle all dieser «Motivationshilfen» greift er sodann die besten für das spektakuläre Wagenrennen heraus:

«Den schnellfüßigen Gespannen setzte er zuerst herrliche Preise:
Eine Frau, sie mit sich zu führen, die untadlige Werke wußte,
und einen Dreifuß mit Ohren, der zwei und zwanzig Maß faßte,
für den Ersten. Aber dem Zweiten wieder setzte er aus eine Stute
sechsjährig, ungezähmt, mit einem Maultierfüllen trächtig.
Doch dem Dritten setzte er nieder einen Kessel, unberührt vom Feuer
einen schönen, der vier Maß faßte, einen noch ganz hellen.
Und dem Vierten setzte er aus zwei Pfunde Goldes.
Dem Fünften aber setzte er eine Doppelschale, nicht berührt vom Feuer.»[133]

Die ganze Aufzählung klingt eigentlich nicht so, als träten die homerischen Athleten nur um eines zweckfreien Sich-Messens willen an – ohne auf die Preise zu schielen, deren Wert der Dichter seinen Zuhörern ja durch eine Reihe recht ansprechender Attribute plastisch erläutert.

Tatsächlich sind die Athleten ausgesprochen erpicht auf diese schönen Belohnungen: Zank und Streit ob problematischer Kampfrichterentscheidungen bleiben deshalb nicht aus. Die Helden des «Stadions» reagieren beleidigt und trotzig, wenn sie nicht das bekommen, was ihnen ihrer Meinung nach zusteht[134] – auch deshalb, weil ihr Renommee mit auf dem Spiel steht und sie eine Einbuße an Ruhm und Ehre fürchten, die sie mit geradezu pathologisch anmutendem Eifer anstreben. Was immer deshalb bei den homerischen Athleten an Motivation im Vordergrund stand, der materielle Wert des kostbaren Kampfpreises oder ihr Geltungsbedürfnis und ihre Ruhmessucht – von zweckfreiem Wettstreit sind *diese* Agonisten jedenfalls meilenweit entfernt.

Zauberwort «philotimia» – Ruhmbegierde als Wettkampfmotivation

Und ebenso all diejenigen, die in den vielen Wettkämpfen der griechischen Mythologie auftreten! Es ist das Verdienst des Innsbrucker Alt- und Sporthistorikers Ingomar Weiler, diese mythischen Agone systematisch unter die Lupe genommen und auf die Motive ihrer Akteure hin befragt zu haben. Weiler unterscheidet drei Wettkampf-Typen: Herausforderungs-, Fest- und Hochzeits-Agone. Allen drei Kategorien ist eines gemeinsam: Die Agonisten treten in keinem einzigen Fall nur um des Wettkampfes oder des Sieges willen an. Sie sind, um es in der Sprache der Pädagogik auszudrücken, niemals nur «intrinsisch» motiviert; ihr Handeln ist vielmehr ausschließlich oder hauptsächlich durch extrinsische Motivation gesteuert.

Solche von außen wirkenden Anreize sind zum einen die bei einem Siege lockenden materiellen Belohnungen, wie sie insbesondere bei Fest-Agonen ausgesetzt werden. Der Hochzeits-Agon ist so gesehen eine Sonderform des Fest-Agons: als Wettpreis dient hier die Braut, die man bei erfolgreichem Kampf wie Pelops für sich gewinnt; der Wetteinsatz ist häufig das eigene Leben, das der Herausforderer verwirkt, wenn er unterliegt.

Diese lebensgefährliche Komponente des Hochzeits-Agons paßt denkbar schlecht zu der Vorstellung eines eher spielerischen, sich gewissermaßen im eigenen Vollzug legitimierenden Wettstreits – der käme doch ohne derart blutige Sanktionen am Ende aus!

Ähnlich riskant sind in der Regel die Herausforderungs-Agone. Wer sich mit einem Gott mißt, tut das in vollem Bewußtsein der Tatsache, daß eine Niederlage schwere Strafen, oft sogar den Tod nach sich zieht. Und er kann sich keineswegs darauf verlassen, daß sich der göttliche Widersacher an die Regeln eines *fair play* halten wird – Götter und Menschen sind beim Wettkampf durch eine «erfolgsethische Haltung» (Weiler) geprägt: Der Zweck, das heißt der Sieg, heiligt oft genug die Mittel. Wer Skrupel hat, ist selbst schuld – auch nicht gerade ein Ausdruck des hehren agonalen Prinzips im Burckhardtschen Sinne.

Warum nimmt der Herausforderer diese zum Teil extremen Gefahren denn überhaupt auf sich? Der Schlüssel für diese Motivation heißt *philotimia*[135]. Ein Zauberwort, das «Ehrliebe», «Ruhmesbegierde» bedeutet und jenen spezifisch aristokratischen Geltungsdrang einschließt, der oft genug an Hybris grenzt: der Agonist will sich und der Welt beweisen, wie gut er ist. Um als Bester dazustehen, scheut er keine Mühe, geht er keinem Risiko aus dem Wege. Es ist, negativ ausgedrückt, eine fast krankhafte Sucht, sich zu produzieren und gegenüber der Masse der anderen zu profilieren, die ihn selbst in waghalsigste Agone hineintreibt. Als Resonanzboden für diese Selbstdarstellung bedarf er zumal bei sportlichen Wettkämpfen des Publikums: Ohne Zuschauer, ohne den Beifall anderer ist dem Agonisten jeder Wettkampf fade. Er braucht die Öffentlichkeit als Forum seiner *philotimia. Dies* scheint nun wirklich ein spezifischer Zug der Griechen auch in späteren Zeiten zu sein: daß sie auf ihre Wirkung nach außen bedacht sind, daß sie die Öffentlichkeit, die Agorá, den Markt als Mittelpunkt bürgerlichen Lebens suchen. Statt vom «agonalen» könnte man eher vom «agoralen Prinzip» sprechen, wenn man die sprachlich unschöne Bildung in Kauf nehmen will.

Ohne Zweifel waren die Griechen ein Volk, das am Wettstreit, an der Konkurrenz gegen- und miteinander Freude hatte und das den Agon – als Akteure oder als Zuschauer – genoß. Falsch ist indes (und da ist der Mythos als Spiegel der Realität, als Wirklichkeit zugleich transzendierendes wie abbildendes «Denk- und Erfahrungssystem» [K. Hübner] eine nicht zu unterschätzende Beweisinstanz) die idealisierende Theorie vom zweckfreien und mit Ausnahme des Sieges nicht zielgerichteten «agonalen Prinzip». Diese Typisierung der Griechen ist eine Erblast des romantisierenden Griechenbildes des Klassizismus[136]. Weilers Untersuchungen zum «Agon im Mythos» haben diesen modernen Mythos der Wissenschaftsgeschichte eindeutig widerlegt. Seinem Fazit – es ist der letzte Satz seiner Studie – ist nichts hinzuzufügen: Die These vom agonalen Griechentum ist eine Aussage, «die in die nächste Nähe jener Formulierungen gehört, welche der Sozialwissenschaftler als ‹pseudoempirische Leerformeln› zu bezeichnen geneigt ist».[137]

Abkehr vom schnöden Gewinndenken? – Argumente gegen ein Klischee

Welch gewichtige Rolle materielle Kampfpreise und Ruhmbegierde als Triebkräfte athletischer Agonistik im Zeitalter der homerischen Helden spielten, haben natürlich auch Burckhardt und die anderen Verfechter des «agonalen Prinzips» gewußt. Die Quellen sind da viel zu eindeutig, als daß man das übersehen könnte. Wenn sich trotzdem die Vorstellung vom «agonalen Menschen» als neuem Typus, dem Nachfolger gewissermaßen des «heroischen Menschen», entwickeln konnte, so lag das wohl vor allem an der Institution der sogenannten Kranzspiele. Im Unterschied zu anderen Sport-Agonen, bei denen es wie etwa bei den Panathenäen in Athen wertvolle Sachpreise zu gewinnen gab (ἀγῶνες χρηματῖται; «Erwerbsagone») beschränkte sich die Anerkennung des Sieges bei den «Heiligen Kranzspielen» (ἀγῶνες στεφανῖται) auf die symbolische Überreichung eines materiell wertlosen Siegeskranzes. Burckhardt sieht in dieser «Entwicklung» den entscheidenden – fast ist man versucht zu sagen: ethisch-qualitativen – Übergang zum neuen «agonalen» Menschen:

«Der Lohn des Siegers waren ursprünglich wohl überall Wertpreise gewesen, wie wir sie bei Homer kennenlernen; erst in der Folge die über alles geschätzten Kränze: der Kranz aus Zweigen vom wilden Ölbaum in Olympia, in Nemea der Eppich, auf dem Isthmos der Fichtenkranz, in Pytho der Lorbeer. Daneben mochten bei musischen Agonen von alters her jene ehernen Dreifüße als Preise gelten, die man aber nicht mitnahm, sondern dem Gotte weihte (...). Das wahre Ziel des Kampfes aber ist der Sieg an sich, und dieser, namentlich in Olympia, gilt als das Höchste auf Erden, indem er dem Sieger verbürgt, was im Grunde das Ziel jedes Griechen ist, daß er im Leben angestaunt und im Tode hoch gepriesen werden muß.»[138]

Ernst Curtius vervollständigt die Ideologie vom agonalen Menschen, indem er einen geradezu programmatischen Schritt der um die «Reinheit» des agonistischen Ethos sich sorgenden Veranstalter konstruiert: «Die Wertpreise verschwinden, damit keiner, den

Siegerehrung: Der Sieger mit Ölbaumkranz, Palmzweigen und Wollbinde (Schale, frühes 5. Jh. v. Chr.).

schnöder Gewinn anlockt, an den heiligen Schauspielen sich beteilige.»[139]

Solche und ähnliche Urteile, die sich in der Literatur in großer Zahl finden, haben einen unheilvollen Einfluß auf das weitverbreitete Bild der Olympischen Spiele im Altertum gehabt. Auf sie beruft sich noch heute jeder, der das «edle» Olympia vergangener Zeiten beschwört, um dem «degenerierten» Olympia der Moderne und seinen suspekten Akteuren die Leviten zu lesen. Dabei sind solche Feststellungen in ihrer Stilisierung, Idealisierung und problematischen Polarisierung zwischen «hehren» Kranzspielen einerseits und «schnöden Erwerbs»-Spielen andererseits nichts weiter als eine simplifizierende Geschichtsklitterung – eine gefährliche allerdings, weil sie sich mit scheinbarer Wissenschaftlichkeit schmückt. Ein genaues Quellenstudium erweist solchen schwärmerischen Idealismus indes eindeutig als falsch. Einschlägige Untersuchungen renommierter Sporthistoriker aus den letzten Jahrzehnten liegen in nicht geringer Zahl vor. Sie werden freilich von einer breiteren Öffentlichkeit kaum zur Kenntnis genommen – man müßte sonst ja von vielen liebgewordenen Klischees Abschied nehmen.

Und eben auch vom Klischee des – zumindest im Zeitalter des «agonalen Menschen» – nur am Sieg um seiner selbst willen interessierten Athleten! Auf welch tönernen Füßen allein schon Burckhardts und Curtius' These vom «Selbstreinigungsprozeß» athletischer Motivation – der angeblichen «Entwicklung» des Verschwindens von Wertpreisen – steht, zeigt ein Blick auf die *Gesamt*situation der Agonistik: Außer bei den «Kranzspielen» findet sich nirgendwo ein Verzicht auf materielle Siegespreise. Im Gegenteil: Die Zahl der in Hellas veranstalteten Agone wuchs immer mehr an, und die dabei ausgesetzten Siegespreise wurden keineswegs wertloser. Und selbstverständlich nahmen auch und gerade Olympiasieger die Chancen gern wahr, die sich mit einer Teilnahme an solchen «Erwerbsspielen» in puncto «schnöden Gewinns» ergaben!

Wir haben es mit einem *Neben*einander beider Agon-Typen zu tun und nicht, wie die Theorie vom «Übergang» zu den «edlen» Heiligen Spielen suggerieren will, mit einem Gegeneinander: Dieselben Athleten, die in Olympia und Delphi im Wettstreit angeblich nur um den symbolischen Siegeskranz antraten, kämpften in Athen und Argos, in Theben und Plataä um sehr lukrative Siegespreise. Weder die Athleten noch die sie feiernden Dichter kannten da Berührungsängste. Die Quelle dafür, daß es in der ersten Hälfte des 5. Jh. v. Chr. neben den vier panhellenischen mindestens zwanzig Wettkampfstätten in Griechenland gab, die die Athleten mit «schnödem Gewinn» anlockten, ist ausgerechnet Pindar, der große Hymniker der Kranzspiele![140] Dazu kommen im 5. Jh. noch mindestens fünfzehn weitere Orte, die regelmäßig Sportagone durchführten.

Ausweitung des «Agonistik-Marktes» – Gute Verdienstmöglichkeiten für Olympiasieger

In hellenistisch-römischer Zeit schnellte die Zahl der Spiele, bedingt auch durch die fast vollständige Professionalisierung des Sportwesens, hoch: «In der römischen Epoche», stellt der niederländische Sporthistoriker H. W. Pleket fest, «bot der ‹Agonistik-Markt› den Athleten mehr als 300 Agone an.»[141]

Außerdem entstand schon im 5. Jh. v. Chr. eine dritte Gruppe von Agonen, die sich ebenfalls zu den «heiligen» Spielen rechneten und die siegreichen Athleten dementsprechend mit Kränzen belohnten. Aber eben nicht *nur* mit Kränzen: als weiterer Anreiz traten zu der symbolischen Ehrung Geldpreise hinzu. Und die Athleten machten in den Inschriften, die ihre sportliche Karriere feierten, keinen Hehl daraus, daß sie oft genug auch aus rein materiellen Motiven an den Start gegangen waren: da stehen dann Siege in den Kranzspielen einträchtig neben solchen aus «Erwerbsspielen» verzeichnet. Das wußte und akzeptierte jedermann. Es war selbstverständlich, daß Olympiasieger auch an Agonen teilnahmen, in denen sich «richtiges» Geld verdienen ließ. Im Altertum hat daran kein Mensch Anstoß genommen; es blieb modernen «Idealisten» vorbehalten, gewissermaßen einen Keil zwischen die «guten» Kranz- und die «bösen» Erwerbsspiele zu treiben.

Im übrigen dürfte es oft genug vorgekommen sein, daß Sieger in den heiligen panhellenischen Spielen ihren dort erworbenen Ruhm bei anderen Agonen versilberten. Je größer die Konkurrenz zwischen der Vielzahl der Austragungsorte wurde, um so mehr mußten ehrgeizige Stadtväter darauf bedacht sein, den Zuschauern bei «ihren» Spielen neben Lokalmatadoren auch ein erlesenes Wettkämpferfeld in Hellas berühmter Namen präsentieren zu können. Zumal für professionelle Athleten waren Siege in den Kranzspielen die beste Reklame, die sich für sie selbst – und die Ausrichter anderer Agone! – denken ließ. Und so hören wir folgerichtig von Startgeldern, die Olympiasiegern nur für die *Teilnahme* an einem Wettkampf gezahlt worden sind[142]. Die Nachricht darüber ist zwar nur in einem Falle aus der frühen Römischen Kaiserzeit belegt, doch ist zu vermuten, daß man diese modern anmutende Praxis, Ausnahmeathleten mit Startgeldern zu «ködern», schon in hellenistischer Zeit gekannt und gezielt eingesetzt hat.

Soviel zu den indirekten Folgen eines Olympia-Sieges. Wenden wir uns nun den unmittelbaren Annehmlichkeiten und Vorteilen zu, deren sich die Olympioniken erfreuten und die bei jedem Olympia-Teilnehmer eine feste Größe seines «Motivationskalküls» waren, wenn er sich bei den Hellanodiken zum Wettkampf anmeldete. Es wird sehr rasch klar werden, daß es da beim olympischen Wettstreit keineswegs nur um ein zweckfreies Sich-Messen ging, in dem der Sieg als solcher das einzige Ziel dargestellt hätte. Es waren vielmehr die *Folgen* eines Sieges, die den Erfolg so erstrebenswert und köstlich machten und die für alle Mühen des Trainings, die Entbehrungen der Reise und die Härte des Wettkampfes entschädigten.

«Nimmerverlöschender Ruhm...» – Das Publikum als Echo sportlichen Ehrgeizes

Ganz im Vordergrund steht die Befriedigung der *philotimia*. Auf der Suche nach den besten Möglichkeiten, berühmt und gefeiert zu werden, stand der Sieg in Olympia an der Spitze der Rangskala – gleichrangig etwa mit überragenden politischen und militärischen Leistungen, höher sicherlich im Urteil der meisten Griechen als künstlerische, literarische oder philosophische Verdienste. Wer Olympiasieger wurde, gehörte schlagartig zur Prominenz nicht nur in seiner eigenen Polis, sondern im gesamten griechischen Kulturkreis. Und dieses herrliche Gefühl, anderen etwas Einzigartiges voraus zu haben, von allen bewundert, von vielen auch beneidet zu werden, war nun einmal ein starker Motivationsanreiz für jeden Athleten. Ruhm – das war etwas, nach dem jeder Grieche strebte; zumindest wovon jeder träumte. Die – sprechenden – griechischen Namen verraten es. Gleich mehrere Dutzend Eigennamen sind mit κλέος, «Ruhm», zusammengesetzt – von Agakles bis Themistokles, von Kleomenes bis Kleopatra[143].

Wie sehr der Weg zu diesem ersehnten Ruhm über einen Sieg in Olympia führte, läßt sich an einer Vielzahl antiker Urteile aufzeigen. Aus diesem Chor seien einige wenige Stimmen herausgegriffen. So wendet sich Pindar an den Hain am Alpheios mit den hymnischen Worten: «Nimmer verlöschenden Ruhm hat, wer deine herrliche Zier als Krone trägt.»[144] Daß das nicht nur blumige Epinikien-Poesie ist, sondern Ausdruck einer Überzeugung, die fast alle Griechen vereint, zeigt Platons Bemerkung, die Wächter in seinem utopischen Staat würden «ein *noch glückseligeres* Leben führen als die Olympiasieger»[145]. Der Römer Cicero ergänzt dieses Urteil einige Jahrhunderte später mit dem anschaulichen Vergleich, ein Sieg in Olympia stehe bei den Griechen in höherem Ansehen als in Rom der ruhmreiche Triumph[146].

Die *philotimia* der siegreichen Athleten wurde indes nicht nur mit solchen sentenziösen Floskeln und theoretisch-literarischen Streicheleinheiten abgespeist. Vielmehr schmeichelte man ihr mit sinnfälligen, geradezu handfesten Ehrbezeugungen, die das Selbstwertgefühl auf sonst kaum erreichbare Höhen emporschnellen ließen. Da war zum einen der Beifall, mit dem die Zuschauer den Wettstreit der Athleten begleiteten und der sich, sobald der Sieger feststand, nicht selten zu Jubelstürmen steigerte.

So wie der Agonist im Mythos das Publikum als Resonanzboden seiner Ambitionen braucht, benötigt auch der Athlet bei den Olympischen Spielen die Massen, die ihm beim Wettkampf gespannt zuschauen, die seine Leistung würdigen und seinen Erfolg feiern. Es reicht ihm eben nicht, sich vor leeren Rängen oder gar in der Einsamkeit eines heiligen Haines mit seinen Gegnern zu messen. Nur Zeus als Zuschauer aus dem wolkenumhüllten Olymp herab – das wäre ihm ein bißchen zu wenig. Mag er auch in Olympia sein Bestes zu Ehren des höchsten Gottes geben – wenn diesem Besten die Anerkennung durch seine Mitmenschen versagt bleibt, fehlt ihm etwas. Oder besser: fehlt ihm das Entscheidende.

Ein Kranz, wertvoller als das Leben – Der Olympiasieg als Bestätigung und Erfüllung

Aber er konnte gewiß sein: ebenso wie die Zuschauer im Stadion von Olympia fieberten viele seiner Landsleute in seiner Heimatstadt mit, wenn sie daran dachten, daß ihr «Hoffnungsträger» gerade seinen Wettkampf bestritt. *Daß* sie am entscheidenden Tage mit ihren Gedanken in Olympia weilten und sehnlichst auf die «erlösende» Siegesnachricht warteten, lassen zwei beiläufig überlieferte Notizen erkennen. Der Ringer Taurosthenes von Aegina bediente sich im Jahre 444 v. Chr. der schnellsten Nachrichtentechnik, die ihm damals zu Gebot stand: nach seinem erfolgreichen Wettkampf ließ er eine Brieftaube mit einem – vorher als Siegeszeichen vereinbarten – purpurroten Bändchen in Olympia aufsteigen. Die Taube soll seinen Landsleuten noch am selben Tage die frohe Botschaft überbracht haben[147].

Mit ungeheurem persönlichem Einsatz setzte der Läufer Ageus von Argos seine gespannt wartenden Mitbürger über seinen Sieg in Kenntnis: unmittelbar nach seinem Erfolg im Jahre 328 v. Chr. eilte er selbst nach Argos – und legte die über 100 Kilometer lange Strecke an einem einzigen Tage zurück![148] Hätten sich beide Athleten nicht sicher sein können, daß man ihnen in der Heimat die Daumen drückte und der Siegesnachricht geradezu entgegenfieberte, hätten sie auf solchen Aufwand sicher verzichtet – das Ganze wäre sonst nur peinlich gewesen.

Die offizielle Siegerehrung fand am letzten Tag der Spiele statt. Jeder Sieger wurde von einem Herold feierlich ausgerufen; genannt wurden sein eigener Name, der seines Vaters und der seiner Heimatstadt. Im Anschluß daran wurde ihm der Siegeskranz überreicht. Es war ein erhebender und bewegender Moment im Leben eines Athleten, wie er da vor Tausenden von Zuschauern und der in Olympia stets zahlreich versammelten gesamtgriechischen Prominenz aus Politik und Geistesleben zum Besten in seiner Disziplin ausgerufen wurde. Das war es, wofür er sich jahre- oder jahrzehntelang abgerackert hatte. Sein Name wurde in die «ewigen» Siegerlisten der Olympischen Spiele eingeschrieben; er war fortan bis zu seinem Tode – und vielleicht sogar darüber hinaus – ein berühmter Mann!

Es muß – ähnlich wie heute noch – für die Olympioniken ein nervlich außerordentlich beanspruchender Augenblick gewesen sein, wenn sie sich endlich am Ziel ihrer ehrgeizigen Wünsche und Träume sahen. Manch einem wurde schwarz vor Augen, und der Fünfkämpfer Ainetos aus Amyklai soll bei der Bekränzung tot umgefallen sein[149]. Dasselbe Schicksal – Herzschlag oder Infarkt vor Aufregung und Freude – erlitten mehrere Väter, während sie der Siegerehrung ihrer Söhne zusahen[150]. Wie es umgekehrt manchem Verlierer nicht gelang, die Fassung zu bewahren, zeigt die Geschichte des Faustkämpfers Kleomedes von Astypalaia. Er hatte fest mit dem Sieg gerechnet, wurde aber von den Hellanodiken wegen unlauterer Praktiken – sein Kontrahent hatte den Kampf nicht überlebt – nachträglich disqualifiziert. Kleomedes wurde daraufhin vor Schmerz wahnsinnig[151].

Einzelfälle, Extremfälle – gewiß. Aber doch aussagekräftig genug, um den Wert des olympischen Ruhmes zu veranschaulichen – und die Verbissenheit, mit der die Athleten um diese höchste Ehre stritten. Von einer heiter-gelassenen Dabei-sein-ist-alles-Mentalität keine Spur! Gar nicht so abwegig, wenngleich in diesem Zusammenhang nicht ohne Zynismus, die Feststellung des Redners Dion Chrysostomos, der olympische Kranz werde von vielen höher eingeschätzt als das Leben ...[152]

An die Siegerehrung schloß sich eine feierliche Prozession an, in der die Olympioniken die Altäre der Götter aufsuchten, um ihnen ein Dankopfer darzubringen. Dabei wurden Choräle angestimmt, die nicht nur die Götter feierten, sondern auch die Ehre der Olympiasieger besangen. Danach ging's zum Festgelage, bei dem ausgelassen getafelt und gezecht wurde. Eine heitere Stimmung machte sich breit; Verwandte und Freunde ließen «ihren» Sieger lautstark hochleben: Im Glanz des Mondlichtes hallte der heilige Hain bei festlichem Gelage von Lobgesängen wider[153], auch der inoffizielle Teil der olympischen Siegesfeier war noch geprägt durch das Ruhmesmotiv, das alle anderen Gedanken überstrahlte.

Zelebrierung olympischen Ruhmes, I: Das Standbild

Zu den weiteren Ehren am Schauplatz des Sieges selbst gehörte die Erlaubnis, den eigenen Ruhm durch die Aufstellung einer Siegerstatue gewissermaßen für weitere Generationen zu konservieren. Dieses Recht wurde ausdrücklich als ἆθλον, Kampfpreis, von seiten der Hellanodiken verstanden, ein deutlicher Hinweis auf die Bedeutung dieses Privilegs. Dazu paßt die von Plinius überlieferte Nachricht, daß Kranzsieger die ersten Menschen überhaupt gewesen seien, denen man diese Möglichkeit eingeräumt habe, ihren Ruhm auf so dauerhafte Weise zu zementieren:

«Bildnisse von Menschen pflegte man nur darzustellen, wenn sie sich aus einem herausragenden Grund einer dauernden Erinnerung verdient gemacht hatten; zuerst waren es die Sieger in den heiligen Wettkämpfen und vor allem in Olympia, wo die Sitte bestand, allen, die dort gesiegt hatten, Standbilder zu widmen, denen aber, die dort dreimal als Sieger hervorgegangen waren, porträtähnliche Bildwerke zu errichten.»[154]

Die letzte Bemerkung des römischen Gelehrten wirft ein bezeichnendes Licht auf das Zelebrieren des Ruhms: um bei einer Ehrung von Olympioniken noch steigerungsfähig zu bleiben, durfte der «einfache» Sieger nur ein Standbild errichten lassen, das seine individuellen Züge nicht wiedergab – zur Unterscheidung von anderen reichte die Sockelinschrift ja allemal aus. Erst der dreifache Olympiasieger erhielt sozusagen Porträtrecht – das er freilich nicht immer nutzte. Denn wer auf öffentlichkeitswirksame Eigenwerbung in Sachen Ruhm bedacht war – und welcher griechische Athlet wäre das nicht gewesen? –, ließ unter Umständen lieber drei Einzelstatuen mit einschlägigen Inschriften aufstellen. Ein nüchternes Kalkül, das sich vor allem bei zwei Siegen rechnete: Man war auf diese Weise gleichsam doppelt oder dreifach präsent![155]

In der Regel ging nach dem Sieg einige Zeit ins Land, bevor die Siegerstatue im heiligen Hain aufgestellt wurde. Es eilte ja auch nicht; denn erst vier Jahre später füllten sich die Straßen und Plätze Olympias wieder mit Touristen und Wettkämpfern, denen sich die früheren Olympioniken mittels ihrer Standbilder empfahlen. Besonders eilig hatte es freilich ein gewisser Eubotas von Kyrene. Im Vertrauen auf ein günstiges Orakel gab er bereits vor der Entscheidung eine Statue in Auftrag. Er siegte tatsächlich – und konnte Minuten nach der Überreichung des Siegerkranzes stolz sein eigenes Standbild «enthüllen». Die *philotimia* trieb manchmal wahrlich merkwürdige Blüten!

Zelebrierung olympischen Ruhmes, II: Ein triumphaler Empfang in der Heimat

Mit der Abreise vom Festspielort war nur der erste Teil der Ehrungen abgeschlossen, die einem Olympiasieger zuteil wurden. Der zweite Teil verlagerte sich in seine Heimatstadt; und das war meistens das umfangreichere Festprogramm, die Intensivphase der Feierlichkeiten sozusagen. Der Olympionike wurde mit Auszeichnungen aller Art überhäuft – der Dank seiner Polis dafür, daß er sie so glänzend repräsentiert hatte.

Die Kette der «Aufmerksamkeiten» begann mit einem Empfang vor der Stadt. Dort wurde der frischgebackene Olympionike von einer offiziellen Delegation begrüßt. Ein von vier Pferden gezogener Prunkwagen stand bereit, um ihm ein ehrenvolles Geleit in die Stadt zu bereiten. Der Empfang glich einem Triumphzug, der durch ein Spalier jubelnder Menschen bis zum Hause des Athleten führte[156]. Die begeisterten Mitbürger bewarfen ihr Idol mit Blumen, Blättern und Früchten – eine frühe Form der «Konfettiparade»[157].

Mancherorts scheint man dem heimkehrenden Olympioniken sogar das Recht eingeräumt zu haben, eine Bresche in die Mauer zu schlagen und durch sie in die Stadt einzuziehen: eine Polis, die solche Bürger in ihren Reihen habe, brauche keine Mauern mehr, erläutert Plutarch diesen Brauch[158]. Daß der famose Olympiasieger Nero sich eine solch spektakuläre Chance zur Selbstdarstellung nicht entgehen ließ, verwundert nicht: Er ließ nach seiner so «erfolgreichen» Griechenland-Tournee bei seinem grandiosen

Einzug in die Hauptstadt ein Stück der Stadtmauer Roms niederreißen. So pflegten die Griechen ihre siegreichen Wettkämpfer zu empfangen, schrieb er den Römern ins Stammbuch ...[159]

Ganz so falsch war der dezente Hinweis ja nicht; denn die griechischen Städte scheuten keine Kosten und Mühen, um ihren berühmten Söhnen eine würdige Begrüßung zu bieten. Den größten Aufwand erlaubten sich in dieser Sache die Einwohner des sizilischen Akragas (Agrigent). Nach dem zweiten Stadionsieg ihres Landsmannes Exainetos im Jahre 412 v. Chr. stellten sie als Geleit einen Festzug zusammen, der aus nicht weniger als 300 Zweigespannen von Schimmeln bestand[160] – sicher ein einsamer Rekord, je nach Gusto vielleicht auch eine etwas übertriebene Geste, aber eben doch symptomatisch für das Maß an öffentlicher Anerkennung, mit dem ein Sieger in den Kranzspielen und zumal denen in Olympia fest rechnen konnte.

An den triumphalen Einzug des Siegers schloß sich ein großes Festmahl an. Man darf annehmen, daß die Kosten dafür nicht selten aus dem Gemeindesäckel bestritten worden sind; jedenfalls dann, wenn der Olympionike nicht über genügend eigene Mittel verfügte, eine solche auch lukullisch zufriedenstellende Siegesfeier auszurichten. Wer sich das jedoch leisten konnte, ließ sich nicht lumpen, sondern zog den Kreis der Eingeladenen recht groß. Psaumis, ein reicher Aristokrat aus der südsizilischen Stadt Kamarina, bewirtete zur Feier seines Sieges mit dem Maultiergespann im Jahre 452 v. Chr. sämtliche Einwohner seiner Heimatstadt – und ließ diese großzügige Geste nach der Devise «Tue Gutes und sprich darüber» von dem dafür ebenfalls gut bezahlten Pindar ins Epinikion aufnehmen[161]. Das alles hat seine Parallelen zu unserer Zeit, in der Einzelsportler und Mannschaften, sofern sie populäre Sportarten vertreten, ja auch mit großem Bahnhof in der Heimat willkommen geheißen werden. Was in der schnellebigen Moderne jedoch rasch wieder in Vergessenheit gerät oder durch einen geradezu zwanghaften Kult des Neuen überlagert wird, hatte in der Antike erheblich länger Bestand. Die Anerkennung des Olympiasiegers beschränkte sich nicht auf wenige Tage oder Stunden; sie dauerte fort – und zwar bis an sein Lebensende.

Aufstieg ins Establishment – Sozialprestige als Lohn

Institutionalisiert wurde dieses Fortwirken des Ruhmes durch dauerhafte Auszeichnungen und Privilegien, so etwa durch die Verleihung des Ehrenbürgerrechts oder der Ehrenmitgliedschaft im Rat der Gemeinde[162]. Besonders wirkungsvoll war auch die Verleihung der Proedrie, das heißt eines Ehrensitzes im Theater: da saß der Olympionike fortan für alle sichtbar inmitten der Honoratioren der Stadt, erfolgreicher Feldherren, hoher Priester und Würdenträger aus anderen Poleis, denen man dieses Privileg ebenfalls verliehen hatte. Bei jeder Vorstellung, die er besuchte, wurden die Anwesenden so an seinen sportlichen Ruhm erinnert. Mehr noch: Er gehörte – sinnfälliger ließ es sich nicht demonstrieren – zur Prominenz oder, wenn man so will, zum Establishment der Stadt. Er war einer von denen, die «es geschafft» hatten: Ein Sieg bei den Kranzspielen katapultierte jeden sozusagen automatisch in die gesellschaftliche Führungsschicht hinauf.

Für viele Olympioniken bedeutete das allerdings zumindest in den ersten Jahrhunderten der Spiele nichts Besonderes: da sich damals hauptsächlich Angehörige der aristokratischen Elite am Alpheios ein Stelldichein gaben, konnten sie auch durch einen Olympia-Sieg nicht weiter in der gesellschaftlichen Hierarchie aufsteigen – sie standen ja schon oben.

Ganz anders dagegen, je stärker sich das Profitum in der Athletik durchsetzte. Für einen professionellen Athleten aus dem einfachen Volk bedeutete ein Sieg bei einem der großen panhellenischen Wettkämpfe einen geradezu kometenhaften sozialen Aufstieg – so etwa im Falle eines namentlich nicht bekannten Athleten, der seinen Lebensunterhalt vor seinem Sieg in Olympia damit bestritten hatte, Fische von Argos nach Tegea zu tragen, «das drückende Querholz über die Schultern gelegt»[163]. Dieser Mann bekannte sich in dem von ihm in Auftrag gegebenen Epinikion zwar zu seiner Herkunft, doch schwingt dabei unüberhörbar der Stolz mit, sich mittels seiner sportlichen Karriere zur führenden gesellschaftlichen Schicht seiner Polis hinaufgearbeitet zu haben.

Zusätzliches Sozialprestige brachten neben den auf zentralen Plätzen und an Hauptverkehrsstraßen aufgestellten Siegesstandbildern ehrenvolle staatliche Aufträge zum Beispiel im diplomatischen Dienst der Heimatstadt, aber auch die Betrauung mit politischen Ämtern, in die manch einer ohne seinen Olympia-Ruhm gar nicht oder nur unter erheblich größeren Mühen gelangt wäre. Angesichts ihres ausgeprägten Geltungsstrebens dürften die meisten Olympioniken es genossen haben, wie sehr sich das Interesse einer großen Öffentlichkeit auf sie richtete. Horst Buhmann stellt zu dieser Form des Nachruhms fest:

«Auch geht das Ansehen der Sieger daraus hervor, daß über nicht wenige von ihnen zahlreiche Geschichten, Anekdoten, Legenden im Umlauf waren, was wiederum zeigt, daß man sich allgemein für sie interessiert hat, daß man sie nicht mehr aus dem Auge gelassen und Einzelheiten ihres weiteren Lebens (und Sterbens) verfolgt hat, wie es bei Prominenten üblich ist.»[164]

«Der Wettspielruhm», so Buhmann, «begleitet den Sieger durch das ganze Leben.» Und das tat ihm ausgesprochen gut! Denn es war der schönste Lohn, der einem Agonisten bei seiner Jagd nach Anerkennung und Ruhm zuteil werden konnte. Auf eben diese Prominenz richteten sich all seine Hoffnungen und Wünsche; sie erreichen zu können, war das entscheidende Motiv fast aller Wettkämpfer.

Mit Idealismus hat das alles nichts zu tun – mit Kult übrigens auch nur sehr wenig. Es waren durch und durch egoistische Ziele, die die Athleten verfolgten. Oder vielleicht besser egozentrische. Denn darum ging es: das eigene Ego ins Zentrum aller Aktivitäten zu stellen und sich in Selbstbestätigung und Anerkennung durch andere zu sonnen, wenn man den Gipfel des sportlichen Erfolges erreicht und den olympischen Siegeskranz als überall in Hellas anerkanntes Dokument dafür vorweisen konnte, daß man in seiner Disziplin der Beste war, besser als alle anderen.

Die Selbstverständlichkeit und Ungeschminktheit, mit der sich die griechischen Athleten zu dieser Motivation bekannten, ehrt sie. Sie sind nachgerade vorbildlich. Man mag über *philotimia* denken, wie man will, und sie als gefährliche, möglicherweise sozialschädliche Übersteigerung des Ruhmesgedankens bewerten, *eines* kann man den Griechen nicht vorwerfen: Heuchelei, wie sie einen Großteil der modernen Diskussionen über die Motive von Spitzensportlern durchzieht. Wenn dabei noch der angebliche Idealismus der antiken Olympioniken als Positiv-Folie für die vermeintliche Dekadenz idealistischer Gesinnung in unserer Zeit beschworen wird, wird es besonders unredlich: solch eine Argumentation mit einem falschen historischen Beispiel läßt nur die Frage offen, ob sie auf Ignoranz oder besonderer Dreistigkeit beruht.

Von staatlicher Sportförderung bis zum Freitisch auf Lebenszeit – Subventionen für Olympioniken

Bleibt nur noch ein Wort zu dem Punkt «materielle Anreize und Belohnungen» zu sagen – auch das ein heißdiskutiertes Thema in der Idealismus-Debatte der letzten Jahrzehnte. Auch hier wird zum Teil unhaltbar argumentiert. Das gesamte Altertum hindurch hat man nichts Verwerfliches darin gesehen, daß ein Olympiasieger seinen Ruhm auch materiell ausnutzte. Wie das indirekt über die Teilnahme an den zahlreichen, mit üppigen Preisgeldern lockenden «Erwerbsspielen» geschah, haben wir bereits erörtert.

Daneben gab es aber auch eine zum Teil sehr großzügige direkte Dotierung olympischer Erfolge. Als Sponsoren fungierten die Heimatstädte, die sich bei ihren prominenten Sympathie- und Werbeträgern gern erkenntlich zeigten.

Schon im frühen 6. Jh. v. Chr. setzte der athenische Gesetzgeber Solon eine Belohnung von 500 Drachmen für jeden Athener aus, der einen Olympiasieg errang. Das war ein stattliches Geldgeschenk, das damals dem Gegenwert von 100 Ochsen oder 500 Schafen entsprach[165]. Andere Städte dürften diesem Beispiel rasch gefolgt sein. So zum Beispiel die sprichwörtlich reiche Stadt Sybaris in Unteritalien: eine erst kürzlich gefundene Inschrift beweist, daß die Gemeinde ihre erfolgreichen Athleten auch mit solchen materiellen Zuwendungen geehrt hat[166].

Eine weitere, nicht unbeträchtliche «Subvention» war die unentgeltliche Speisung von Olympiasiegern im Prytaneion, dem Rathaus der Stadt – und zwar auf Lebenszeit. Auch wenn dabei das ideelle Moment noch stärker zu Buche schlägt – es war die höchste Ehre, die eine Polis wie Athen auserwählten Bürgern erwies –, wiegt der materielle Aspekt nicht gering. Und es ist bezeichnend, daß sich der eine Intellektuelle – Xenophanes – darüber ärgert, daß den von ihm geringgeschätzten Athleten eine solche Ehre widerfährt[167], der andere aber – Sokrates – auch die finanzielle Seite anspricht: Als wahrer Wohltäter Athens und zugleich wirklich Bedürftiger fordert er für sich gleiches Recht:

«Was aber kann ein armer Mann gebrauchen, ein Wohltäter, der Zeit haben muß, um euch ins Gewissen zu reden? So jemand, ihr Männer von Athen, kann nichts so gut gebrauchen wie einen Freitisch im Prytaneion – viel besser, als wenn einer von euch in Olympia mit dem Pferd, mit dem Zwei- oder dem Viergespann einen Sieg errungen hat. Denn der macht euch nur zum Scheine glücklich, ich aber wirklich, und der ist nicht auf Unterhalt angewiesen, ich aber wohl.»[168]

Zu Geldprämien und «Subventionsleistungen» wie dem lebenslänglichen Freitisch im Prytaneion kam später – wohl ab dem späten 5. Jh. – als weitere materielle Vergünstigung die Atelie hinzu: sie befreite die Sieger in den Kranzspielen von allen staatlichen Abgaben und Steuern[169] – ein Privileg, das es gerade dem von *direkter* Steuerlast ungleich stärker bedrückten Staatsbürger unserer Zeit in besonderer Weise erleichtern dürfte, Pindars Huldigung an einen Olympioniken nachzuvollziehen:

«Wer dort siegt, im Leben hat künftig er stets
süßester Heiterkeit Beglückung, weil
den Kampfpreis er errang.»[170]

Zeus-Statuen aus Strafgeldern

Opfer oder Täter? – Der Fall Ben Johnson

Die Olympischen Spiele des Jahres 1988 wurden durch einen Skandal überschattet, wie ihn die moderne Olympia-Geschichte bis dahin kaum erlebt hatte: der kanadische Sprinter Ben Johnson wurde des Dopings überführt; seine Goldmedaillen wurden ihm daraufhin aberkannt. Die Entrüstung über die Manipulation war groß. Viele Kommentatoren fühlten sich in ihrer Überzeugung bestärkt, daß die olympische Bewegung damit erneut einen Rückschlag erlitten habe. Wie konnte ein so hervorragender Athlet wie Johnson die olympischen Ideale so schmählich verraten?

Es meldeten sich auch realistischere Stimmen zu Wort, die darauf aufmerksam machten, daß Johnson im Grunde nur zum Sündenbock abgestempelt werde. Wenn man einen Sportler exemplarisch auf dem Altar der olympischen Seriosität opfere, so deshalb, um die vielen Flecken, die er im jahrelangen Trainingsvorfeld erhalten habe, notdürftig zu kaschieren. In der Tat: Daß im Vorfeld von Olympiaden und Weltmeisterschaften gedopt wird, weiß alle Welt. Man hat nur bitte die verbotenen leistungssteigernden Mittel rechtzeitig vor Beginn der entscheidenden Wettkämpfe abzusetzen – damit die Fassade eines von Betrug und Unfairneß freien Festes der «Jugend der Welt» aufrechterhalten bleibt.

Kritiker weisen freilich darauf hin, daß die Versuchung, zu unerlaubten Mitteln zu greifen, um so größer werde, je begehrter das Ziel – der Olympiasieg – sei. Und angesichts der Millionen-Werbeverträge und mancher anderen Belohnungen, die dem erfolgreichen Athleten im ausgehenden 20. Jahrhundert winkten, sei es nun wirklich nicht erstaunlich, wenn die Sportler sich dazu verführen ließen, sich mit Hilfe unlauterer Mittel und anrüchiger Machenschaften Vorteile gegenüber ihren Konkurrenten zu verschaffen. Richtig.

Als Positiv-Folie gilt dagegen manchen modernen Olympia-Kritikern das Altertum. Mit fast schwärmerisch-nostalgischen Formulierungen weinen sie einer Epoche nach, in der, weil der böse Kommerz die Athleten noch nicht in den Würgegriff genommen habe, der edle und ehrliche Wettstreit der Athleten durch keinerlei Betrügereien und Manipulationen entweiht worden sei. Falsch.

Dieses hehre Olympiabild ist eine Fiktion, Ausdruck von Wunschdenken oder/und Unkenntnis. *So* vorbildlich ging es bei den Olympischen Spielen des Altertums keineswegs zu, auch wenn die Zahl der *aufgedeckten* Betrugsfälle, auf die rund tausendjährige Geschichte Alt-Olympias bezogen, zugegebenermaßen recht gering war.

«... daß man einen Sieg in Olympia nicht mit Geld erringen soll» – Statuen mit erhobenem Zeigefinger

Ihren im wahrsten Sinne des Wortes plastischen Ausdruck fand die *chronique scandaleuse* der Olympischen Spiele der Antike in einer Reihe bronzener Zeus-Statuen. Die Einheimischen nannten die aus 16 Standbildern bestehende Reihe von Zeus-Darstellungen «Zanes» – im Plural der Dialektbildung «Zan» für Zeus.[171] Finanziert waren die Zanes aus den Strafgeldern, zu denen die Hellanodiken Athleten verurteilt hatten, die sich massive Verletzungen der Wettkampfregeln hatten zuschulden kommen lassen.

Die Statuen selbst sind nicht erhalten, wohl aber sind sämtliche Basen bei den Ausgrabungen an ihrer ursprünglichen Stelle entdeckt worden[172]. Ihr Standplatz war sehr bewußt gewählt: Zwischen Metroon und Echohalle am Fuße der Schatzhausterrasse aufgereiht, «begrüßten» die Strafgeld-Standbilder die Athleten bei ihrem Einzug ins Stadion – als ständige Mahnung, sich anders als ihre unfreiwilligen Financiers an den von allen Teilnehmern geschworenen olympischen Eid zu halten.

Ihren pädagogischen Auftrag spiegelten auch einige Inschriften wider, die auf den Standbildern angebracht waren. Das allererste Epigramm erinnerte daran, «daß man einen Sieg in Olympia nicht mit Geld, sondern mit der Schnelligkeit der Füße und Körperkraft erringen soll»[173]. Das zweite wies darauf hin, daß die Statue zu Ehren des Zeus, des Schutzherrn der Spiele, aufgestellt worden sei – «durch die Gottesfurcht der Eleer», die sich durchaus gern auch einmal selbst auf die Schulter klopften, «zur Abschreckung für frevelnde Athleten». Ähnliche Warnungen in Gedichtform fanden sich auf einer Reihe weiterer Zanes – nicht unbedingt von guter literarischer Qualität, wie der Reiseschriftsteller Pausanias naserümpfend anmerkt[174], aber jedenfalls in einer drastischen Diktion, die an Klarheit nichts zu wünschen übrig ließ.

Welche Delikte führten zur Verhängung eines Strafgeldes, der schärfsten Sanktion, zu der die Hellanodiken gegen einen Athleten greifen konnten? Dank Pausanias, auf den diese Schattenseite der olympischen Wettkampfmoral offenbar eine gewisse Faszination ausgeübt hat, sind wir über die einzelnen Vorfälle recht gut informiert.

Absprachen und gekaufte Siege – Aus der *chronique scandaleuse* der Olympischen Spiele

Die ersten, die gewissermaßen auf der Zanes-Strafbank Platz nehmen mußten, waren vier Faustkämpfer. Sie hatten bei der 98. Olympiade im Jahre 388 v. Chr. eine verbotene Absprache über den Sieg getroffen. Der Thessalier Eupolos bestach drei Gegner, unter ihnen den Faustkampf-Sieger der vorangehenden Olympiade, mit hohen Geldsummen. Die unterlagen ihm dafür bei den Endkämpfen verabredungsgemäß, und Eupolos wurde zum Olympiasieger ausgerufen.

Wie der Betrug aufflog, ist nicht überliefert. Möglicherweise plauderte einer der Beteiligten nach Beendigung der Spiele etwas aus. Nach dem Reglement hatten die Schiedsrichter im Unterschied zu heute nicht mehr die Möglichkeit, Eupolos den Titel nachträglich abzuerkennen: Sein Name blieb in der offiziellen Siegerliste verzeichnet[175]. Wohl aber verurteilten sie ihn und die anderen Faustkampf-«Mafiosi» zu hohen Geldbußen, mit denen dann die Finanzierung der ersten Zanes bestritten wurde. Es dürfte sich um empfindliche Strafen gehandelt haben, denn man sparte weder am Material noch am Honorar für den Künstler: Die ersten beiden Zanes wurden bei dem renommierten Bildhauer Kleon von Sikyon in Auftrag gegeben.

Der nächste ähnlich gelagerte Betrugsfall ereignete sich im Jahre 332 v. Chr. Damals war es der Athener Kallippos, der seine Gegner im Fünfkampf kaufte und sich so den Pentathlon-Sieg erschwindelte. Auch diese Bestechung wurde ruchbar, weitete sich dann aber im Unterschied zu der ersten Absprache-Manipulation zu einem handfesten Skandal aus. Die Athener erklärten die Sache nämlich zu einer Angelegenheit ihres «National»-Prestiges – ein weiterer Beweis dafür, welche politischen Implikationen das sportliche Geschehen in Olympia hatte – und wiesen den Betrugsvorwurf gegenüber ihrem Athleten empört zurück. Sie schickten sogar einen der berühmtesten Redner der Zeit, Hyperides, nach Elis; er sollte die Hellanodiken überreden, die Sache auf sich beruhen zu lassen. Die gaben jedoch nicht nach – und Athen blieb den nächsten Olympischen Spielen fern, ob aus «freiwillig» erklärtem Verzicht oder weil die Organisatoren sie bis zur Klärung der peinlichen Angelegenheit ausschlossen, ist nicht ganz klar. Schließlich mußte das Delphische Orakel schlichtend eingreifen: es gab den Eleern recht. Athen zahlte zähneknirschend – und damit wurden die nächsten sechs Zanes fällig[176].

Besserte sich in den nächsten Jahrhunderten die Moral der Athleten? Mehr als 250 Jahre lang hören wir jedenfalls nichts mehr über ähnliche Betrügereien. Aber vielleicht wurden alle an Manipulationen Beteiligten nur vorsichtiger; immerhin dürfte gerade der Eklat des Jahres 332, der einiges Aufsehen erregt hatte, als warnendes Beispiel verstanden worden sein – möglicherweise weniger als Warnung vor verbotenen Absprachen als vor einem zu vertrauensseligen Plaudern darüber...

Jedenfalls dauerte es bis zum Jahre 68 v. Chr., bis der – offiziell verzeichnete – nächste Skandal in die olympischen Annalen einging. Wieder ging es um Bestechung: Der Ringer Eudelos zahlte seinem rhodischen Konkurrenten Philostratos eine «Entschädigung» dafür, daß er ihm den Olympiasieg überließ[177].

Zwei weitere Vorfälle dieser Art wurden in der römischen Kaiserzeit aufgedeckt; in beiden Fällen waren wiederum Schwerathleten beteiligt. Besonders empörend fand Pausanias die Tatsache, daß in den Bestechungsfall des Jahres 12 v. Chr. sogar ein Bürger von Elis verwickelt war. Damals hatten sich zwei Väter darüber «geeinigt», wessen Sohn den Olympiatitel im Ringkampf erringen solle. Den Vorwurf der aktiven Bestechung zog sich dabei Damonikos aus Elis zu. Für ihn hat Pausanias nur ein indigniertes Kopfschütteln übrig: «Wundern muß man sich so schon, daß jemand vor dem Gott in Olympia gar keine Scheu hat und für den Wettkampf Geschenke annimmt und gibt, aber noch mehr muß man sich wundern, wenn das sogar jemand von den Eleern selbst schon gewagt hat.»[178]

Die Hellanodiken wunderten sich nicht nur, sie schritten zur Tat. Bestraft wurden die Väter, die den Olympiasieg offensichtlich über die Köpfe, wenngleich nicht ohne Wissen ihrer Söhne ausgehandelt hatten. Von ihrer Geldbuße wurden ebenso zwei Zanes errichtet wie von den Strafen der beiden Boxer, die man im Jahre 125 n. Chr. einer verbotenen Absprache überführen konnte[179].

Enthüllungen eines antiken Sportpublizisten

Soweit die Nachrichten über ganz konkrete, spektakuläre Verletzungen des olympischen Reglements. Ob die von Pausanias überlieferten Betrügereien nur die Spitze des Eisberges waren und man mit einer hohen Dunkelziffer vergleichbarer Bestechungen und Absprachen in der langen Geschichte der Olympischen Spiele des Altertums rechnen muß, ist umstritten. Alle Lebenserfahrung spricht dafür, daß nur ein kleiner Teil der geschickt eingefädelten

Manipulationen aufgefallen sein dürfte; mancher Betrug ist den Hellanodiken sicher verborgen geblieben, und damit auch uns.

Immerhin scheint der Respekt vor dem olympischen Zeus auf den ersten Blick deutlich größer gewesen zu sein als vor den Schutzgöttern anderer Festspiele. Daß die Betrugsschwelle anderswo deutlich niedriger lag als in Olympia, berichtet Philostrat, der Verfasser einer Abhandlung «Über Gymnastik» aus dem 3. Jh. n. Chr., der über hervorragende Insiderkenntnisse des zu seiner Zeit allerdings schon lange völlig professionalisierten Athletenwesens verfügte. Quellenkritisch zu berücksichtigen ist überdies die relativ späte Entstehung dieser Schrift; es muß deshalb offen bleiben, seit wann das laut Philostrat ganz übliche Verschachern von Siegen bei den Sportfesten der griechischen Welt «einriß»:

«Die einen verkaufen ihren Ruhm, wie ich glaube, weil sie viel (Geld) brauchen, die anderen müssen sich einen mühelosen Sieg kaufen, weil sie ein weichliches Leben führen. Und wenn einer ein silbernes oder goldenes Weihgeschenk entwendet oder vernichtet, so verfolgen ihn die gegen Tempelraub gerichteten Gesetze mit ihrem Zorn, den Kranz des Apollon oder Poseidon aber, um welchen die Götter selbst sich gewaltig bemühen, kann man ungestraft verkaufen, ungestraft kaufen, und nur bei den Eleern gilt der Ölkranz nach altem Glauben noch für unantastbar.»[180]

Nicht nur die Athleten selbst, sondern auch ihre Trainer sind nach Philostrats schonungsloser Aufdeckung üblicher Betrugstechniken an diesem Verfall der Sportmoral schuld:

«Sie kommen nämlich mit Geld versehen zum Training, leihen den Athleten zu höherem Zinsfuß, als er bei Kaufleuten zur See üblich ist, und nehmen keine Rücksicht auf den Ruhm der Athleten, sondern raten ihnen zu Kauf und Verkauf (der Siege) und suchen nur ihren eigenen Vorteil ... Soviel mag über die Schachernden gesagt sein; denn sie verschachern gewissermaßen die Tüchtigkeit der Athleten, indem sie ihren eigenen Vorteil wahrnehmen.»[181]

Desillusionierende Enthüllungen über den Sport im Zeichen von Profitum und Kommerz! Kaum zu glauben, daß sie fast 1800 Jahre alt sind ...

«Stellvertreter des Zeus» – Die Hellanodiken als Olympia-Aufsicht

Immerhin: die Betrugsquote war nach Aussage Philostrats in Olympia vergleichsweise niedrig. Aber waren es wirklich vor allem religiöse Skrupel, wie der antike Chronist vermutet, die das Bestechungsunwesen bei den Olympischen Spielen wenigstens einigermaßen eindämmten? Man kann da so seine Zweifel haben. Warum hätte der Respekt der Wettkämpfer vor Zeus größer sein sollen als der vor Apollon oder Poseidon? Die Tatsache, daß er den göttlichen Schutzherren anderer Spiele positionell übergeordnet war, dürfte vor dem Gewissen eines zur Manipulation entschlossenen Sportprofis kaum eine Rolle gespielt haben.

Eher waren es wohl die relativ scharfen Kontrollen, die die Zahl der (aufgedeckten) Unregelmäßigkeiten, Regelverstöße und sportlichen Gaunereien bei den Olympischen Spielen in Grenzen hielten. Verantwortlich für die Einhaltung der olympischen Regeln waren die Hellanodiken («Griechenrichter»), und sie setzten all ihren Ehrgeiz darein, der hohen Reputation ihres Amtes Genüge zu tun. Sie selbst standen unter Eid: nachdem sie jeweils zehn Monate vor Beginn der Wettkämpfe ausgelost und gründlich in das Regelwerk eingewiesen worden waren, mußten sie schwören, «ihr Urteil nach Recht und ohne Geschenke abzugeben». Außerdem wurde ihnen die Verpflichtung zum «Datenschutz» auferlegt: Informationen, die sich auf die Zulassung von Athleten zu den Spielen bzw. ihre Ablehnung bezogen, unterlagen einer strikten Schweigepflicht[182].

Da es sich um ein Ehrenamt handelte, kamen als Hellanodiken fast nur Aristokraten aus Elis in Frage, die keiner eigenen Erwerbstätigkeit nachgingen, sondern sich ein knappes Jahr lang ganz ihren Aufgaben als Kampfrichter widmen konnten. Natürlich war die finanzielle Unabhängigkeit der Hellanodiken ein guter Schutz vor Versuchungen, die sonst in Gestalt von Bestechungsgeldern an sie hätten herangetragen werden können. In aller Regel wurden sie denn auch dem hohen moralischen Anspruch ihres Amtes gerecht. Ihre Gerechtigkeit scheint fast sprichwörtlich gewesen zu sein[183], und schon auf den bloßen Verdacht möglicher Parteilichkeit hin reagierte die Behörde mit einer Art Selbstreinigung. So im Falle des Troilos, der im Jahre 372 v. Chr. als Hellanodike fungierte und gleichzeitig als Teilnehmer ein Gespann ins olympische Wagenrennen schickte. Sein Sieg muß Gerede über Wettbewerbsverzerrungen aufgrund der Interessenkollision Nahrung gegeben haben. Die Hellanodiken reagierten prompt: sie verboten es fortan aktiven Mitgliedern ihrer Behörde, sich an den Wettkämpfen zu beteiligen[184].

Der Abschreckungs- und Disziplinierungseffekt, der von den «Griechenrichtern» ausging, dürfte auch zugenommen haben, je mehr Personen dem Gremium angehörten. Anfangs gab es nur einen einzigen Spielleiter; zu Anfang des 6. Jh. (580 v. Chr.) soll dann nach dem Bericht des Pausanias ein zweiter hinzugekommen sein. Wahrscheinlich schon im frühen 5. Jh. wurde die Zahl der Hellanodiken auf neun, kurze Zeit später auf zehn aufgestockt. Im 4. Jh. schwankte ihre Zahl zwischen acht und zwölf. Ab 348 v. Chr. kehrte man wieder zu der «runden» Zehn zurück; dabei blieb es bis in die Römische Kaiserzeit[185].

Für griechische Verhältnisse war das eine personell gut ausgestattete Behörde. Die Anzahl der Hellanodiken erlaubte es, drei Spezial-Kommissionen zu bilden: Eine für die hippischen Agone, eine zweite zur Beaufsichtigung des Fünfkampfes und eine dritte, die sich um alle anderen Wettbewerbe kümmerte[186]. Diese Spezialisierung hat der Effizienz und Qualität der schiedsrichterlichen Arbeit gewiß gutgetan und den Respekt der Athleten gegenüber den Aufsichtsorganen erheblich erhöht.

Von Peitschenhieben bis Geldbußen – Sanktionen der «Griechenrichter»

Das entscheidende Mittel der Hellanodiken war allerdings das stattliche Arsenal an Sanktionen, das ihnen zur Ahndung aller denkbaren Verstöße zur Verfügung stand und das sie ohne viel Federlesens entschlossen und gezielt einsetzten. Die Palette der Strafmaßnahmen reichte von der körperlichen Züchtigung eines

Athleten über die Verhängung empfindlicher Geldbußen bis zum Ausschluß eines einzelnen oder einer Polis von der Teilnahme an den Olympischen Spielen.

Berufung gegenüber einer von den Hellanodiken verhängten Strafe war möglich; Appellationsinstanz war die Boulé, der Olympische Rat von Elis. In der Praxis dürfte es sehr selten vorgekommen sein, daß ein Athlet seinen Protest gegen ein Kampfrichter-Urteil bei diesem «Oberschiedsgericht» einreichte. Die Boulé hatte nämlich offenbar nicht das Recht, die von den Hellanodiken getroffenen Entscheidungen aufzuheben und damit etwa einen anderen Athleten zum Sieger zu erklären. Sie konnte lediglich von ihr festgestellte Fehlentscheidungen rügen und die verantwortlichen Hellanodiken zur Verantwortung ziehen. In einem Falle ist überliefert, daß der Einspruch eines Läufers insoweit Erfolg hatte; die zwei der drei Kampfrichter, die ihn nach dem Ergebnis der Beweisaufnahme benachteiligt und einem anderen den Sieg zuerkannt hatten, wurden zu Geldstrafen verurteilt[187].

Viel häufiger war indes das Gegenteil der Fall: die Hellanodiken bedienten sich ihres Hilfspersonals, um «vergeßlichen» Athleten die Wettkampfregeln in Erinnerung zu rufen. Diese «Polizisten» waren als das Exekutivorgan des Schiedsgerichts fürs Grobe zuständig: Sie trugen Peitschen und züchtigten Wettkämpfer, die sich den Anweisungen der Hellanodiken widersetzten, die Regeln nicht beachteten oder sich ein übles Foul zuschulden kommen ließen. So bekam bei Laufwettbewerben jeder die Peitsche zu spüren, der sich zu früh zum Sprint erhob, also einen Fehlstart verursachte[188]. Ebenso derjenige, der dabei erwischt wurde, wie er einen Gegner beim Start wegdrückte, ihn aus der Bahn drängte oder ihm ein Bein zu stellen versuchte[189].

Daß solch unsauberes Wettkampfverhalten bei den olympischen Läufern an der Tagesordnung war, zeigt der von Plutarch überlieferte Ausspruch eines Spartaners. Beim Anblick der Sprinter, die sich im Stadion von Olympia mit allen möglichen Tricks die beste Ausgangsposition beim Start zu verschaffen suchten, rief er aus: «Wie sehr liegt den Läufern doch der schnelle Start mehr am Herzen als die Gerechtigkeit!»[190] δικαιοσύνη, «Gerechtigkeit»,

«Clinchen» verboten: Gegen eher harmlose Regelverstöße schritten die Schiedsrichter schnell ein (Vase, um 510 v. Chr.).

schreibt Plutarch – ein großes Wort für das, was wir unter «Fairneß» verstehen. Doch dazu später!

Anfällig für Fouls waren vor allem die schwerathletischen Disziplinen. Beim Ringen, Boxen und Pankration trat die Peitsche der Wettkampf-«Polizisten» nicht selten in Aktion – wenn auch keineswegs, um Brutalitäten zu verhindern (die waren nicht unerwünscht), sondern um aus heutiger Sicht eher läßliche Regelverstöße wie etwa das «Clinchen» im Boxkampf zu ahnden[191].

Die kleinen Sünden bestraften die Herren Kampfrichter sofort – und zwar mittels Peitschenhieben; die großen zogen dagegen ein Verfahren nach sich, an dessen Ende meist die Verhängung einer Geldbuße stand. Delikte, die auf diese Weise geahndet wurden, bezogen sich in der Regel auf den organisatorischen Rahmen der Spiele und ihre Grundregeln. An erster Stelle stand dabei die Verletzung des Olympischen Eides, den jeder Athlet kurz vor Beginn der Spiele zu leisten hatte. Er selbst sowie sein Vater, seine Brüder und sein Trainer mußten vor der Statue des Zeus Horkios («Schwurgott») versichern, «daß sie sich keinen Verstoß gegen die olympischen Wettkämpfe zuschulden kommen lassen würden». Außerdem hatten sie zu beschwören, daß ein zehnmonatiges Training hinter ihnen liege, das sie für den Wettkampf fit erscheinen ließ[192].

Die gröbsten Verstöße gegen diesen Eid haben wir bereits behandelt: Absprachen über den Sieg, Erpressung des Gegners oder Bestechung seines Trainers oder eines Kampfrichters. Wer eines solchen Vergehens überführt wurde, mußte kräftig in die Tasche greifen, um die fällige Geldbuße zu bezahlen ...

Geldstrafen verhängten die Hellanodiken darüber hinaus gegen Athleten, die gegen die «Ordnung» verstießen. Man wird das Gefühl nicht los, daß die Spielleiter besonders hart reagierten, wenn formal etwas nicht stimmte; insofern mag eine – gar nicht so sympathische – Parallele mit heutigen Olympia-Offiziellen vorliegen, die ja bekanntlich auch gern darauf pochen, daß alles «seine gute Ordnung hat» und «formal richtig ist».

Strenge Zulassungskontrollen – kein Schutz vor Skandalen und Skandälchen

Jeder Athlet, der sich in Olympia zum Wettkampf anmeldete, wurde zunächst daraufhin überprüft, ob er die formalen Qualifikationen erfüllte: Nichtgriechen und Sklaven waren nicht startberechtigt, ebensowenig Sportler, auf denen der Fluch eines Schwerverbrechens wie Mord und Tempelraub lastete. Die Zulassung verweigert wurde außerdem allen, deren Heimatstadt aus bestimmten Gründen für die jeweilige Olympiade «gesperrt» war. Grund für solch einen Ausschluß konnte zum Beispiel die Verletzung des «Olympischen Friedens» sein.

So wurden die Spartaner für das Jahr 420 v. Chr. von der Teilnahme an der 90. Olympiade ausgeschlossen, weil sie sich weigerten, eine Geldbuße zu zahlen, die ihnen die Hellanodiken wegen eines Bruchs der olympischen Waffenruhe auferlegt hatten[193]. Der Spartaner Lichas umging das Startverbot, indem er sein Gespann für das Wagenrennen als Eigentum der Stadt Theben anmeldete. Als sein Wagenlenker tatsächlich den Sieg holte, hielt es den «eigentlichen» Olympioniken nicht mehr auf seinem Platz: Voller Stolz auf «seinen» Erfolg lief Lichas zum Rennwagen und bekränzte seinen Wagenlenker mit einer Siegesbinde. Damit deckte er seinen Trick bei der Anmeldung selbst auf – und verursachte einen Riesenskandal. Die Hellanodiken reagierten rasch: Sie ließen den alten Mann auspeitschen und aus Olympia fortjagen – eine Demütigung, die kurze Zeit über die Furcht aufkommen ließ, die Spartaner könnten sich durch eine militärische Intervention in Olympia rächen[194].

Dazu kam es jedoch nicht. Der Sieg wurde den Thebanern zugesprochen. Immerhin durfte Lichas später eine Siegesstatue für sich aufstellen lassen – wahrscheinlich der Beitrag der Hellanodiken zu einer diplomatischen Beilegung der Krise[195].

Der Eklat des Jahres 420 v. Chr. läßt erkennen, daß die «Griechenrichter» bei der Zulassung der Athleten darauf verzichteten, ihre Herkunftsangabe zu überprüfen. Derartige bürokratische Recherchen wären kaum praktikabel gewesen. Im übrigen konnte die «Naturalisierung» eines Athleten in einer «neuen» Heimatstadt rasch erfolgen, wenn beide Parteien sich einig waren; die Hellanodiken hätten daher ohnehin kein Recht gehabt, solch einen «Wechsel»-Athleten von der Teilnahme auszuschließen. Sie hatten daher gegen tatsächliche oder versuchte Abwerbungen, wie sie mitunter aus Gründen des politischen Renommees vorkamen[196], keinerlei Handhabe. Andererseits konnten sie sich im Normalfall schon auf die Ehrlichkeit der Wettkämpfer verlassen: Welchen Grund hätten die haben sollen, ihre Heimatstadt zu verleugnen, von der sie doch bei einem Sieg soviel Anerkennung und materielle Belohnungen zu erwarten hatten?

Die weitere Überprüfungstätigkeit der Hellanodiken betraf die Vorbereitungsphase der Athleten in Elis selbst. Sie hatten dort nach einer Bestimmung aus vermutlich jüngerer Zeit 30 Tage lang unter Aufsicht der Kampfrichter zu trainieren[197]. Dahinter stand wohl der Wunsch, den Zuschauern möglichst wettkampftüchtige und ausgeruhte Sportler präsentieren zu können; keine, die erst in letzter Minute gehetzt in Olympia eintrafen.

Wer sich zu spät anmeldete oder nicht ordentlich trainierte, konnte sein Ränzlein gleich wieder schnüren. Die Hellanodiken kannten da keinen Pardon. Ob sie ein Auge zudrückten, wenn die Entschuldigung für verspätetes Eintreffen plausibel klang, läßt sich nicht eindeutig sagen. Der einzige – spektakuläre – Fall, der in diesem Zusammenhang überliefert ist, gibt keine schlüssige Antwort darauf. Denn als der Boxer Apollonios Rhantes aus Alexandria im Jahre 93 n. Chr. angab, er habe wegen widriger Winde nicht rechtzeitig in Olympia ankommen können, protestierte sein Gegner. Der wollte erfahren haben, daß Apollonios diese Lüge nur vorschiebe, um seine Teilnahme an lukrativen «Erwerbsspielen» zu verschleiern – dies sei der eigentliche Grund für dessen Verspätung. Die Hellanodiken glaubten ihm und schlossen Apollonios aus.

Die Sache sollte noch ein aufsehenerregendes Nachspiel haben. Apollonios war maßlos enttäuscht – und nicht bereit, sich der Entscheidung der Hellanodiken widerspruchslos zu beugen. Kaum war sein Kontrahent als (kampfloser) Sieger aufgerufen und bekränzt worden, da stürzte sich Apollonios auf ihn, um ihn zu verprügeln. «Dieses unüberlegte Verhalten sollte ihm großen Schaden einbringen», kommentiert Pausanias ein bißchen geheimnisvoll[198]. Sicher ist, daß er von den Hellanodiken eine tüchtige Geldbuße auferlegt bekam. Aber das war es ihm vermutlich wert: Er hatte seinen Skandal, und wenn schon nicht sportlich im olympischen Box-«Ring», so hatte er sich doch immerhin durch seinen Prügel-Auftritt einen Platz in den Annalen der Spiele verschafft...

Altersangaben als Verhandlungssache

Ferner oblag den Hellanodiken die Zusammenstellung der Kämpferpaare und die Besetzung der Vorläufe, die der endgültigen Entscheidung bei einigen Laufwettbewerben vorangingen. Nach welchen Kriterien sie dabei vorgingen, ist nicht überliefert. Die wichtigste Trennlinie verlief zwischen den Wettbewerben der «Jugendlichen» und denen der «Erwachsenen».

Die Entscheidung, in welche Altersklasse ein Athlet fiel, konnte sich schwierig gestalten. Ausweispapiere, aus denen das Geburtsdatum des einzelnen hervorgegangen wäre, gab es in der Antike nicht. Die Hellanodiken mußten deswegen entweder den Angaben der Kämpfer Glauben schenken, oder sie selbst trafen, wenn sie Zweifel an der Richtigkeit dieser Angaben hegten, die Entscheidung nach dem Aussehen des Teilnehmers oder nach Informationen, die sie von dritter Seite bezogen.

Es ist klar, daß sich in dieser Grauzone ein breites Feld für Lug und Trug eröffnete – und tatsächlich sind einige einschlägige Nachrichten darüber auf uns gekommen. Die im Altertum bestbekannte Episode über entsprechend zähe «Verhandlungen» mit den Hellanodiken verbindet sich mit dem Spartanerkönig Agesilaos (444/43–360/59 v. Chr.). Der war sich nicht zu schade dafür, seinen ganzen Einfluß gegenüber dem olympischen Schiedsgericht aufzubieten, um einen gewissen Athleten aus Athen noch in den Knaben-Agon einzuschleusen. Der sollte nämlich davon ausgeschlossen werden, «weil er schon zu groß und kräftig war». Da der junge Mann indes der Geliebte eines persischen Gastfreundes war, ließ sich Agesilaos dazu bewegen, die Hellanodiken von der Minderjährigkeit des Wettkämpfers zu «überzeugen» und ihm damit bessere Siegeschancen zu eröffnen.

Es gelang ihm tatsächlich, die Zulassungsbehörde umzustimmen – wie, verraten die Quellen nicht. Allerdings fügt Plutarch seinem Bericht die entlarvende Bemerkung hinzu: «Agesilaos war zwar sonst korrekt und hielt sich an die Gesetze; wenn es sich aber um Freunde handelte, hielt er zu große Korrektheit für bloßen Vorwand.»[199] Man braucht nicht viel Phantasie dazu, um sich vorzustellen, vor wie vielen Lügen und Tricks sich die Hellanodiken gerade in dieser Zulassungsfrage in acht nehmen mußten. *Hier* war ihre Kontrollfunktion sehr angebracht; ohne diesen Filter hätte sich sonst wohl mancher gestandene Ringer oder Pankratiast nur zu gerne unter die «Jungkämpfer» gemogelt – ohne Rücksicht auf den hohen «Eidwächter», zu dessen Ehren das ganze Sportfest veranstaltet wurde ...

Immer Ärger mit den Schwerathleten – Geldstrafen, Ausschluß, Bekränzung eines Toten

Lagen solche Eingruppierungsfragen naturgemäß im Ermessen des Kampfgerichts, für das sich kaum feste Regeln aufstellen ließen, so hielten sich die Hellanodiken ansonsten immer sehr genau an den Buchstaben der Vorschriften. Besondere Flexibilität zeichnete ihre Sanktionsentscheidungen jedenfalls nicht aus. Das bekam im Jahre 480 v. Chr. Theogenes von Thasos zu spüren, ein Ausnahmeathlet, der in seiner Karriere nicht weniger als 1300 Siege errungen haben soll[200]. Theogenes hatte sich damals sowohl für das Box- als auch für das Pankration-Finale qualifiziert. Nachdem er jedoch seinen Boxgegner nur unter Einsatz aller Kräfte hatte bezwingen können, war er im Pankration so erschöpft, daß er glatt unterlag. Die Kampfrichter werteten das als Verstoß gegen den Olympischen Eid und verurteilten ihn zu einer Geldbuße von einem Talent. Das war ein gewaltiger Betrag, aber er reichte den Hellanodiken noch nicht aus: Zusätzlich erlegten sie Theogenes ein weiteres Talent auf, zahlbar an seinen Kontrahenten, dessen Ehre sie offenbar durch den leichten Sieg gekränkt sahen. Offiziell lautete die Begründung: Theogenes habe sich nur aus Mißgunst gegenüber seinem Pankration-Gegner zuvor der Faustkampf-Entscheidung gestellt ...[201]

Ähnlich rigoros schritten die Spielleiter ein halbes Jahrtausend später gegen den alexandrinischen Pankratiasten Sarapion ein. Der bekam es im Jahre 25 n. Chr. plötzlich mit der Angst zu tun und machte sich am Tage vor seinem Kampf einfach aus dem Staub. Auch hierin erkannten die Hellanodiken einen Verstoß gegen das olympische Reglement und brummten Sarapion eine Geldbuße wegen Feigheit auf[202].

In den schwerathletischen Disziplinen hatten es die Schiedsrichter dagegen nicht sehr eilig, bei Verdacht auf möglicherweise irreguläres Verhalten im Kampf selbst Sanktionen zu verhängen. In mindestens zwei Fällen war es zu spät, als sie den Übeltäter disqualifizierten: da lag der Gegner bereits tot im Sand.

So im Boxkampf-Finale des Jahres 492 v. Chr., als Kleomedes aus Astypalaia seinen Kontrahenten Ikkos aus Epidauros tödlich verletzte. Offensichtlich erst nach einigen Beratungen entschloß sich die Jury, Kleomedes den Sieg wegen des Einsatzes unfairer Mittel abzuerkennen und den toten Ikkos an seiner Stelle zum Olympiasieger auszurufen. Eine Geldstrafe verhängten sie aber nicht[203].

Ein noch berühmterer – oder eher berüchtigterer – Präzedenzfall hatte sich schon einige Jahrzehnte zuvor ereignet. Der Name des Arrhichion sollte dadurch Unsterblichkeit erlangen, daß er als erster Athlet postum zum Olympioniken ausgerufen und sein Leichnam mit dem Ölzweig bekränzt wurde. Wie kam es dazu?

Schon bei den beiden vorangehenden Olympiaden der Jahre 572 und 568 v. Chr. hatte Arrhichion den Sieg im Pankration errungen. Welch dramatisches Geschehen sich vier Jahre später den Zuschauern des Pankration-Finales darbot, schildert Pausanias:

«Sein Gegner ... packte den Arrhichion zuerst, hielt ihn mit den Beinen umklammert und würgte ihn mit den Händen am Hals. Arrhichion aber brach seinem Gegner einen Zeh am Fuß, und gleichzeitig gab Arrhichion seinen Geist auf, der den Arrhichion Erwürgende aber gab den Kampf vor Schmerz wegen seines Zehs auf.»

Die Reaktion der Hellanodiken darauf: *The show must go on* oder: *business as usual:* Als wäre nichts geschehen, «bekränzten die Eleer den Leichnam des Arrhichion und erklärten ihn zum Sieger ...»[204].

«Sauberkeit» im olympischen Sport? – Ein Fingerbrecher gibt die Antwort

Diese Beispiele beweisen es zur Genüge: Es wurde mit harten, ja überharten Bandagen gekämpft – mit letztem Einsatz, ohne Rücksicht auf sich selber oder gar den Gegner. Verbissenheit und ungezähmter Ehrgeiz waren Trumpf. Ein unbedingter Siegeswille setzte sich über Bedenken und Hemmungen hinweg. Um als Olympionike ausgerufen zu werden, nahm man fast alles in Kauf – massive Regelverletzungen ebenso wie jede sich bietende Hinterlist, leichtfertige Meineide ebenso wie kriminelle Bestechungspraktiken.

War das eine ritterliche Wettkampfeinstellung? Entsprach das dem *fair-play*-Gedanken, den der Baron de Coubertin als eine der tragenden Säulen des von ihm propagierten «Olympischen Geistes» postulierte?

Wenn man sich die Rücksichtslosigkeit, ja teilweise die Skrupellosigkeit klarmacht, mit der griechische Athleten ihr Ziel, den Olympiasieg, ansteuerten, so melden sich doch einige Zweifel daran, daß schon die Antike jenes Fairneß-Gebot auf ihre Fahnen geschrieben habe, das zu den geradezu unveräußerlichen Ingredienzien moderner Olympia-Ideologie gehört. Es stimmt schon bedenklich, wenn die Hellanodiken offensichtlich alle Hände voll zu tun hatten, um wenigstens die Minimalanforderungen an «Sauberkeit» im olympischen Sport durchzusetzen ...

Das hindert viele gleichwohl nicht daran, in idealistischem Elan gewissermaßen den Patentschutz für den *fair-play*-Gedanken im Sport schon für die alten Griechen zu beanspruchen. Sie werden in schöner Regelmäßigkeit mit triumphaler Geste als historische Vorbilder präsentiert, wenn wieder einmal eine Philippika gegen die «Degenerierung» der olympischen Idee in der Moderne fällig ist. Auch die wenigen Vertreter dieser Antike-Schwärmerei, die nicht bar jeder Sachkenntnis sind, wischen Einwände rasch beiseite. Sicher habe es «Auswüchse» gegeben, räumen sie ein – aber doch erst im Zeichen der «bedauernswerten Professionalisierung» des griechischen Sports, die seit dem 4. Jh. eine unleugbare «Dekadenz»-Phase eingeläutet habe.

Wieder einmal wären demnach die Profis an allem schuld, in diesem Fall an der Verwilderung der Sitten im Sport, der Verlotterung gleichsam der olympischen Ethik. In Wirklichkeit entlarvt sich die Trennung zwischen dem «klassischen» Olympia mit seiner ritterlichen Sportgesinnung einerseits und der durch unfeines Profitum geprägten hellenistisch-römischen Epoche mit manchen «Entgleisungen» auch in puncto Fairneß bei näherem Hinsehen als Fiktion. Mit welcher Gesinnung Wettkämpfer schon in den frühen Jahrhunderten der Spiele an den Start gingen, zeigt mit recht drastischer Anschaulichkeit der Fall des berüchtigten Fingerbrechers Leontiskos von Messana (Messina).

Leontiskos trat Mitte des 5. Jh. – also auf dem Höhepunkt der vermeintlich «reinen» Spiele – im olympischen Ringkampf an. Einen Gegner niederzuwerfen, gelang ihm nicht. Das Geheimnis seines Erfolges bestand in dem «Kunstgriff», eine im Pankration erlaubte Technik einfach auf das Ringen zu übertragen: Er packte seinen Kontrahenten an den Fingerspitzen und quetschte sie so lange, bis sie brachen – und sein Gegenüber den Kampf mit schmerzverzerrtem Gesicht aufgab. Zweimal gelang es Leontiskos, mit diesem unfairen Trick Olympiasieger im Ringen zu werden (456 und 452 v. Chr.)[205]. Daß dieses Fingerbrechen ein Verstoß gegen die Wettkampfregeln war, ist eindeutig: eine vor wenigen Jahren in Olympia gefundene Inschrift aus dem späten 6. Jh. v. Chr. untersagt den Ringern das gegenseitige Fingerbrechen ausdrücklich, aber offenbar gelang es den Hellanodiken nicht, die Anwendung solcher unfairen Kampfmethoden wirkungsvoll abzustellen[206].

Erstaunlich ist das nur auf den ersten Blick. Tatsächlich erweist aber ein exaktes Studium bildlicher Darstellungen, daß die Ringer häufig zu unlauteren Mitteln griffen, wenn sie sich einen Vorteil

Verstoß gegen sportliche Fairneß: Ein Boxer schlägt seinem Gegner in die Genitalien (Vase, 6. Jh. v. Chr.).

davon versprachen und die Schiedsrichter es nicht bemerkten oder im Interesse eines möglichst «spannenden» Kampfes geflissentlich darüber hinwegsahen. Keine Spur demnach von einer Selbstverpflichtung der Athleten zur sportlichen «Fairneß» oder «Sauberkeit»! Was wogen Gesundheit und körperliche Unversehrtheit des Gegners schon gegenüber einem Olympischen Olivenzweig!

Eine derartige Revision des falschen Olympiabildes, wie sie sich bei «aufgeklärten» Sporthistorikern schon längst durchgesetzt hat, mag bitter sein, weil man von althergebrachten Klischees Abschied nehmen muß. Aber es führt kein Weg an der Erkenntnis vorbei, die der amerikanische Sporthistoriker Michael B. Poliakoff in seinem hervorragenden Werk über den «Kampfsport in der Antike» so formuliert hat:

«Hinweise auf Fingerbrechen und Würgegriffe lassen liebgewordene Vorstellungen vom Adel olympischen Geistes und olympischer Praxis zerplatzen. Moderne Sportenthusiasten ebenso wie Wissenschaftler haben lange gebraucht, um sich mit den Zeugnissen abzufinden, ein Versäumnis, welches ein helleres Licht auf ihre eigenen ethischen Normen wirft als auf den griechischen Sport.»[207]

Fairneß? – Keine ethische Größe im griechischen Sport!

Werfen wir abschließend einen Blick auf die berühmteste Schilderung sportlicher Agone in der griechischen Literatur! Was wir dort in Sachen Fairneß erfahren, stimmt auch nicht sehr hoffnungsfroh:

- Da fordert der Vater eines der am Wagenrennen Beteiligten seinen Sohn auf, bloß nicht zu dicht um die Wendemarke herumzufahren. Berühre die Radnabe den Stein, so würden der Wagen zerbrechen und die Pferde Verletzungen davontragen: «Eine Freude den anderen, doch eine Schande für dich selbst wäre das!» χάρμα, «Freude», «Spott», «Hohn» steht da im Text als Reaktion der Konkurrenz auf einen solchen Unfall – nicht gerade ein Ausdruck von *fair-play*-Gesinnung!

- Da greifen himmlische Mächte hemmungslos zugunsten ihrer Protégés ins Rennen ein, indem sie die Konkurrenz schädigen; dem einen schlägt ein Gott die Peitsche aus der Hand, dem anderen zerbricht eine Göttin aus Groll die Deichsel – ein offenkundiger Betrug, meint der Autor, aber für ihn ist das ganz selbstverständlich: Solche Tricks gehören eben dazu, wenn man gewinnen oder einem anderen beim Sieg helfen will! Gleiche Chancen für jeden? Mitnichten!
- Da «bremst» ein Wagenlenker einen Mitbewerber an einer Engstelle regelrecht «aus». Der andere fordert ihn noch nachdrücklich auf, die unfallträchtige Situation zu vermeiden («Du kannst bald an einer breiteren Stelle vorbeifahren»), aber vergebens: Statt die Fahrt zu verlangsamen, treibt der Rennbahn-«Rowdy» seine Pferde noch zusätzlich mit der Peitsche an und bringt sich so in eine bessere Position! Ein lebensgefährliches Manöver, mit dem er nicht gerade eine *fair-play*-Trophäe errungen hätte!
- Da stellt der Verfasser nicht ohne bewundernden Unterton fest, der Wagenlenker X sei «mit List und nicht durch Schnelligkeit» früher durchs Ziel gegangen als der Wagenlenker Y; und auch beim Ringkampf besinnt sich ein Agonist auf seinen Listenreichtum und bringt sich so mit Hilfe eines Tricks in eine bessere Ausgangslage für den weiteren Kampf. List als Ausdruck von Fairneß?
- Da gleitet schließlich einer beim Wettlauf aus und landet im Misthaufen. «Mit Rindermist füllten sich ihm Mund und Nasenlöcher.» Mühsam erhebt er sich, schimpfend, prustend und den Mist aus Mund und Nase speiend. Und wie reagieren die Zuschauer auf diesen Zwischenfall? «Sie aber lachten alle über ihn vergnügt.» Schadenfreude als Ausdruck hehrer sportlicher Gesinnung?

Nun findet sich diese Schilderung «unfairer» Verhaltensweisen in der sportlichen Auseinandersetzung nicht etwa bei einem Schriftsteller der Römischen Kaiserzeit, in der man ja nach dem landläufigen Klischee eh nichts mehr vom hohen olympischen Ethos der griechischen Klassik wiederzufinden erwarten darf. Der

Auch das olympische Publikum schätzte den Nervenkitzel: Unfall beim Wettreiten (unteritalische Vase, um 420 v. Chr.).

Text, in dem es auf engem Raum von Wettbewerbsverzerrungen, betrügerischen Machenschaften, rücksichtslosem Wettkampfverhalten und Reaktionen von Schadenfreude nur so wimmelt, stammt vielmehr aus dem 8. Jh. v. Chr.: Wir haben die Beispiele aus Homers Beschreibung der Leichenspiele zu Ehren des Patroklos im 23. Buch der «Ilias» genommen[208].

«Erfolgsethik» oder: Der Zweck heiligt die Mittel

Zugegeben, es handelt sich um ein thematisch akzentuiertes «Filtrat» aus der homerischen Darstellung, und es sei nicht verschwiegen, daß es darin auch gewisse Ansätze für das gibt, was wir unter *fair play* verstehen[209]. Im ganzen unterstreicht diese früheste Schilderung sportlicher Agone jedoch sehr anschaulich die Motivation und Einstellung der Athleten, wie wir sie auch bei den Olympischen Spielen kennengelernt haben: es ging ihnen um Sieg und Ruhm, und in der Wahl der Methoden, mit denen sie dieses Ziel erreichen konnten, waren sie nicht sehr wählerisch. Die *Art und Weise,* wie der Erfolg zustande kam, war der *Tatsache* des Sieges eindeutig untergeordnet; der unbedingte Siegeswille verdrängte im Zweifelsfall alle Skrupel.

Zum gleichen Ergebnis ist Ingomar Weiler in seiner Untersuchung über die Agone in der griechischen Mythologie gekommen.

Die Anwendung von List ist dort etwas ganz Selbstverständliches. Götter und Menschen bedienen sich ohne schlechtes Gewissen eines Tricks, einer List oder sogar eines Betruges, wenn sie sich davon eine Erhöhung ihrer Siegeschance erhoffen. Wenn man dieses Verhalten überhaupt mit ethischen Kategorien klassifizieren will, so kann man mit Weiler allenfalls von einer «Erfolgsethik» sprechen. «Diese ‹erfolgsethische› Haltung der Agonisten im Sagenwettkampf», resümiert Weiler, «läßt sich vielleicht am besten auf die banale Formel bringen: Der Zweck heiligt die Mittel.»[210]

Angesichts dieser Einstellung braucht man sich über Betrügereien «zu Lasten» des olympischen Zeus nicht zu wundern und auch nicht über den Aufwand, den die Hellanodiken betrieben, um die Spiele einigermaßen reglementgemäß über die Bühne zu bringen. Der hohe Preis, den der Olympiasieger erringen konnte, war eine ständige Versuchung, das begehrte Ziel auch mit unlauteren Mitteln zu erreichen – ähnlich wie heute Millionen-Werbeverträge und eine gewaltige Publicity Spitzenathleten zur Einnahme verbotener leistungsfördernder Mittel verlocken.

In einem solchen Klima gehört große, fast übermenschliche Charakterfestigkeit dazu, den Verlockungen zu widerstehen, die von jeder Art von Regelwidrigkeit ausgingen und ausgehen. Wer sich eine ordentliche Chance ausrechnen konnte, bei irregulären Praktiken nicht erwischt zu werden, hat dieser Verlockung sicher erheblich öfter nachgegeben, als es in unseren Quellen greifbar ist. «Was könnten die Sieger mehr verlangen», legt Lukian dem weisen Solon in den Mund, «als von so ansehnlichen Zuschauern gelobt und in ganz Griechenland berühmt, mit den Fingern gezeigt und für die Besten unter den Kameraden erklärt zu werden?»[211]

In der Tat: Bei der fast krankhaften Ehrsucht und dem egozentrischen Geltungsdrang griechischer Athleten konnte sich eine *fairplay*-Ideologie gar nicht erst herausbilden. Es ist anachronistisch, den modernen Fairneß-Begriff auf die griechische Antike zu übertragen – auch deswegen schon, weil er sich stark an Mannschaftswettbewerben orientiert, die im antiken Hellas die Ausnahme waren.

Ob es ein Nachteil war, daß die Griechen ein gänzlich anderes Sportethos entwickelten als das im 19. und 20. Jh. geltende Leitbild, mag jeder für sich beurteilen. Man sollte bei dieser Abwägung freilich nicht vergessen, daß sich zwischen der offiziellen, überwiegend von Sportfunktionären propagierten Olympia-Ideologie fair miteinander wettstreitender Athleten und der tatsächlichen Motivation und dem Verhalten gerade der Spitzenathleten eine erhebliche Kluft auftut, die auch durch Erklärungen nationaler und internationaler olympischer Komitees nicht geschlossen werden kann. Die aus dem Gegensatz zwischen Anspruch und Wirklichkeit des olympischen Gedankens resultierende Heuchelei hat es im Altertum nicht gegeben – zumindest nicht in Gestalt jener Bigotterie, die es einem so schwer macht, Verlautbarungen des IOC ernstzunehmen.

Die Griechen waren da einfach freier heraus. Sie bekannten sich zu ihrem Siegeswillen, ohne ihrer Egozentrik das Mäntelchen altruistischer *fair-play*-Gesinnung überzustülpen. Ein *fair-play*-Pokal als «Trostpreis» für Einzelne oder Mannschaften, die im Wettkampf selbst den ersten Platz verfehlt hatten? Griechische Sportler hätten mit verständnislosem Kopfschütteln auf eine solche «Zumutung» reagiert und sich eine derartige Ehrung entweder heftig indigniert oder leicht amüsiert verbeten.

Und natürlich hätte sich in Hellas kein Mensch über die «mangelnde Fairneß» eines Ben Johnson aufgeregt – höchstens darüber, daß er sich von den Hellanodiken beim Doping hätte erwischen lassen ...

Pax Olympica? – Wunschdenken contra Realität

Aufklärung: Nein, danke! – Der Wissenschaftler als Störenfried

Im Jahre 1980 boykottierte ein großer Teil der westlichen Länder die Olympischen Spiele in Moskau. Die Aufregung war groß, das Für und Wider solcher Boykott-Aktionen wurde breit in der Öffentlichkeit diskutiert, die Wellen der Polemik schlugen hoch. Ein geistiges Kind dieser Debatte war der sogenannte Hellas-Plan: die griechische Regierung regte an, die Olympischen Spiele fortan nur noch an der Stätte des antiken Olympia zu veranstalten. Als Lock-Angebot offerierte sie gleichzeitig, dem Austragungsort einen exterritorialen Rechtsstatus zu gewähren, um ihn auf diese Weise «unpolitisch» oder jedenfalls politisch weniger anfällig erscheinen zu lassen.

Das IOC konnte sich bekanntlich nicht dazu durchringen, diesen im Hinblick auf seine Praktikabilität nicht unproblematischen Vorschlag zu akzeptieren. Allerdings entzündete sich an diesem Plan ein heftiger Streit, der an Stammtischen ebenso ausgetragen wurde wie auf internationalen wissenschaftlichen Kolloquien. Das Klima, in dem dieser Diskussions- und Klärungsprozeß sich abspielte, war durch den Boykott natürlich erheblich belastet. Gleichwohl bedeutete es selbst in dieser gespannten Atmosphäre den Übergang zu einer neuen «Qualität» polemischen Umgangs miteinander, wenn da einer, der sich in der sportpolitischen Diskussion mit historischen Argumenten zu Wort gemeldet hatte, als

«Bombenleger» tituliert wurde, der darauf aus sei, «die Olympische Bewegung (zu) sprengen»[212].

Was war geschehen?

Manfred Lämmer, Leiter des Instituts für Sportgeschichte der Deutschen Sporthochschule Köln, hatte im Zusammenhang mit dem 11. Olympischen Kongreß 1981 in Baden-Baden einige Thesen zum sogenannten Olympischen Frieden in der Antike vorgelegt, in denen er Wesen und Funktion dieser Institution in quellenanalytisch sauberer Form untersucht und definiert hatte. Das Ergebnis dieser geschichtswissenschaftlichen Untersuchung war ernüchternd: es zeigte sich einmal mehr, daß die These überzeitlicher olympischer Werte zumindest in puncto Friedensidee nicht haltbar und die liebgewonnene Vorstellung von einem – für die Moderne zugleich als Verpflichtung angesehenen – allgemeinen «Olympischen Frieden» im Altertum ein zwar gut gemeintes Idealkonzept, aus historischer Sicht indes eine bloße Fiktion sei. Lämmers prägnantes Fazit: «Die Zukunft der Olympischen Spiele liegt nicht in ihrer Vergangenheit.»[213]

Das stand nun in diametralem Gegensatz zu dem, was gerade der Begründer der modernen Olympischen Spiele immer wieder – unter falscher Berufung auf das antike «Vorbild» – propagiert hatte: Olympia solle und könne einen wichtigen Beitrag zur Völkerverständigung und zum Weltfrieden leisten. «Die Olympischen Spiele feiern, heißt, sich auf die Geschichte berufen», äußerte Pierre de Coubertin einmal und konnte sich des beifälligen Nickens aller an der Förderung des Olympischen Gedankens Interessierten sicher sein, wenn er hinzufügte: «Sie ist es, die am besten den Frieden sichern kann.»[214]

Die Anwürfe gegen Lämmer kamen indes aus einer ganz anderen Ecke, aus einer, die jeder ideologiekritischen Aufklärung normalerweise sehr aufgeschlossen, wenn nicht euphorisch begegnet, solange es nicht die eigene Ideologie betrifft. Diejenigen, die den westdeutschen Sporthistoriker vehement attackierten, auf besonders raffiniert-tückische Weise («nämlich unter dem Deckmantel historischer Richtigstellung»[215]), die hehren olympischen Ideale torpedieren und den mit Olympia verbundenen Friedensgedanken in den Schmutz ziehen zu wollen, saßen im sozialistischen Lager: Es waren publizistische Sportfunktionäre der DDR und der UdSSR, die den wissenschaftlichen «Spielverderber» so heftig unter Beschuß nahmen – aus Ärger darüber, daß er radikal mit einem Klischee aufgeräumt hatte, das, zumindest in der damaligen aufgeregten Situation, so recht ins «internationalistische» sozialistische Konzept paßte: Gegen den aktuellen «Klassenfeind», der sich durch seinen Olympia-Boykott auch als Boykotteur des olympischen Friedensgedankens schlechthin entlarvt hatte, war jede Agitationshilfe recht, auch wenn man dabei «die Wertvorstellungen der (antiken) ‹Sklavenhalterepoche› als Vorbild beschwören» mußte[216]!

In der Zwischenzeit haben sich die Wogen wieder geglättet. Und schon im Jahre 1983, als Lämmer seine Forschungen zum sogenannten Olympischen Frieden zusammenfassend in einer Studie in der sporthistorischen Zeitschrift «Stadion» vorlegte, erhoben sich dagegen keine kritischen Stimmen. Kein Wunder: Seine soliden Ausführungen decken sich fast völlig mit den Ergebnissen, die andere Wissenschaftler teils unabhängig von ihm, teils in Kenntnis seiner Forschungen erzielt hatten.

«Kriegsferien» ohne programmatischen Anspruch

Für Fachleute steht seit langem fest, daß der Gottesfriede des antiken Olympia faktisch viel eingeschränkter und vor allem viel weniger ambitioniert war, als es der Wunschvorstellung des modernen Olympismus entspricht. In einer breiteren Öffentlichkeit hat sich indes die Kenntnis der nüchternen historischen Realität noch nicht so recht gegen das verklärende Wunschbild-Konzept unserer Tage durchzusetzen vermocht – nicht zuletzt, weil Politiker und Journalisten nicht müde werden, das schöne Klischee vom allgemeinen Olympischen Gottesfrieden immer wieder zu beschwören («Hier kämpft die Jugend der Welt friedlich um olympische Ehren, während sie gleichzeitig dort auf dem Schlachtfeld krepiert – wo bleibt da der antike Gedanke des Olympia-Friedens?»). Grund genug, um im Rahmen dieses Buches gegen solch einen geschichtsklitternden Mythos argumentativ anzukämpfen – nicht, um die Idee eines Olympischen Friedens zu kompromittieren, sondern um der von Peinlichkeit nicht freien Berufung auf falsche Vorbilder entschlossen entgegenzutreten: historische Legendenbildung kann und darf keine tragfähige Argumentationsinstanz sein!

Was da im Deutschen häufig anspruchsvoll als «Olympischer Frieden» oder «Gottesfrieden von Olympia» firmiert, wird im Griechischen auch rein sprachlich schon «eine Nummer kleiner» ausgedrückt: Die Griechen sprachen von der Ekecheiria (ἐκεχειρία). Im etymologischen Wörterbuch findet sich dafür die «Übersetzung»: «Zustand, in dem die Hände zurückgehalten werden»[217]. Während einer Ekecheirie hält man also die Hände von den Waffen zurück, das heißt es herrscht eine Waffenruhe, ein Waffenstillstand. In der englisch- und französischsprachigen Literatur ist deshalb zutreffend meist von *truce* oder *trêve* die Rede; es blieb den – für Ideologien offenbar anfälligeren – Deutschen vorbehalten, den olympischen «Waffenstillstand» zum «Frieden» aufzuwerten. «Eirene» (εἰρήνη), der Zustand des Friedens, die Friedenszeit als Abwesenheit von Krieg, findet sich an keiner Stelle in der griechischen Literatur als Begriff für die «Feuerpause», die unter dem Schutz des olympischen Zeus stand – ein eindeutiges Indiz dafür, daß man darunter nur ein temporäres Schweigen der Waffen verstand, eine Kriegspause, nicht aber den Eintritt eines Friedenszustandes.

Genauso steht es in der einzigen Definition von ἐκεχειρία, die aus der Antike überliefert ist. Sie findet sich bei dem römischen Schriftsteller Gellius, der im Zusammenhang mit der Begriffsklärung des lateinischen Wortes *indutiae* (Waffenstillstand) u. a. die Vorstellung von *belli feriae* («Kriegsferien»; «kriegsfreie Zeit») entwickelt und dann fortfährt:

«Die Griechen aber haben ein solches verabredetes Ruhen des Kampfes *(cessationem istam pugnae pacticiam)* treffender und prägnanter ἐκεχειρία genannt (...). Denn weil zu der Zeit nicht gekämpft wird und die Hände zurückgehalten werden, nannten sie es ἐκεχειρία» (also eben den «Zustand, in dem die Hände zurückgehalten werden»)[218].

Olympias Neutralität – Voraussetzung für den Erfolg der Spiele

Die olympische Ekecheirie wurde auf einen Vertrag zurückgeführt, den die Könige Iphitos von Elis und Kleosthenes von Pisa sowie der legendäre spartanische Gesetzgeber Lykurg bereits im 8. Jh. v. Chr. geschlossen haben sollen[219]. Die Eleer zeigten den Besuchern Olympias sogar stolz das Originaldokument, auf dem sich Iphitos und Lykurg auf Weisung des Delphischen Orakels zur Einrichtung einer Waffenruhe während der Olympischen Spiele verpflichten: Als fast 1000 Jahre altes Ausstellungsstück präsentierten sie den «Diskus von Olympia» mit einer altertümlichen Inschrift: «Nicht in geraden Zeilen geschrieben», erläutert Pausanias das Exponat, das er mit eigenen Augen gesehen hat, «sondern die Buchstaben laufen im Kreis um den Diskus herum»[220]. Auch Aristoteles, so erfahren wir aus einer anderen Quelle, habe sich den Diskus einst genau angeschaut und ihn als Beweis für die Geschichtlichkeit der Existenz des spartanischen Gesetzgebers Lykurg gewertet[221].

In der modernen Forschung wird die Echtheit des Diskus eher in Zweifel gezogen; er gilt der Mehrzahl der Historiker als eine Fälschung, die die Oberhoheit der Eleer über die Olympischen Spiele legitimieren sollte[222]. Gerade angesichts der zweifelhaften Historizität des Lykurg erscheint diese Skepsis berechtigt. Was die olympische Ekecheirie angeht, ergibt sich dadurch aber nur ein zeitliches, kein sachliches Problem. Fest steht, daß eine solche Verabredung über einen Waffenstillstand die unabdingbare Voraussetzung für den Aufstieg der Olympischen Spiele zu regional und schließlich gesamtgriechisch anerkannten Festspielen war. Ohne eine derartige Vereinbarung, daß die Waffen im zeitlichen Umfeld der Spiele schweigen mußten, wäre bei der Vielzahl der – häufig allerdings eng begrenzten – bewaffneten Konflikte zwischen einzelnen Städten auf der Peloponnes eine gefahrlose An- und Abreise der Athleten und Zuschauer nicht möglich gewesen. Eben das aber war die Voraussetzung dafür, daß man den Rahmen athletischer Agone auf rein lokaler Ebene überwand.

Elis selbst erhielt notwendigerweise einen neutralen Status. Das Gebiet wurde zur heiligen Zone des Zeus erklärt und entmilitarisiert: wer es mit Waffen betrat, stand unter dem Fluch des höchsten Gottes, ebenso derjenige, der sich nicht bereit fand, diese Neutralität gegen eine Invasion zu verteidigen. Eine *bewaffnete* Streitmacht durfte nicht durch Elis ziehen; Krieger, die das Land gewissermaßen im Transit durchqueren wollten, mußten ihre Waffen an der Grenze abgeben und konnten sie beim Verlassen des elischen Territoriums wieder in Empfang nehmen[223].

Den Eleern bekam ihre Neutralität offensichtlich recht gut. Sie lebten lange Zeit in tiefstem Frieden, verzichteten sogar darauf, ihre Hauptstadt mit einer Mauer zu schützen, und brachten es zu einem Wohlstand, der in Hellas seinesgleichen suchte[224]. Der Lebensstandard der elischen Bevölkerung war vergleichsweise hoch, ebenso ihre Zufriedenheit mit den politischen Verhältnissen in ihrem Staat. Der Historiker Polybios sieht als Ursache für diese Stabilität und Prosperität «vor allem den religiösen Schutz, unter dem sie leben. Denn um der Olympischen Spiele willen haben ihnen die Griechen die Heiligkeit und Unverletzlichkeit ihres Landes zugestanden, so daß sie ein Leben führen frei von Kriegsnöten und -gefahren»[225].

Die Kehrseite dieses angenehmen Lebens unter dem Schutz der Ekecheirie war freilich eine große Verletzlichkeit, wenn nicht völlige Schutzlosigkeit der Eleer für den Fall, daß ein anderer Staat ihre Neutralität nicht respektierte. Das kam selten vor – insofern funktionierte die Ekecheirie relativ gut –; aber für den Fall der Fälle benötigten die Eleer eine Schutzmacht, die die Ekecheirie notfalls mit Waffengewalt verteidigte. Diese Rolle übernahm, wie angesichts seiner dominierenden Stellung im archaischen Griechenland nicht anders zu erwarten, Sparta – daher vermutlich die «Unterschrift» des Lykurg auf dem Diskus, der die Unantastbarkeit Olympias besiegelte.

Bis auf eine Ausnahme brauchten die Eleer auf die spartanische Hilfszusage nicht zurückzugreifen. Die gravierendste Verletzung der elischen Neutralität in archaischer Zeit ereignete sich in der Mitte des 7. Jh. Damals besetzte Pheidon von Argos den heiligen Hain von Olympia und richtete zusammen mit den Pisaten, die damit ihren alten Anspruch auf die Leitung der Festspiele untermauerten, die Olympischen Spiele aus. Elis wandte sich mit einem Hilfsersuchen an die Garantiemacht Sparta, stellte zudem aber auch eigene Truppen auf, die fortan die Unverletzlichkeit der heiligen Stätte schützen sollten. Der kombinierten elisch-spartanischen Streitmacht gelang es, die argivischen Besatzungsstreitkräfte wieder zu vertreiben. Die während der Okkupation abgehaltenen Spiele erklärten die Eleer nachträglich für null und nichtig[226].

Weitere Interventionen der Spartaner waren in der Folgezeit nicht nötig, weil die Unantastbarkeit des elischen Staatsgebietes fortan respektiert wurde – bis zu dem Krisenjahr 420 v. Chr., als sich viele sorgten, daß ausgerechnet die Schutzmacht Sparta die Neutralität Olympias verletzen könne. Doch dazu weiter unten!

Ekecheirie – Schutzkorridor durch Kriegswirren

Mochten die Eleer unter dem dauerhaften Schutz ihrer Neutralität auf einer Insel der Seligen inmitten eines von Spannungen und Kriegshandlungen stets aufgewühlten Unruhe-Ozeans leben, so stellte diese Enklave des Friedens zwar eine notwendige, aber noch keine hinreichende Bedingung für einen geregelten Ablauf der Olympischen Spiele dar. Wie konnte man sicherstellen, daß Olympia alle vier Jahre für einige Wochen zum Magneten für Athleten und «Schlachtenbummler» wurde, dessen Anziehungskraft auf den *gesamten* griechischen Kulturkreis ausstrahlte? Die Antwort darauf war: Es mußte eine Art Schutzkorridor geschaffen werden, in dem allen Festbesuchern freies Geleit zugesichert wurde.

Eben das war die Funktion der Ekecheirie, die sich historisch möglicherweise aus einer zeitlich begrenzten Kampfespause entwickelt hat, in der verfeindete Parteien gefahrlos ihren Pietätspflichten gegenüber den eigenen Gefallenen nachkommen konnten: Bergung und Bestattung der Toten sowie in einer späteren Phase Leichenspiele, zu denen dank des vereinbarten Waffenstillstandes auch mittelbar Beteiligte ohne Risiko anreisen konnten[227]. Man hielt also zu einem genau definierten Zweck und innerhalb einer von vornherein festgelegten Zeitspanne die Hände von den Waffen fern. Als Schutz- und Sanktionsmechanismus diente der von allen «Unterzeichnern» geleistete Schwur: Dadurch kamen die Götter ins Spiel, die im Falle eines Meineides als Rächer auf den Plan treten sollten.

Das Verfahren, die olympische Ekecheirie auszurufen, war aufwendig, aber im ganzen effizient: Nachdem zunächst in Olympia selbst der kultische Waffenstillstand ausgerufen worden war, schwärmten von dort Festboten (ϑεωϱοί; theoroi) aus, die in den größeren Städten und Kultzentren der griechischen Welt die Ekecheirie verkündeten. Durch die Zelebrierung eines gemeinsamen Opfers erklärten die anderen Staaten dann ihren offiziellen Beitritt zur olympischen Festgemeinschaft. Niemand war gezwungen, sich diesem «Vertrag», der alle vier Jahre neu geschlossen wurde, anzuschließen. In der Praxis ist allerdings aufgrund des großen Ansehens der Olympischen Spiele kein Fall bekannt, daß eine Polis sich der Anerkennung der olympischen Ekecheirie verweigert hätte.

Worin bestand der «Vertrag», der unter dem Schutz des olympischen Zeus stand? Jeder Staat, der die Ekecheirie beschworen hatte, garantierte die Sicherheit aller, die als Sportler, Zuschauer oder Angehörige einer staatlichen Festdelegation nach Olympia reisten. Er erkannte deren Immunität ebenso an wie die Unverletzlichkeit der Kultstätten selbst – und zwar für die Dauer von mindestens drei, wahrscheinlich aber von vier Monaten[228]. In älterer Zeit, als die Olympischen Spiele noch ein regional begrenztes Fest waren, galt die Ekecheirie zunächst nur einen Monat lang. Je weiter die Wege wurden, die Touristen und Athleten zurücklegen mußten, um an den Alpheios und wieder zurück in ihre Heimat zu gelangen, um so länger mußte die Ekecheirie ausgedehnt werden; immerhin reisten ja viele Besucher aus Sizilien, Kleinasien und dem Schwarzmeergebiet an.

Der olympische Waffenstillstand bezog sich ausdrücklich nur auf den Schutz von Elis und Olympia einerseits sowie sämtliche Festspielbesucher auf ihrer Hin- und Rückreise andererseits. Keineswegs war er ein für ganz Griechenland ausgerufener Frieden, der zur Einstellung aller kriegerischen Konflikte für die Dauer von vier Monaten geführt hätte. So kam es durchaus vor, daß anderswo in Griechenland gekämpft wurde, während die Athleten ihre Kräfte im heiligen Hain am Alpheios in friedlichem Wettstreit maßen. Auf Konflikte, welche die Olympischen Spiele mittelbar oder unmittelbar nicht berührten, hatte der Schwur keinerlei Einfluß – er band eine Polis ja nur insoweit, wie sie als Teil der olympischen Festgemeinde fungierte.

Wie die Einhaltung der Ekecheirie kontrolliert wurde und sich Olympia-Besucher von anderen Reisenden abgrenzen ließen, ist nicht überliefert. Robert Muth denkt daran, daß die Athleten und ihre «Schlachtenbummler» aus den einzelnen Städten die Wege nach und von Olympia in geschlossenen Gruppen zurückgelegt haben könnten; dann wären sie sicher als Reisegesellschaft zu erkennen gewesen, von der man auch beim Durchzug durch Feindesland «die Hände zurückhielt», wenn man sich nicht gegen den eigenen Schwur versündigen wollte[229]. Das mag seit dem 5. Jh. die Regel gewesen sein; allerdings hören wir auch von individuellen Anreisen. In solchen Fällen genügte es wahrscheinlich, den Zweck der Reise plausibel zu machen, um vor Übergriffen sicher zu sein – zumal ja Einzelreisende auch keine Bedrohung für ein fremdes Territorium darstellten.

Ideologisierung des Pragmatischen – gut gemeint, aber historisch falsch

Im übrigen war die olympische Ekecheirie zwar die bekannteste und am meisten respektierte, aber keineswegs die einzige ihrer Art. Auch zugunsten der anderen großen panhellenischen Festspiele wurde ein Waffenstillstand ausgerufen, und selbst minder bedeutende Sportfeste kannten diese Schutzinstitution. Es mag sich zynisch anhören, muß aber dennoch als Argument gegen die weitverbreitete Vorstellung einer allumfassenden *Pax Olympica* ins Feld geführt werden: wenn solche kultischen Ekecheirien stets einen allgemeinen, in ganz Hellas gültigen Frieden zur Folge gehabt hätten, so hätten die Griechen kaum noch Zeit gehabt zum Kriegführen. Die Zeit der Kriegführung war nämlich im Altertum weitgehend auf das Sommerhalbjahr beschränkt – und allein schon die olympische Ekecheirie hätte mit ihrer viermonatigen Dauer in jedem vierten Jahr den größten Teil dieses Zeitraumes «blockiert», von weiteren vorangehenden und folgenden Ekecheirien ganz zu schweigen![230]

Derartige Rechenbeispiele wirken heutzutage in ihrer kalkulatorischen Kälte abstoßend, ja inhuman – hauptsächlich allerdings deswegen, weil wir aufgrund einer hundert Jahre alten verfälschten Idealisierung des sogenannten Olympischen Friedens viel zu hohe Ansprüche an diese Institution stellen (ohne sie auf der anderen Seite selbst einlösen zu können). Die Griechen waren da viel nüchterner und pragmatischer: Krieg gehörte, das war ihre Erfahrung, zu ihrem Leben, ob sie es wollten oder nicht. Krieg aber wirkte sich störend oder gar lähmend auf die Durchführung eines großen Festspiels aus. Also mußte man sich etwas einfallen lassen, um diese beiden einander widerstreitenden Erfahrungen unter einen Hut zu bringen. Der Kompromiß, der bei diesem sachlichen Abwägen herauskam, war eben die Ekecheirie. Sie war zugeschnitten auf das eigentliche Konfliktfeld – ein reines Provisorium, wenn man so will, kein hochfliegender Lösungsversuch zu prinzipieller Konfliktbewältigung. Eben das ist es jedoch, was die moderne olympische Bewegung auf ihre Fahnen geschrieben hat: sie will viel grundsätzlicher zu einem friedlichen Miteinander der Völker beitragen, sie will die Olympischen Spiele in positivem Sinne instrumentalisieren, um eine bessere Welt mit weniger Konflikten und Kriegen zu schaffen. Eine hehre und aller Anstrengungen werte Vision zumal in einer Welt, in der Krieg ganz andere Dimensionen angenommen hat als im ständigen Wechselspiel von Mit- und Gegeneinander der griechischen Poliswelt – womit Grausamkeit und Inhumanität des Krieges auch im Altertum keineswegs verharmlost werden sollen.

Gleichwohl taugt die olympische Ekecheirie nicht als Vorbild für solche viel weiter gespannten Hoffnungen; eine derartige historische Patenschaft gibt sie gewissermaßen von ihrem ideologischen Gehalt einfach nicht her.

Sie war ein probates Instrument temporärer Konfliktregelung, nicht mehr und nicht weniger. Ein Instrument, das gerade deshalb im allgemeinen gut funktionierte, weil es der Kompromißbereitschaft der einzelnen Parteien nicht zu viel abverlangte; eine Konvention, die Augenmaß und Realitätsbezug erkennen ließ und deshalb auch von denen akzeptiert werden konnte, denen sie in einer konkreten Situation eher ungelegen kam. Gesetze, das lehrt auch moderne Erfahrung, werden dann besonders respektiert, wenn sie in ihrer Funktion einsichtig und die ihnen zugrunde liegenden Normen in der Gesellschaft anerkannt sind. Die kultische Ekecheirie war ein solches Gesetz – Thukydides bezeichnet sie an einer Stelle ausdrücklich als 'Ολυμπικὸς νόμος, als ein «Olympisches Gesetz»[231].

Man tut gut daran, sich dieses Wesen einer Ekecheirie zu vergegenwärtigen. Das ist die beste Garantie dafür, die Institution gewissermaßen mit den Augen der Griechen – und damit historisch – zu sehen; und zugleich der beste Schutz davor, diese Idee zu «hoch zu hängen». Die Versuchung dazu ist wegen der religiösen Implikationen groß. Das Attribut «heilig», das häufig mit dem «Olympischen Frieden» in einem Atemzug genannt wird, rückt die Ekecheirie in eine Sphäre, in der sie der Profanität gänzlich entrückt und damit viel weniger pragmatisch erscheint, als sie es im Bewußtsein der Griechen war. So «heilig» war sie nicht, daß es in der Geschichte der Olympischen Spiele – und zwar auch in der Epoche, als die griechische Poliswelt noch heil war oder zumindest erschien – keinerlei Übertretungen und Verletzungen des Waffenstillstandes gegeben hätte. Und auch die Eleer, «das heilige Volk» des Zeus (Strabo[232]), waren keineswegs so heilig, daß sie nicht hin und wieder der Bürde ihrer Heiligkeit überdrüssig geworden wären und sich in machtpolitische und militärische Eskapaden gestürzt hätten. Solche Verstöße wider den Geist oder den Buchstaben der olympischen Ekecheirie wollen wir im folgenden etwas genauer unter die Lupe nehmen.

Unheiliges im «heiligen Elis» – Der Sündenfall der elischen Politik und der Eklat des Jahres 420 v. Chr.

Im Jahre 431 v. Chr. brach der Peloponnesische Krieg aus. In dem großen griechischen Bruderkrieg standen sich Sparta und Athen als Hauptkontrahenten gegenüber. Beide Mächte hatten indes auch ihre jeweiligen Bundesgenossen mobilisiert. Nur wenigen Staaten gelang es, in dem Konflikt neutral zu bleiben, so u. a. Elis, das sich zunächst wie gewohnt aus dem Krieg heraushielt, der in ganz Hellas tobte.

Zehn Jahre später endete die erste Phase des Krieges. Der 421 v. Chr. geschlossene Frieden hatte jedoch nicht lange Bestand. In Athen setzte sich die spartafeindliche Partei unter Führung des schillernden Alkibiades durch; es war nur eine Frage der Zeit, bis die Feindseligkeiten wieder ausbrechen würden. In der Zwischenzeit entfaltete Athen eine hektische diplomatische Aktivität mit dem Ziel, eine möglichst breite Koalition gegen Sparta zustande zu bringen. Besonders wichtig war es für die Athener, auf der Peloponnes Verbündete zu gewinnen – als tiefer Stachel sozusagen im spartanischen Fleisch. Das gelang: im Frühsommer des Jahres 420 v. Chr. wurde ein Nichtangriffs- und Beistandspakt auf 100 Jahre zwischen Athen und einigen peloponnesischen Mächten geschlossen, und zu den neuen Partnern Athens gehörten fortan neben Argos und Mantineia auch die Eleer[233].

Was Elis damals zu dieser Kehrtwendung – der Abkehr von seiner jahrhundertelang praktizierten strikten Neutralität – veranlaßt hat, ist nicht überliefert. Möglicherweise hielten es die Eleer für ausgeschlossen, daß sie ihren neutralen Status in einem so stark polarisierten Klima weiterhin aufrechterhalten könnten, sobald es wieder zu militärischen Konfrontationen komme. Über Spekulationen kommt man in dieser Frage jedoch nicht hinaus[234].

Sparta reagierte rasch auf die Herausforderung. Das Bündnis zwischen Elis und Athen bedrohte die Nordwestflanke des spartanischen Staatsgebietes. Die Spartaner nahmen deshalb zu einem Präventivschlag Zuflucht und marschierten in den Süden von Elis, die fruchtbare Landschaft Triphylien, ein. Dort besetzten sie die Stadt Lepreon und die Festung Phyrkos.

Diese Militäraktion führte zu der gefährlichsten Krise, die die Olympischen Spiele seit langer Zeit bedrohte. Nicht weil die Spartaner durch ihr Eindringen auf das Gebiet des Gegners die Unantastbarkeit des «heiligen» Elis verletzt hätten! Sie war ja fest an die Neutralität von Elis gebunden – und die hatten die Eleer durch ihren Beitritt zum antispartanischen Bündnis eindeutig aufgegeben. Die elische Regierung hat denn auch gar nicht erst versucht, Sparta wegen eines angeblichen Verstoßes gegen den gewissermaßen territorialen Bestandteil der traditionellen Ekecheirie an den gesamtgriechischen Pranger zu stellen.

Wohl aber beschuldigten die Eleer Sparta, den «Olympischen Frieden» im Hinblick auf den Faktor Zeit gebrochen zu haben: Die Ekecheirie sei bereits feierlich verkündet gewesen, bevor die Spartaner in Lepreon einmarschiert seien. Als Strafe erlegten sie ihnen 2000 Minen auf – pro Krieger zwei Minen, wie es der einschlägige Sanktionskatalog des «olympischen Gesetzes» offenbar vorsah. Erst wenn sie diese Buße bezahlt und ihre Truppen aus Südelis zurückgeführt hätten, dürften die Spartaner an den kurz bevorstehenden Opfern und Wettkämpfen in Olympia teilnehmen, beschieden die elischen Boten die spartanischen Beamten[235].

Die Spartaner weigerten sich jedoch, diesen Forderungen nachzukommen. Sie konterten mit einem sehr aufschlußreichen Argument. Zwar bestritten sie nicht, daß die Ekecheirie im Zeitpunkt ihrer Militäraktion *in Elis* bereits ausgerufen gewesen sei, «in Sparta aber sei der Waffenstillstand noch nicht verkündet gewesen, als sie ihre Schwerbewaffneten losgeschickt hätten»[236].

Die Festboten waren offensichtlich gerade auf dem Wege nach Sparta und in die anderen bedeutenden Städte Griechenlands, als die spartanische Besetzung von Lepreon und Phyrkos erfolgte.

Da der Zeitpunkt des Olympischen Festes feststand, kann bei der spartanischen Aktion kaum Zufall im Spiele gewesen sein. Die Spartaner wußten genau, daß die Festboten aus Elis in allernächster Zukunft bei ihnen erscheinen und mit ihnen gemeinsam das obligatorische Ekecheirie-Opfer darbringen würden. Auch daß für

Elis bereits einige Tage früher der Waffenstillstand ausgerufen wurde, war ihnen klar – das Ritual wiederholte sich ja alle vier Jahre aufs neue. Es war also ein taktisches Kalkül, für den Angriff genau die zeitliche Lücke zu nutzen, die zwischen der Verkündung der Ekecheirie am Alpheios und am Eurotas lag. «Juristisch» gesehen mochte dieses Finassieren noch in eine sanktionsfreie Grauzone fallen, mit dem Geist des olympischen Waffenstillstandes vertrug sich das listige Vorgehen der Spartaner gewiß nicht.

So argumentierten auch die Eleer: während sie sich selbst völlig arglos unter dem Schutz der Ekecheirie gewähnt hätten, hätten die Spartaner hinterrücks zu ihrem überraschenden Coup ausgeholt, der die elische Bevölkerung gänzlich unvorbereitet getroffen habe.

Sparta stellte sich indes weiter taub, und das veranlaßte die Eleer dazu, einen recht unwürdig anmutenden Verhandlungspoker zu beginnen. Zunächst boten sie den Spartanern den Erlaß der Geldbuße an, wenn sie Lepreon wieder räumten. Die Hälfte der 2000 Minen, die dem olympischen Zeus zustünden, würden sie aus ihrer eigenen Staatskasse anstelle der Spartaner zahlen, boten sie an. Als Sparta darauf nicht einging, unterbreiteten die Eleer einen weiteren Kompromißvorschlag «zur Güte»: Sparta brauche sich aus den besetzten Gebieten in Südelis nicht zurückzuziehen, aber spartanische Gesandte müßten an den Altar des olympischen Zeus treten und dort «vor allen Hellenen schwören, daß sie die Geldbuße später auf jeden Fall bezahlen würden». Nur so stehe ihnen der Zugang zu den bald beginnenden Spielen offen. Sollten sie auch dieses Angebot ablehnen, so werde die 90. Olympiade ohne spartanische Athleten stattfinden[237].

Diese diplomatischen Aktivitäten im Vorfeld der Spiele von 420 v. Chr. lassen sich auch nicht gerade als Hommage an den Geist des olympischen Waffenstillstandes interpretieren. Im Gegenteil: die Eleer setzten die Ekecheirie ganz zielstrebig als Waffe im Propaganda-Krieg gegen Sparta ein. Wenn es ihnen schon nicht gelang, ihre eigenen territorialen Ansprüche unter Berufung auf Spartas angebliche Verletzung der Ekecheirie durchzusetzen – der Hüter des «olympischen Gesetzes» war ja nach Aufgabe seiner politischen Neutralität auch Partei! –, dann wollten sie wenigstens einen propagandistischen Teilerfolg erzielen: als Preis für die Zulassung zu den Spielen sollte der spartanische Gegner die Demütigung in Kauf nehmen, gewissermaßen vor den Augen ganz Griechenlands an den Altar des olympischen Zeus zu treten und sein Unrecht einzugestehen.

Die Eleer mißbrauchten damals die Ekecheirie, um massiven Druck auf einen Gegner auszuüben. Das Unheilvolle dabei war die Verquickung ihrer eigenen politisch-militärischen Interessen mit ihrer Funktion als Garanten der olympischen Ordnung – ein Rollenkonflikt, in dem sie das Sanktionsinstrumentarium, über das sie in ihrer Eigenschaft als zu strikter Neutralität verpflichtete «Stellvertreter des Zeus» verfügten, bedenkenlos zur Durchsetzung egoistischer Ziele einsetzten. Der eigentliche «Sündenfall» war dabei die Aufnahme von Verhandlungen. Denn entweder hatten sich die Spartaner eines Bruchs der Ekecheirie schuldig gemacht, und dann hatten sie sich dem Urteilsspruch der Hellanodiken ohne Wenn und Aber zu beugen. Oder es lag eben keine Verletzung des olympischen Waffenstillstandes vor, und dann hatten die Eleer es zumindest in ihrer Rolle als Ausrichter der Spiele klaglos hinzunehmen, daß sie eine militärische Schlappe erlitten hatten. Nach dem Ende der Ekecheirie stand es ihnen dann ja frei, die Spartaner mit politischen oder militärischen Mitteln wieder aus Südelis zu vertreiben. Der olympische Eid aber durfte eben nicht der Hebel sein, um diesem Ziel näherzukommen.

Verhandlungen, die über wechselseitige Zugeständnisse einen Kompromiß zu erreichen suchen, sind ein klares Indiz dafür, daß es um den Ausgleich unterschiedlicher Interessen geht. Die Ekecheirie sozusagen als Trumpf bei solchen Verhandlungen auszuspielen, spricht nicht gerade für eine große Achtung vor dieser Institution.

Der ganze Streit des Jahres 420 v. Chr. war kein Ruhmesblatt – weder für die Spartaner, die sich mit fadenscheinigen Argumenten einer offensichtlichen Lücke im Prozedere der Ausrufung des Waffenstillstandes bedienten, noch gar für die Eleer, die im diplomatischen Poker kaltblütig die «kultische Karte» zogen. Auf der Strecke blieb dabei der Respekt vor dem angeblich so hochgeschätzten olympischen «Gottesfrieden» – eine unmißverständliche Warnung davor, die Bedeutung der «heiligen» Ekecheirie aus modernem Wunschdenken heraus zu überschätzen.

Die Schutzmacht als Bedrohung des «Olympischen Friedens» – Spartas Reaktion auf den Ausschluß von den Spielen

Der Eklat des Jahres 420 hatte übrigens ein ganz bezeichnendes Nachspiel. Der erste Akt war in seiner Folgerichtigkeit zu erwarten: da Sparta keine Reue zeigte, wurde es tatsächlich von der Teilnahme an der 90. Olympiade ausgeschlossen. Die atmosphärischen Belastungen, die sich aus dieser Entscheidung der Hellanodiken ergaben, waren enorm: über den Wettkämpfen des Jahres 420 lag eine dunkle Wolke. Viele fürchteten, die Spartaner würden nun versuchen, ihr «Recht» mit Gewalt durchzusetzen, und militärisch in Olympia intervenieren, um ihre Athleten auf diese Weise doch noch an den Start zu bringen. Wider Erwarten blieb indes alles ruhig – selbst als der Skandal um den Spartaner Lichas aufflog, der sich unter einer falschen Herkunftsangabe ins olympische Wagenrennen eingeschlichen hatte[238]. So erfreulich es für den Gedanken der Waffenruhe war, daß die Spartaner trotz allem «ihre Hände zurückhielten» – die an Hysterie grenzende Furcht vor einer bewaffneten spartanischen Intervention während der Spiele zeigt deutlich, wie wenig Wirkung in einer zugespitzten Situation sich viele Zeitgenossen von der olympischen Ekecheirie versprachen.

Der zweite Akt folgte erst nach knapp zwei Jahrzehnten. Ob die Spartaner an den Olympischen Spielen der Jahre 416 bis 404 v. Chr. teilnehmen durften, ist in der Forschung umstritten; eindeutige Belege für die Anwesenheit spartanischer Athleten in Olympia fehlen jedenfalls für diese Zeit. Im Jahre 404 v. Chr. ging der Peloponnesische Krieg mit der Niederlage Athens zu Ende. Im Hochgefühl ihres Sieges gingen die Spartaner in den nächsten Jahren daran, einige noch offene Rechnungen mit einstigen Verbündeten Athens zu begleichen. So auch mit Elis, das sich ja im Jahre 420 auf die Seite Athens geschlagen hatte. Der Groll gegen die Eleer saß tief; der schmachvolle Olympia-Ausschluß und die demütigende Behandlung des Lichas waren noch nicht vergessen. Die spartanische Führung entschloß sich deshalb, die Eleer, wie Xenophon es ausdrückt, «zur Raison zu bringen». Man könnte auch übersetzen: «ihnen eine Lektion zu erteilen».[239]

Konkret bedeutete das: ein spartanisches Heeresaufgebot marschierte in Elis ein. Der Widerstand der Eleer brach nach einiger Zeit zusammen; sie hatten dem Vormarsch der spartanischen Truppen unter Führung des Königs Agis bald nichts mehr entgegenzusetzen. Der zog mit seinem Heer plündernd und brandschatzend durchs Land und machte dabei «unvorstellbar große Beute». In Olympia angekommen, übte Agis für die Schmach von 420 Vergeltung, indem er dort dem olympischen Zeus opferte. «Und diesmal», kommentiert Xenophon lapidar, «versuchte niemand mehr, ihn daran zu hindern»[240].

Als Verlierer des Krieges (402–400 v. Chr.) mußten die Eleer nicht nur einen Teil ihres Territoriums aufgeben, sondern den Spartanern auch Genugtuung für das an ihnen begangene «Olympia-Unrecht» leisten: sie räumten den Spartanern ausdrücklich das Recht ein, in Olympia zu opfern und an den Spielen teilzunehmen – das öffentliche Eingeständnis, daß sie im Jahre 420 widerrechtlich Sanktionen gegen die peloponnesische Vormacht verhängt hatten. Die großzügige Gegenleistung der Sieger bestand darin, daß sie den Eleern die Leitung und Verwaltung des olympischen Heiligtums und seiner Spiele auch für die Zukunft zugestanden – obwohl es durchaus andere Bewerber für diese prestigeträchtige Aufgabe gab, die den Spartanern indes zu «bäurisch» dafür erschienen[241].

Waffenklirren in der Altis – Olympia-Besucher als Zuschauer beim Ernstfall

Ein knappes halbes Jahrhundert später kannten die Arkader keine Hemmungen mehr, den Eleern die Agonothesie (Festspielleitung) streitig zu machen. Auch der Respekt vor der Ekecheirie erreichte damals einen absoluten Tiefpunkt; und zwar nicht nur bei den Arkadern, sondern überraschenderweise auch bei den Eleern, die sich stets in ihrer Funktion als «verlängerter Arm» des olympischen Zeus als deren traditionelle Hüter verstanden hatten ...

Wie kam es zu dieser schwersten Verletzung des olympischen Waffenstillstandes im Jahre 364 v. Chr.? Vorangegangen waren die Gründung eines arkadischen Bundesstaates und die Einverleibung des südlichen Elis sowie die Schaffung eines pisatischen Vasallenstaates, der zwar nominell autonom, tatsächlich aber eine Marionette der erstarkten Arkader war. Auch Olympia stand seit 365 unter arkadischer Besetzung. Die Arkader hatten sich dort auf dem Kronos-Hügel verschanzt; eine ständige Besatzung sicherte ihre Herrschaft über Olympia[242]. Noch unerhörter als die Okkupation der heiligen Stätte durch eine fremde Macht war die Hemmungslosigkeit, mit der sich der arkadische Kommandant des olympischen Tempelschatzes bediente: er finanzierte daraus die Söldner, mit deren Hilfe die Arkader ihre Großmachtgelüste zu befriedigen versuchten[243].

Zusätzliche Brisanz ergab sich dadurch, daß im nächsten Jahr die Feier der Olympischen Spiele auf dem Kalender stand. Für die Besatzer kein Problem: Sie verstärkten ihre in Olympia stationierten Truppen und übernahmen selbst im Verein mit den Pisaten, die aus historischen Gründen ohnehin die Festspielleitung für sich reklamierten, die Organisation der Spiele. Alles verlief zunächst programmgemäß: die Ausrufung des olympischen Waffenstillstandes, die Anreise der Teilnehmer und Zuschauer und die Durchführung der ersten Wettbewerbe.

Dann aber überschlugen sich die Ereignisse. Die Eleer hatten sich entschlossen, nicht mehr in ohnmächtiger Wut zu verharren und dem aus ihrer Sicht skandalösen Treiben tatenlos zuzusehen. Ihre Antwort auf die arkadisch-pisatische Provokation: Sie setzten Truppen in Marsch – und das mitten im tiefsten olympischen «Frieden», just zu dem Zeitpunkt, da die Wettkämpfer im heiligen Hain um den begehrten Olivenzweig stritten ...[244].

Das elische Aufgebot rückte auf der Straße zwischen Elis und Olympia vor. Sobald in Olympia Alarm ausgelöst wurde, bezogen die arkadischen Verteidiger ihre Stellungen. Für eine Abwehr der Angreifer außerhalb des Heiligtums war es zu spät; die Eleer standen bereits im heiligen Bezirk. Und so trat die denkwürdige Situation ein, daß die Altis erstmals zum Schauplatz einer erbitterten militärischen Auseinandersetzung wurde. Nach einem unerwarteten Anfangserfolg wurden die elischen «Invasoren» allmählich zurückgedrängt. Wie sich das dramatische Geschehen mitten im Herzen der heiligen Stätte abspielte, schildert Xenophon:

«Nachdem die Eleer bei ihrer Verfolgung bis in den Raum zwischen dem Buleuterion (Ratshalle), dem Heiligtum der Hestia und dem daran anstoßenden Theater vorgedrungen waren, kämpften sie zwar noch immer mit derselben Schlagkraft und drängten ihre Gegner bis zum Altar zurück, aber da sie nun von den Dächern der Hallen, des Ratsgebäudes und des großen Tempels herab beschossen wurden und dabei selbst zu ebener Erde kämpfen mußten, wurden manche Eleer getötet (...). Nach diesem Kampf zogen sie sich in ihr eigenes Heerlager zurück.»[245]

Es müssen sich damals in der Altis unbeschreibliche Szenen abgespielt haben; Szenen, die die Würde des Ortes zutiefst verletzten und der olympischen Ekecheirie Hohn sprachen. Diodor malt die Perversität der Situation wirkungsvoll aus, indem er die Perspektive der normalen Olympiabesucher in seine Schilderung einbezieht: die Zuschauer, die nach Olympia geströmt waren, um wie üblich den friedlichen Wettstreit der Athleten zu verfolgen, wurden nun zu unfreiwilligen Zeugen der erbitterten Kämpfe in der Altis. Da saßen sie nun zu Tausenden, festlich gekleidet mit Kränzen auf ihren Köpfen, und «applaudierten in aller Ruhe dem tapferen Verhalten beider Seiten, während sie selbst gefahrlos zuschauten ...»[246].

Eine wahrhaft gespenstische Szenerie, die sich den unbeteiligten Betrachtern darbot – unabhängig davon, ob Diodor der Lebendigkeit seiner Darstellung durch ein paar ausschmückende Details von etwas fragwürdiger Historizität nachgeholfen hat!

Der Vorstoß der elischen Truppen wurde nach einiger Zeit von den arkadischen «Verteidigern» des olympischen Heiligtums zurückgeschlagen. Die Eleer zogen sich in ihre Hauptstadt zurück, und die Olympischen Spiele wurden nach dem kriegerischen Intermezzo ganz «regulär» weitergeführt.

Ehrenrettung der Ekecheirie – Die 104. Olympiade fand offiziell nie statt

Nach dem Fest meldeten sich freilich im Lager der Arkader und ihrer Verbündeten vermehrt kritische Stimmen. Insbesondere die schamlose Selbstbedienung aus der olympischen Tempelkasse verursachte einigen Nachdenklichen Skrupel. Und allmählich dämmerte es den Arkadern, daß sie sich mit einer dauerhaften Okkupation Olympias selbst keinen Gefallen taten – allzusehr lastete denn doch, ob ausgesprochen oder nicht, der Vorwurf gottlosen Frevels auf ihnen. Wenn sie aus Olympia wieder abzögen, «würden sie», gibt Xenophon ihre Überlegungen lakonisch wieder, «dem Gott wohl einen größeren Gefallen erweisen».[247]

Daß die Eleer damit einverstanden waren, verwundert nicht. Also kam man überein, Frieden zu schließen, und die arkadischen Besatzungstruppen zogen sich aus der heiligen Stätte zurück. Der Spuk war, so schien es, vorbei.

Es spricht nicht gerade für eine besondere Achtung der Ekecheirie auf seiten aller Beteiligten, wenn erst nach dem schlimmsten Bruch, der ihr im Laufe der Geschichte widerfuhr, Einsicht und Kompromißbereitschaft die Oberhand gewannen. Daran änderte auch die Notmaßnahme nichts, zu der die Eleer als in ihr Recht wiedereingesetzte Agonotheten griffen, um den von ihnen zu verantwortenden Bruch des olympischen Waffenstillstandes aus kultisch-juristischer Sicht ungeschehen zu machen: sie erklärten die 104. Olympiade des Jahres 364 v. Chr. kurzerhand für null und nichtig, da sie «gewaltsam und widerrechtlich durchgeführt worden sei»[248].

Aufruf zur Gewalt – «Schwanengesang» eines gefeierten Olympiabesuchers?

Neben den beiden spektakulärsten Verletzungen der Ekecheirie, die auf den letzten Seiten geschildert worden sind, kam es im 5. und 4. Jh. v. Chr. zu einer Reihe kleinerer Zwischenfälle, die den olympischen «Frieden» zeitweise störten. So war es zumindest mit dem Geist einer Ekecheirie nicht vereinbar, wenn Themistokles, der strahlende Sieger der Perserkriege, im Jahre 476 v. Chr. seine gewaltige Popularität dazu mißbrauchte, heftig gegen den syrakusanischen Tyrannen Hieron I. zu agitieren. Dieser hatte sich an der Abwehr der Perser nicht beteiligt, und das reichte nach Auffassung des Themistokles aus, ihn von den Olympischen Spielen auszuschließen. «Wer bei der größten Gefahr nicht dabei gewesen ist, dürfe auch an den Festlichkeiten nicht teilnehmen», polterte der athenische Politiker – und forderte die Festversammlung auf, das Luxuszelt des Tyrannen in Stücke zu reißen und sein Gespann am Start zu hindern[249].

Die Hellanodiken verhinderten damals einen Skandal. Aber wie sehr Themistokles, Ekecheirie hin, olympisches Reglement her, die Stimmung einer Mehrheit unter den Festspielgästen getroffen hatte, zeigt noch die Bewertung des Vorfalls durch einen modernen Themistokles-Bewunderer: «Diese seine Worte waren aber gleichsam der Schwanengesang aus dem Mund eines großen Griechen, der zum letzten Mal über den dort versammelten Panhellenen erscholl...»[250].

Ein knappes Jahrhundert später passierte genau das, wozu Themistokles damals aufgerufen haben soll. Als «Sündenbock» fungierte damals der syrakusanische Tyrann Dionys, der sich ebenfalls im Agon der Viergespanne engagierte und aus Gründen der politischen Eigenwerbung eine üppig ausgestattete Delegation an den Alpheios entsandt hatte. Die vor Luxus strotzenden Zelte seiner Abordnung waren vielen Festteilnehmern ein Dorn im Auge, und der athenische Redner Lysias nutzte dieses latente Aggressionspotential, indem er eine leidenschaftliche Rede gegen den Tyrannen hielt, dem er angesichts der persischen Bedrohung zu geringes panhellenisches Engagement vorhielt. Es gelang ihm, einige der Besucher so in Rage zu versetzen, daß sie sich an den Zelten der syrakusanischen Equipe vergingen[251] – eine Gewalttat, die sicherlich gegen den olympischen Waffenstillstand verstieß.

Welche Vorsicht angebracht ist, die «Heiligkeit» einer Ekecheirie zu hoch zu bewerten, zeigt auch die taktische Instrumentalisierung des Isthmischen «Gottesfriedens» durch die Athener im Jahre 412 v. Chr. Sie hatten Wind davon bekommen, daß es auf der mit ihnen verbündeten Insel Chios Bestrebungen gab, aus dem Seebund auszutreten. Sie schickten deshalb zu den Isthmischen Spielen in Korinth, bei denen sich ganz Hellas ein Stelldichein gab, eine Delegation, die hauptsächlich einen Spionage-Auftrag hatte: sie sollte gesprächsweise in Erfahrung bringen, was es mit den Gerüchten um einen Abfall von Chios auf sich habe ...[252].

Diese und andere Nachrichten lassen erkennen, daß die Ekecheirie von den Griechen oftmals viel weniger ernstgenommen wurde, als es der Jubel neuzeitlicher Olympia-Enthusiasten in Sachen «olympischer Frieden» erwarten läßt. Robert Muth kommt deshalb zu einem ernüchternden Fazit, wenn er feststellt:

«Die Griechen waren also geneigt, den Gottesfrieden aus Gründen politischer Opportunität zu brechen, er war für sie ein politisches Instrument, für die Eleer selbst, für die Spartaner und für die Politiker anderer Staaten. Man wird an diesem Aspekt der olympischen Ideologie daher nicht ohne wesentliche Vorbehalte eine Übereinstimmung von Idee und Wirklichkeit feststellen können.»[253]

Olympische Eintracht als Instrument im Kampfe gegen «Barbaren»

Die Überschätzung der Ekecheirie, die zu ihrer verfehlten Stilisierung als Vorbild für den modernen olympischen Friedensgedanken führte, mag indes in einigen antiken Zeugnissen angelegt sein.

So bemühten sich Politiker und Rhetoren nach der Katastrophe des klassischen Griechentums, dem mörderischen Peloponnesischen «Bruderkrieg», dem Gedanken der griechischen Einigkeit mehr Gehör zu verschaffen. In diesem Zusammenhang hoben sie auch die Bedeutung der Ekecheirien anläßlich der panhellenischen Agone hervor.

«Die Gründer der großen Feste werden mit Recht dafür gepriesen», erklärt Isokrates, «daß sie uns die Sitte überliefert haben, einen Waffenstillstand miteinander zu vereinbaren, unsere bestehenden Feindseligkeiten einzustellen und gemeinsam an einem Ort zusammenzukommen, wo wir nach Absolvierung gemeinsamer Gebete und Opfer an die Stammesverwandtschaft erinnert werden, die zwischen uns besteht, und wir für die Zukunft freundlicher zueinander gestimmt werden, um alte Freundschaften wiederaufleben zu lassen und neue Partnerschaften einzugehen.»[254]

Das klingt sehr nobel und sehr idealistisch, aber es ist eine Zukunftsvision, die Isokrates da beschwört, nicht die Realität. In gleicher Weise ist die Äußerung des Lysias zu werten, mit der er Herakles, den Gründer der Olympischen Spiele, eine panhellenische Absicht unterstellt, «weil er davon ausging, daß unser gemeinsames Erscheinen hier in Olympia der Beginn einer gegenseitigen Freundschaft unter den Hellenen sein werde.»[255]

Selbst wenn diese Aussagen weniger Ausdruck von Wunschvorstellungen als Beschreibung der Alltagswirklichkeit in den innergriechischen Beziehungen wären, bestünde keine Veranlassung, sich heutzutage auf sie zu berufen. Denn der panhellenische Gedanke, den sie fördern sollen, hat stets ein Pendant, das sich mit der völkerverbindenden Zielsetzung des modernen Olympismus überhaupt nicht verträgt: er steht immer im Dienste einer bewußten Konfrontation gegenüber den feindlichen «Barbaren». Jene Redner, die die olympische Ekecheirie als Grundlage der Eintracht aller Griechen beschwören, sind in der Regel die unversöhnlichsten «Barbaren»-Gegner, ob diese nun Perser oder Makedonen heißen. Und so gerät ihnen der olympische «Festfrieden» flugs zum willkommenen Instrument in ihrem – durchaus auch in militärischem Sinne verstandenen – Kampf gegen die «barbarischen» Griechen-Feinde – ein wenig überzeugendes Credo für eine olympische Bewegung auf den Spuren Pierre de Coubertins!

Weil nicht sein kann, was nicht sein darf – Frühe Einsichten, zählebige Legenden

Es wird Zeit, daß die antike Ekecheirie aus dem Argumentationsarsenal der modernen olympischen Ideologie verschwindet. Was gemeinhin in pathetischen Beschwörungen des «Olympischen Friedens» im griechischen Altertum darunter verstanden wird, ist in der Regel nichts weiter als eine Projektion eigener Vorstellungen auf die Olympischen Spiele der Antike. Wie sich die Ekecheirie wirklich definierte, läßt sich in wenigen nüchternen Sätzen zusammenfassen:

«*Ekecheiria* heißt Waffenstillstand überhaupt (Thuc. IV 118 und sonst), dann insbesondere der Gottesfriede, der bei der Feier der vier großen Nationalspiele zum Schutze der Festgäste sofort nach der Ansage des Festes eintrat. Für die Olympischen Spiele soll dieser Gottesfriede zwischen Lykurg und Iphitos vereinbart worden sein, und Plutarch Lyk. 1 berichtet nach Aristoteles, daß sich in Olympia ein eherner Diskos befunden habe, auf dem der Gottesfriede aufgezeichnet war; vgl. Paus. V 20, 1. Ähnliche Veranstaltungen wurden auch für kleinere Festfeiern von anderen Staaten getroffen.»[256]

In diesem Zitat ist alles Wesentliche zur Ekecheirie zutreffend gesagt. Die komprimierte Fassung moderner historischer Erkenntnisse aus den letzten zwanzig Jahren?

Keineswegs. Das Zitat stammt aus dem Jahre 1905; es ist der vollständige Artikel *Ekecheiria* in der renommierten «Real-Encyclopädie der Classischen Altertumswissenschaft».

Jedermann hätte sich dort schon damals zuverlässig über Wesen und Funktion des sogenannten olympischen Gottesfriedens informieren können. Wenn es trotzdem vor allem im deutschen Sprachraum weiterer solider und engagierter wissenschaftlicher Aufklärungsarbeit durch Sporthistoriker wie Manfred Lämmer bedurfte, so zeigt das nur, wie zählebig der liebgewonnene Mythos ist, den die Vertreter des modernen Olympiagedankens als Legitimationsinstanz für *ihre* Ideologie einer weltumspannenden *«Pax Olympica»* nur ungern missen möchten.

Wettstreit edler Körper? – Anmerkungen zur Ästhetik im olympischen Sport

Vertreibung aus dem Ästhetik-Paradies? – Von der Schwermut des Schöngeistes

Mit Blick auf die Ruinen Olympias notiert:

«Hingegen ruft der olympische Glaube, man könne durch Leibesschönheit und tüchtigen Adel näher zu den Göttern gelangen, in uns die Schwermut hervor, mit der man Verlorenes, Verscherztes bedenkt. Das waren Zeiten, in denen die Lust der Schöpfung noch empfundener war. Wer sich der Schönheit zuwandte, hatte nicht das Empfinden, Gott abgewendet zu sein. Der Entzückte war vom Atem der Götter gestreift. Dabei ist es der Gedanke der Ebenbildlichkeit, welcher gewiß der Knospenpunkt ist, wie im Schöpfungsbericht. Weil der Mensch Gottes Ebenbild ist, ist es gottgefällig, die Schönheit zu steigern, zu preisen, zu ehren. Man kämpft sich empor. Der Sieger, Liebling der Götter, ist ihnen näher gerückt. Wo ist denn der Vater, der seine Kinder nicht schön haben will? Strahlend vor Jugend und Kraft, so gefallen sie ihm und so eilen sie ihm an die Hand.»[257]

Das Zitat stammt aus der Feder Erhart Kästners. Er hat in den fünfziger Jahren eine Reihe literarisch ambitionierter Griechenland-Bücher herausgebracht, die sich durch sehr persönliche, einfühlsame Schilderungen von Landschaft, Klima und Menschen auszeichnen und stets den Bogen vom neuzeitlichen Griechenland zum antiken Hellas schlagen, um die Geschichte als heute noch spürbare, Land und Leute prägende Wirkkraft erfahrbar zu machen.

Oder, wie in diesem Zitat, als Positiv-Folie für das, was nach Auffassung des Autors heute nicht mehr so ist, aber nach Möglichkeit wieder so sein sollte. «Das waren Zeiten!», ruft Kästner in nostalgischem Bedauern aus; damals, als die in Olympia wettstreitenden Athleten mit ihren herrlichen, wohlproportionierten Körpern als Gottes Ebenbilder gefeiert wurden. Dahinter steht die Vorstellung, die griechische Athletik habe – nicht nur beiläufig, sondern zielstrebig, ja geradezu programmatisch – etwas mit Ästhetik zu tun; sie habe die Ausbildung jenes männlichen Schönheitsideals angestrebt, das uns in den Statuen der klassischen griechischen Kunst so eindrucksvoll entgegentritt.

«Wie Schweine, die sich im Kot wälzen» – Das «Zerrbild» der Realität

Die Schauder des Erhabenen, die den Leser bei der Kästner-Lektüre durchfluten (sollen), weichen einer Abwehrbewegung, wenn ihm, einer kalten Dusche vergleichbar, eine Portion Realismus aus dem Alltag trainierender Athleten verabreicht wird:

«Weswegen, bester Solon, tun dies bei euch die jungen Männer?», läßt der große Spötter und Aufklärer Lukian den Skythen Anacharsis verständnislos fragen, der sich gar nicht empfänglich für die Ästhetik schwerathletischer Kämpfe zeigt: «Die einen umschlingen einander und stellen sich ein Bein, andere wieder pakken sich an die Kehle, versuchen sich gegenseitig zu Boden zu werfen und wälzen sich wie Schweine im Kot. (...) Sie rennen mit geducktem Kopf aufeinander zu und schmettern ihre Stirnen aneinander wie die Widder. Und sieh, wie der dort den Burschen an den Beinen aufgehoben und zu Boden geworfen hat, sich auf ihn stürzt und nicht mehr emporkommen läßt, ja ihn noch tiefer in den Lehm stößt; er schlingt endlich beide Beine um dessen Bauch, preßt den Ellenbogen auf seine Kehle und würgt den Armen (...). Von Schmutz bedeckt und von Schweiß triefend, machen sie mich freilich lachen, wenn sie wie Aale einander aus den Händen schlüpfen (...). Andere dagegen stehen mit Sand bedeckt, aufrecht, fallen ebenso übereinander her, stoßen und treten sich mit Füßen. Dieser Unglückliche da wird, so scheint es, auch bald seine Zähne ausspucken, so voll ist sein Mund bereits von Blut und Sand, da er, wie du siehst, mit der Faust einen Schlag in den Kinnbacken bekommen hat. Doch reißt sie der Gymnasiarch dort ... nicht einmal auseinander und macht ihrem Kampf ein Ende, sondern feuert sie noch an und lobt noch den, der den Schlag ausgeteilt hat.»[258]

Und wie sahen die Athleten aus, die sich da «wie die Schweine im Kot wälzten»?

Will man Galen, dem berühmten Arzt des 2. Jh. n. Chr., Glauben schenken, so kann man den Vergleich mit Schweinen noch weiterführen: nach seiner Darstellung unterschieden sie sich in Aussehen und Lebensweise kaum von Schweinen: faul und müde seien sie, schimpft er, fett und gefräßig. Der Tagesablauf eines Athleten? Ein ewiger Kreislauf von Essen, Trinken, Schlafen, Ausleerung und Herumwälzen in Staub und Dreck[259]. Widerwärtig erscheinen die Athleten dem Arzt, verweichlicht und dekadent: Angesichts ihrer unsäglichen Schlaffheit sei es sogar besser, wichtige Dinge eher Schweinen als Athleten anzuvertrauen.[260]

Galen übertreibt nur wenig: die Schwerathleten seiner Zeit waren überwiegend unförmige Fleischkolosse; dickbäuchige Kraftmeier, die prahlerisch und lautsprecherisch mit ihren Erfolgen renommierten und ihre Gegner einzuschüchtern suchten – eine Dreistigkeit, die nur noch durch ihre Dummheit überboten wurde.[261] Der Vergleich mit «unseren» Catchern liegt nahe!

Hauptkritiker der Athleten neben Galen war der Fachschriftsteller Philostrat. Auch er beklagt die Dickwänstigkeit der Ringer und Pankratiasten, die «vor ihren Übungen vollgepfropft wie libysche oder ägyptische Mehlsäcke dasitzen», denen Feinbäcker und Luxusköche zur Verfügung stehen, damit sie zu «Schleckerern und Fressern gezüchtet werden»[262].

Statt sich dieser wunderlichen Diät mit aller Kraft entgegenzustemmen, achten die Trainer sogar absichtlich darauf, daß schon junge Athleten durch die wenig sportliche Lebensweise von Anfang an verdorben werden: «Sie lassen sie vor den Übungen den Bauch füllen, mitten im Training spazierengehen und rülpsen, daß es dröhnt. Dadurch nehmen sie wie schlechte Erzieher den Knaben die jugendliche Bewegungslust und gewöhnen sie nur an Untätigkeit, Arbeitsaufschub, Trägheit und eine ihrem Alter unangemessene Zaghaftigkeit.»[263]

Der Grund für diese «Ausbildung» der Schwerathleten: deren Haupt-«Technik» besteht darin, den Gegner mit Hilfe ihres Körpergewichts umzustoßen, ihn gewissermaßen mit ihrer Masse zu erdrücken. Kraft durch Volumen war Trumpf, nicht Wendigkeit und Spritzigkeit.

Es sind zwei diametral entgegengesetzte Athleten-Bilder, die da einerseits von Kästner und andererseits von Autoren der Römischen Kaiserzeit gezeichnet werden. Wie erklärt sich diese Diskrepanz?

Ideal für viele, erreicht von wenigen: Die Kalokagathie

Zum einen spricht Kästner gewissermaßen von dem griechischen Athleten schlechthin, von einem Idealtypus, den es in dieser verklärenden Allgemeingültigkeit nie gegeben hat. Bei den Schwerathleten – den Boxern, Ringern und Pankratiasten – kam es zum Teil auf andere Fähigkeiten an als bei Läufern und Fünfkämpfern. Etwa die Hälfte des olympischen Programms bestand aber, sieht man von den hippischen Agonen ab, aus schwerathletischen Disziplinen; sie bestimmten das Bild der antiken Olympischen Spiele viel stärker als das der modernen, die jedenfalls im allgemeinen Bewußtsein stark durch die Leichtathletik geprägt sind. Deshalb ist der klassizistische Idealismus eines Kästner auch so verführerisch: der Leichtathlet als «göttliches Ebenbild» leuchtet eher ein als ein schwergewichtiger Boxer oder ein Ringer vom Schlage der japanischen Sumo-Kämpfer[264]. Aber er verzerrt die Realität: natürlich traten auch und gerade in Olympia jene wenig ansehnlichen Gestalten auf, die Philostrat und Galen so anschaulich abschrekkend beschreiben.

Allerdings – und das ist die zweite Antwort zur Erklärung der

Diskrepanz zwischen den beiden Athleten-Vorstellungen – sahen die Schwerathleten nicht immer so aus. Philostrat selbst legt großen Wert darauf, daß es sich bei den vollgestopften, faulen Profisportlern um eine Dekadenz-Erscheinung handle. Dem ist sicher zuzustimmen: die konsequente Anwendung der «Freß-Diät» und die entsprechenden Folgen für die Figur der Ringer und Pankratiasten fallen wohl erst in die Römische Kaiserzeit.

Also hätte Kästner wenigstens für die klassische und hellenistische Zeit mit seiner Ebenmaß-These recht?

Keineswegs! Worauf sich Kästner und andere schwärmerische Philhellenen berufen können, ist das im 5. Jh. v. Chr. propagierte *Ideal*bild der Erziehung junger Männer zur *Kalokagathia,* das heißt zur ethischen Vollkommenheit *(agathos),* die mit körperlicher Schönheit *(kalos)* einhergeht, ja eine unauflösbare Einheit bildet.

Auch wenn eine sittlich fundierte Formung des Geistes wesentlich zu diesem Erziehungsziel gehörte, stand doch der sportliche Aspekt im Vordergrund[265]: Die Ausbildung in der Palaistra («Ringschule») sollte die Knaben und angehenden Erwachsenen stark und schön machen, ihnen athletisch durchtrainierte Körper sichern und sie so zu ansehnlichen Männern reifen lassen, die die Blicke ihrer Mitmenschen auf sich zogen. Der geistig-sittliche Aspekt des Erziehungsideals sorgte dafür, daß die Pädagogen keine hirnlosen Schönlinge heranzüchteten, sondern Körper und Geist sich in ausgewogenem, harmonischem Einklang miteinander befanden.

Kein Wunder, daß solche Normvorstellungen von Pädagogik viele Bewunderer und Nachahmer gefunden haben. Wer wollte das nicht: gebildet und schön, geistvoll und körperlich fit zugleich sein? Bei einer unreflektierten Rezeption dieses Ideals, wie sie sich bei einer bestimmten Ausprägung von «Humanismus» findet, wird indes unter anderem die ideologische Dimension geflissentlich übersehen: es ist das Ideal der griechischen Aristokratie, das da propagiert wird[266]; die Bildungsnorm der Oberschicht, die sich von ihrer materiellen Situation und der dementsprechend verfügbaren Freizeit nicht trennen läßt. Bemühungen, Wesenszüge des aristokratischen Kalokagathie-Ideals in die «bürgerliche» Erziehung zu übernehmen und es gewissermaßen auf eine demographisch breitere Basis zu stellen, hat es in der Tat gegeben – aber eben doch nur in Teilen und keineswegs mit überwältigendem Erfolg, wie der schon nostalgisch anmutende Preis der «guten, alten Erziehung» in den «Wolken» des Aristophanes zeigt[267].

Vor einer Verallgemeinerung und Überschätzung der Wirksamkeit der Zielvorstellung Kalokagathie kann deshalb nur gewarnt werden[268].

Verzücktes Olympia-Styling: Klinisch rein und unerreichbar fern

Und erst recht davor, das – von einer bestimmten gesellschaftlichen Gruppe postulierte – Ideal mit der Realität des Alltags zu verwechseln! Kein Zweifel, daß manch einer seinen Mitbürgern als *kalos kagathos* erschien, daß auch bei den olympischen Wettkämpfen viele Athleten mit edlen, wohlproportionierten Körpern an den Start gingen! Was freilich umgekehrt nicht heißt, daß dort, ganz gleich, wer siegte, die Ästhetik als Gesamtsieger immer schon von vornherein festgestanden hätte. Die Wirklichkeit – auch die der Olympischen Spiele – war viel mannigfacher und bunter, als es die «schöne» Vorstellung vom griechischen Norm-Athleten vorgaukelt. Das ist das Ärgerliche an Darstellungen à la Kästner: daß durch eine generalisierende, Anspruch und Wirklichkeit unredlich miteinander verschmelzende, mit teils popularphilosophischen, teils mystisch-pseudoreligiösen Versatzstücken angereicherte und stilisierte Darstellung einem großen, fachlich nicht unbedingt vorgebildeten Publikum ein in seiner Erhabenheit schon wieder steriles, unnahbares Griechen-Bild suggeriert wird, vor dem man in Ehrfurcht nur noch erstarren kann.

Alle Lebendigkeit scheint aus diesem Olympia-Bild verflogen; vom angestrengten Stöhnen der Athleten, von den Anfeuerungsrufen des Publikums, von den Strömen von Schweiß, die bei Aktiven und Zuschauern unter der sengenden August-Sonne aus allen

Poren am Körper hinunterliefen, von den animalischen Instinkten, die gerade die schwerathletischen Kämpfe bei den Sportlern und ihren «Fans» freisetzten, bekommt man da rein gar nichts mit. Was übrig bleibt, ist eine Art desodoriertes und geschminktes, auf klassisch gestyltes Marmor-Olympia, das von allen Passionen und Unvollkommenheiten geläutert ist, klinisch rein und in seiner «Gottesnähe» unerreichbar fern.

Und das wird dann noch allen Ernstes als eine Art verlorenes Paradies ausgegeben, als leichtfertig verscherzte Chance, den Göttern näher zu sein! Schande über das moderne Olympia, das sich so weit auch von den körperlich-ästhetischen Ansprüchen der Antike entfernt hat! *So* meint es Kästner natürlich nicht, *so* meinen es auch andere Schöngeister nicht – faktisch aber tragen sie zu einer verheerenden Olympia-Rezeption bei, die sich bei vielen ihrer Leser als eine verklärte, unhistorische Momentaufnahme eines Olympischen Festes darstellt, das ganz und gar vom schönen Wettstreit edler Athleten-Körper geprägt ist – und dadurch natürlich die «Verkommenheit» des modernen Olympia auch in ästhetischer Hinsicht unterstreicht.

Zugegeben: diese letzten Absätze sind von manchen polemischen Formulierungen und Elementen nicht frei. Die argumentative Untermauerung fehlt – sie soll indes im folgenden nachgeholt werden. Dabei konzentrieren wir uns auf die schwerathletischen Disziplinen: Hier bedarf die Legendenbildung von der Ästhetik des Agons und der Agonisten ganz besonders der Korrektur.

Vom Adonis bis zum Fleischkoloß – Ringertypen und -diäten

Beginnen wir mit dem Ringen, der ältesten schwerathletischen Disziplin bei den Olympischen Spielen. Sie wurde im Jahre 708 v. Chr. ins olympische Programm aufgenommen. Einzelne Ringer wurden in der Tat wegen ihres schönen Körperbaus gerühmt[269]. Die Versuchung indes, sich für den Ringkampf neben hervorragender Technik zusätzlich durch große Körperfülle einen

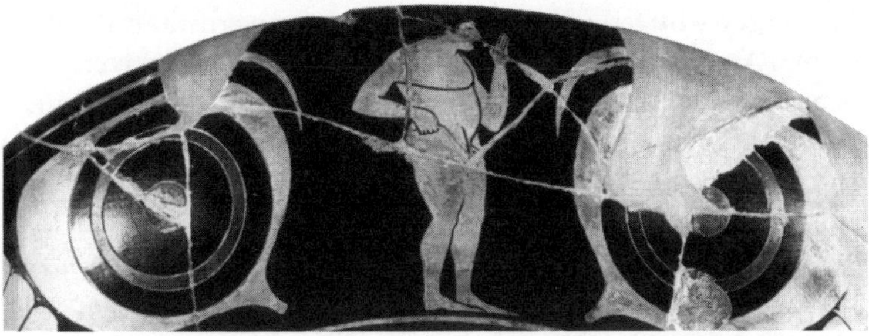

Ergebnis sportlicher «Zwangsmast»: Karikatur eines fetten Athleten.

Vorteil zu verschaffen, war keineswegs auf Ringer der hellenistischen und römischen Epoche beschränkt. Wenn man Nachrichten aus – allerdings etwas obskuren – Quellen Glauben schenken darf, war schon der berühmteste Athlet des Altertums, Milon von Kroton, ein Hüne von gewaltigem Körperbau und -umfang – und, mit Verlaub, ein Vielfraß von geradezu säkularen Ausmaßen: Er soll Tag für Tag 20 Minen (= 8,68 kg) Fleisch, ebensoviel Weizenbrot und nicht weniger als drei Choen Wein konsumiert haben – knapp 10 Liter![270] Aristoteles über Milon: Tapfer, aber gefräßig[271].

Wenn nur ein Teil dieser legendären Tradition zutrifft, kann Milon schwerlich den Maßstäben in puncto Ästhetik gerecht geworden sein, die Kästners «Gottesebenbildlichkeit» voraussetzt – ohne daß dies seinem sportlichen Erfolg Abbruch getan hätte: Milon siegte sechsmal im olympischen Ringkampf, ebenso oft bei den Pythischen Spielen, neunmal in Nemea und sogar zehnmal am Isthmos; und zwar in der zweiten Hälfte des 6. Jh. v. Chr., also in der nach landläufiger Meinung «hohen Zeit» der Olympischen Spiele!

Mit seiner speziellen Diät, deren Erfolg ja niemand bestreiten konnte, scheint Milon von Kroton geradezu ein «Trendsetter» gewesen zu sein, dem andere nacheiferten. Denn spätestens im Laufe des 5. Jh. muß sich die Überzeugung durchgesetzt haben, daß leptosome Typen bei aller Geschicklichkeit, Wendigkeit und technischen Kunstfertigkeit kaum noch eine Chance hatten, den

Schwergewichtigen unter ihren Konkurrenten ernsthaft Paroli zu bieten. Aristoteles spricht jedenfalls im 4. Jh. ganz selbstverständlich von einer «Zwangsdiät», der sich die Ringer jahrelang unterzögen[272]. Man kann auch – unfeiner, aber anschaulicher – von einer Zwangsmast sprechen, deren vorrangiges Ziel die Gewichtszunahme war[273]. Von ähnlichen Mastanstrengungen an der Tafel der Götter hören wir übrigens nicht; das wäre jedoch die einzige Chance, die These von der Gottesebenbildlichkeit der Olympiasieger im Ringen aufrechtzuerhalten...

Wie gesagt: Erste Hinweise auf eine – in römischer Zeit dann offenbar exzessiv betriebene – Freß-Diätetik bei Schwerathleten finden sich durchaus schon im klassischen Hellas. Und im übrigen darf man ja nicht übersehen, daß die weitaus längste Zeit der rekonstruierbaren Olympischen Spiele des Altertums in die so vielgeschmähten «Verfalls»-Epochen von Hellenismus und Römerzeit fällt, die in den schwerathletischen Disziplinen ganz sicher von wenig appetitlich anzusehenden Fleischkolossen und Muskelprotzen geprägt waren. Es kann ja wohl nicht angehen, unter Alt-Olympia nur die ersten 400 Jahre der «eigentlichen» Olympischen Spiele zu verstehen und die restlichen 700 Jahre als «Verfallszeit» fast gänzlich auszublenden.

«Schmerzverursachender Ringkampf» – Disharmonien in der «harmonievollsten Übung»

Wie ansehnlich gestaltete sich der Ringkampf selbst? Älteren Sporthistorikern gemäß muß er in der Frühzeit eine wahre ästhetische Augenweide gewesen sein. «Frei von allen Spuren jener Brutalität, die oft eine der edelsten Sportarten in Verruf gebracht hat», urteilte der Engländer E. N. Gardiner im Jahre 1905, und sein deutscher Kollege Otto Heinrich Jäger befand schon ein gutes halbes Jahrhundert vor ihm: «Die vollkommenste allseitigste harmonievollste Übung, ein wahrer Mikrokosmos der ganzen Gymnastik[274].» Diese Vorstellung vom edlen und schönen Ringkampf lebt bis heute fort und wird gerade in populären Darstellungen immer noch gefeiert – obwohl dieses vermeintlich ästhetische Aushängeschild olympischen Sports durch eine Reihe sorgfältiger und solider Detail-Untersuchungen der letzten Jahre eine Vielzahl von Kratzern und dunklen Flecken erhalten hat.

Schon Homer spricht vom «schmerzverursachenden Ringkampf», und nach hartem Ringen zwischen Aias und Odysseus läßt er Achill den Kampf vorzeitig beenden mit den Worten: «Nicht mehr stemmt euch gegeneinander und reibt euch auf mit Schlimmem!»[275]

«Schlimm» kann dabei nur ein Synonym für «roh», «brutal», «verletzungsträchtig» sein – und in der Tat war der griechische Ringkampf durch harte Bandagen und rauhes Zupacken geprägt: Judoähnliche Würgegriffe waren ebenso erlaubt wie Rumpfklammern, die das Brechen von Rippen und Rückgrat nach sich ziehen konnten[276].

Über das «Erfolgsgeheimnis» des zweimaligen Olympiasiegers Leontiskos haben wir bereits gesprochen: seine Spezialität war es, dem Gegner die Finger zu brechen – ein in seiner Roheit und Unfairneß bemerkenswerter «Trick», der indes im frühen Ringkampfsport üblicher gewesen zu sein scheint als in späteren Zeiten[277].

Zu den durchaus erlaubten Methoden gehörte das Beinewegschlagen; eine Technik, die sowohl für den Angreifer als auch für den Angegriffenen mit hohem Verletzungsrisiko behaftet war[278]. Schwere organische Störungen etwa im Bereich des Kreislaufsystems sind ebenfalls als Folgen der kaum vermeidbaren Pressungen anzunehmen[279].

Daß die Begleitumstände, unter denen sich solche Ringkämpfe vollzogen, all das Ächzen und Stöhnen, die mit einem zähen Gemisch aus Öl, Sand, Schweiß und Schmutz bedeckten Körper der Athleten, ihre schmerzverzerrten oder von äußerster Anstrengung gezeichneten Gesichter, die leidenschaftlichen Anfeuerungsschreie und schrillen Schreckensausrufe des Publikums, sich zu einem besonders ästhetischen Ensemble zusammengefügt hätten, wird man sich nur schwerlich vorstellen können – die Harmonie blieb naturgemäß auf der Strecke, wenn es um harten Kampfsport ging.

An sich ist das alles weder besonders aufregend noch schlimm. Mit einigermaßen normal ausgebildetem *common sense* kann sich jeder ausrechnen, daß das kämpferische Aufeinanderprallen und Ineinanderschlingen schwergewichtiger Körper eine ganze Reihe von Szenen heraufbeschwören mußte, die nicht gerade als Optimum von Harmonie und Ästhetik oder gar als Ausdruck von Gottesebenbildlichkeit gelten konnten. Den Blick auf diese Aspekte kann nur ein klassizistischer Idealismus versperren, der mit lebendigem Sport und pulsierendem Leben wenig im Sinn hat.

Daß die Griechen solche Kämpfe auch als schön empfanden, steht auf einem ganz anderen Blatt. Es ist, wie auch sehr realistische Vasenbilder mit Ringkämpfern im Clinch zeigen, ein anderer Begriff von «Schönheit», der weit über bloßen Ästhetizismus hinausgeht und der auch den Mut der Athleten, ihre technischen Fertigkeiten, ihre Kraft, ihren Ehrgeiz und ihren unbedingten Siegeswillen miteinschließt[280].

«Rotes Blut entstürzte dem Rachen» – Faszination des Boxkampfes

So gesehen konnte sich das Publikum in Olympia auch an der «Schönheit» von Faustkämpfen ergötzen, obwohl deren Akteure in der Regel alles andere als schön anzusehen waren. Boxen, seit 688 v. Chr. im olympischen Programm, hinterließ deutliche Spuren am Körper eines jeden, der sich in diesem Kampfsport engagierte – vor allem am Kopf, dem die Angriffe des Gegners meistens galten.

Als wie selbstverständlich schwere Verletzungen und Entstellungen den Griechen als Folgen des Faustkampfes galten, zeigt eine ganz unerwartete, aber gerade deshalb besonders unverdächtige und beweiskräftige Quelle: das «Traumbuch» des Artemidor. In seiner eher zupackenden, schlichten Methode der Traumdeutung steht für Artemidor als Interpretation eines nächtlichen Box-Traumes fest:

«Der Faustkampf ist für jedermann verlustreich. Er bedeutet

Typische Szene eines Faustkampfes: Boxer mit blutenden Nasen (Vase, um 520 v. Chr.).

Schande und Verluste. Denn es wird dabei das Gesicht verunstaltet und Blut vergossen, welches allgemein als Symbol des Geldes gilt. Glück bringt diese Kampfesart nur denen, welche mit Blut ihren Lebensunterhalt verdienen, nämlich Ärzten, Opferpriestern und Köchen.»[281]

Blut – das ist fürwahr die Assoziation, die das Stichwort «Faustkampf» bei jedem Griechen hervorrief. Vasenbilder aus dem 6. und 5. Jh. v. Chr. zeigen uns heftig blutende Faustkämpfer; kräftige, unterbrochene Striche deuten mitunter geradezu wahre Fontänen von Blut an, die sich aus der Nase eines Boxers ergießen. Literarische Beschreibungen von Boxkämpfen schwimmen sozusagen ebenso im Blut. Den Anfang macht wiederum Homer: «Dickes Blut spie er und ließ den Kopf zur Seite fallen», beschreibt der Dichter der «Ilias» die Wirkung eines wuchtigen Treffers auf die Backe des Opfers[282].

Geradezu blutrünstig geht es in einer Boxkampf-Szene der «Odyssee» zu, die allerdings keinen sportlichen Wettstreit, sondern eine ernste Auseinandersetzung zwischen dem nach Ithaka heimgekehrten, aber noch nicht erkannten Odysseus und Iros, einem dreisten Bettler, wiedergibt. Von Iros zum Faustkampf herausgefordert, droht Odysseus seinem Gegner an, er werde ihm «Brust und Lippen mit Blut besudeln». Woraufhin sich Iros mit der Warnung revanchiert, er werde Odysseus «alle Zähne aus dem Maul schlagen wie einer Sau, die fremde Saaten verwüstet». Die verbale Auseinandersetzung geht rasch in einen Boxkampf über, der nach wenigen Sekunden zugunsten des Odysseus entschieden ist. Der überlegt zuvor nur einen Moment, «ob er ihn schlagen solle, daß sogleich auf der Stelle sein Leben entfliehe, oder mit sanftem Schlag nur auf den Boden ihn strecke». Er entscheidet sich für die «kleinere» Lösung, aber auch die hat es in sich: «Er schlug ihn unter dem Ohr an den Hals, daß der Kiefer des Bettlers knirschend zerbrach und rotes Blut dem Rachen entstürzte. Schreiend fiel er zu Boden, ihm knirschten die Zähne, und die Füße zappelten auf dem Boden.»[283]

Auch wenn es ein Straßen-Faustkampf ist, den Homer hier schildert, so findet er gleichwohl ein interessiertes Publikum. Das Verhalten der Zuschauer ist sehr aufschlußreich: als sich der Streit anbahnt, versuchen die am Hofe versammelten Freier keineswegs, schlichtend einzugreifen. Vielmehr gießen sie noch Öl ins Feuer. «Kommt eilig!», ruft einer den anderen zu, «wir wollen sie hetzen!» Und ähnlich wie man es von Pennälern auf Schulhöfen kennt, bilden sie eine dichte Traube um die beiden Streithähne und freuen sich auf das bevorstehende Spektakel: «Schnell erhoben sich alle mit Lachen und scharten sich um die schlechtgekleideten Bettler.» Und ihre Reaktion auf den K. o. des blutspeienden Iros: «Da hoben die Freier jauchzend ihre Hände und lachten sich atemlos.»[284]

Kein Zweifel: Der voyeuristische Nervenkitzel, der die Freier dazu reizt, sich das blutige Geschehen anzuschauen und die sensationelle Überraschung freudig zu begrüßen («Welche Freude beschert uns der Gott in diesem Palaste!», ruft einer aus, als sich die Keilerei anbahnt[285]), verrät uns auch eine Menge über die Motivation des Olympia-Publikums, wenn die Zuschauer gebannt die Boxkämpfe im Heiligen Hain verfolgten. Sie *wollten* Knochen krachen hören, sie *wollten* Blut fließen sehen – und die wenigen, die das nicht ausdrücklich wollten, nahmen es zumindest in Kauf.

Eingeschlagene Zähne, platte Nase, geschwollene Ohren – Programmierter Verlust der «Gottesebenbildlichkeit»

Die Brutalität des Faustkampfes wird von Homer und anderen Literaten überhaupt nicht beschönigt. Im Gegenteil: man gewinnt den Eindruck, daß sie mit ihren sehr ins Detail gehenden Schilderungen aller möglichen Roheiten an die Sensationslust ihrer Hörer und Leser sehr bewußt appellierten[286], wie es die Agone in der Realität gegenüber einem stürmisch «mitgehenden» Publikum taten.

Man schaue sich daraufhin nur einmal das 22. «Idyllion» Theokrits an, in dem er den berühmten mythischen Faustkampf zwischen Polydeukes und Amykos schildert. Darin wimmelt es nur so von grausamen Boxszenen: «Taumelnd von Schlägen kam er zum Stehen und spuckte nun purpurfarbiges Blut ... Und sein Gesicht war verschwollen, so daß es die Augen verengte.» Aus seinen Augenschlitzen kann der Verletzte kaum noch gucken. Das nutzt sein Kontrahent, um dem fast Wehrlosen «mitten über der Nase die Faust auf die Stirn zu schlagen, die er ihm ganz bis zum Knochen entblößte». Der ungleiche Kampf endet mit dem Sieg des Polydeukes, der seinen Gegner verstümmelt, ihn mehr tot als lebendig zurückläßt: «Er traf ihn unter der linken Schläfe mit kräftiger Faust und der Wucht seiner Schulter. Dunkel schoß da sogleich das Blut aus der klaffenden Schläfe. Dann traf er mit der Linken den Mund, daß sämtliche Zähne ihm klirrten, und mit immer schnelleren Schlägen zerfleischte er ihm das Antlitz, bis er die Wangen ihm hatte zerschmettert. Da lag nun der ganze Kerl bewußtlos am Boden, streckte zugleich beide Arme empor und gab den Kampf auf, da er nahe dem Tod war»[287].

Einen Gebißschutz kannten die Faustkämpfer des Altertums nicht. Entsprechend gefährdet waren ihre Zähne. Manch einem

Karikaturen von Schwerathleten finden sich nicht nur in der Literatur, sondern auch in der bildenden Kunst (Terracottastatuette aus hellenistischer Zeit).

dürften sie mit einem Blutschwall aus dem Munde gespült worden sein wie dem bedauernswerten Dares bei Vergil[288]. Wenige nur dürften sich so heroisch verhalten haben wie der legendäre Eurydamas von Kyrene. Von ihm erzählte man sich, er habe die Zähne, die ihm sein Box-Gegner ausgeschlagen habe, heruntergeschluckt, damit der Kontrahent es nicht merke und dadurch Auftrieb bekomme ...[289].

Das einzige technische Hilfsmittel, über das die Boxer verfügten, waren Riemen, die sie sich um die Hände wickelten. Sie dienten ursprünglich als Defensivwaffe, da sie die Handgelenke vor Zerrungen und die Finger vor Brüchen schützen sollten. Als Schutz des Gegners, um die Wucht des Aufpralls abzumildern, waren die Riemen nie gedacht; sie hatten auch keine entsprechende Wirkung[290]. Seit dem 4. Jh. kamen sogar die sogenannten scharfen Riemen immer mehr in Mode. Als solche entwickelten sie sich zu Offensivwaffen: das harte, unelastische Leder *sollte* sich in die Haut des Gegners einschneiden – die erste Etappe auf dem Wege zu den römischen *caestus*, die, zum Teil metallbeschwert und mit Dornen versehen, als halbe Mordinstrumente gefürchtet waren. In dieser Hinsicht – aber wirklich nur in *dieser* – ist eine allmähliche Steigerung der Brutalität im Boxsport von der archaischen und klassischen Epoche Griechenlands bis zur Römischen Kaiserzeit festzustellen.[291]

Eingeschlagene Zähne, plattgeschlagene Nase, geschwollene Ohren – das waren die typischen Erkennungsmerkmale der Helden des Boxrings. Schönheiten waren unter ihnen nicht gerade auszumachen. Eher forderten die «lahmen, krummen, zerschmetterten oder gänzlich verstümmelten» Gestalten – so der Arzt Galen bissig über die Invaliden der Schwerathletik – zur Karikatur heraus. Kübel voller Spott hat über sie Lukillios ausgegossen, ein Epigrammatiker des 1. Jh. n. Chr. Dem Faustkämpfer Apollophanes bescheinigt er, mittlerweile einen Kopf wie ein Sieb zu haben oder wie der Rand eines Buches, den die Motten schon zernagt hätten. Richtige Ameisengänge zögen sich durch seinen Schädel. Aber er solle nur fortfahren zu boxen: «Auch wenn man den Kopf dir von oben anbohrt, hast du, was du hast. Mehr Löcher kriegst du nicht hinein.»[292]

Einen anderen Boxer vergleicht Lukillios mit Odysseus. Den habe sein Hund noch nach zwanzig Jahren erkannt, als er nach Ithaka heimkam. Den Stratophon aber erkenne nach vier Stunden Boxkampf kein Mensch mehr wieder, und er selbst würde, blickte er in den Spiegel, beschwören, nicht Stratophon zu sein[293]. Ein anderer Faustkämpfer mit dem klingenden Namen Olympikos «hatte einst alles: Nase, Brauen, Kinn, Ohren und Lider wie wir».

Aber seit er sich der Box-Profession verschrieben hat, ist er bis zur Unkenntlichkeit entstellt. Selbst sein väterliches Erbe hat er verloren: als sein Bruder dem Richter ein Bild von ihm zeigte, konnte der keine Ähnlichkeit feststellen und erklärte Olympikos zu einem anderen[294].

Wie sehr Verletzungen beim Boxkampf an der Tagesordnung waren, zeigen zwei weitere Epigramme des Lukillios. Im ersten läßt er dem Faustkämpfer Apis von seinen Gegnern ein Denkmal stiften aus ironischer Dankbarkeit: Apis habe nie jemanden verletzt[295].

Den Androleos läßt der Dichter seine eigene makabre Verstümmelungs-Karriere erzählen:

«Ich, der Androleos, habe in sämtlichen griechischen Landen,
wo man zum Boxen nur ruft, stets mich zum Kampfe gestellt.
Also kam es: In Pisa verlor ich ein Ohr, in Plataä
ließ ich ein Auge, als tot bracht' man in Delphi mich weg.
Dort hieß der Herold den Vater Damoteles samt der Gemeinde:
‹Tragt ihn vom Stadion tot oder verstümmelt hinaus!›»[296]

Satirische Überspitzung? Gewiß – aber sie macht nur dann Sinn, kann nur dann ihre humorvolle Wirkung entfalten, wenn sie deutliche Anknüpfungspunkte in der Alltagswirklichkeit hat. Mit anderen Worten: die Entstellung der Gesichts- und Kopfpartie, auf die mit Sicherheit die meisten Schläge zielten, war bei vielen Faustkämpfern eine Tatsache, ja ließ sie in der Öffentlichkeit sofort als solche erkennen.

Aber stammen die Lukillios- und Theokrit-Zitate nicht aus der «Dekadenz-Zeit» des griechischen Sports? Darf man sie als Quellen zur Illustration des Boxkampfes in der «goldenen Ära» der Olympischen Spiele überhaupt heranziehen?

Mit ausgestreckten Fingern in die Eingeweide – Greuelgeschichten aus dem olympischen Boxring

Man darf. Und zwar zum einen, weil sie sich mit den Aussagen Homers in puncto Brutalität decken. Und zum zweiten, weil die einzigen beiden Todesfälle, die im Zusammenhang mit Boxkämpfen aus dem Altertum überliefert sind, just in die «gute Zeit» der griechischen Agonistik fallen. Vorsichtig formuliert, bedeutet das: die «guten» klassischen Griechen haben, Professionalisierung hin, *caestus* her, mindestens mit gleich harten Bandagen geboxt wie die «bösen», «dekadenten» Römer.

Einer dieser Unglücksfälle mit tödlichem Ausgang ereignete sich sogar in Olympia selbst. Im Jahre 492 v. Chr. tötete Kleomedes aus Astypalaia seinen Box-Kontrahenten Ikkos aus Epidauros im olympischen Faustkampf-Finale. Da er mit unsauberen Mitteln gekämpft hatte, sprachen die Hellanodiken Kleomedes den Sieg ab und erkannten seinem toten Gegner den Olivenkranz postum zu. Grund für diese Entscheidung der Behörde war notabene nicht der Totschlag an sich, sondern das reglementwidrige Wettkampfverhalten des Kleomedes[297].

Rund ein Jahrhundert später – gegen Ende des 5. Jh. – sollen nach dem Bericht des Pausanias die Nemeen durch einen spektakulären Todesfall überschattet worden sein. Die beiden Finalteilnehmer im Faustkampf, Kreugas und Damoxenos, boxten schon eine lange Zeit, ohne daß eine Entscheidung in Sicht war. Als nun die Abenddämmerung hereinbrach, einigten sie sich auf ein spezielles Vorgehen, das den Kampf schneller zu beenden versprach. Jeder durfte abwechselnd ohne Deckung des Gegners einen Schlag führen – reines Offensivboxen mithin. Kreugas schlug als erster zu. Sein Kopftreffer blieb ohne Wirkung. Daraufhin kam Damoxenos an die Reihe. Er forderte seinen Gegner auf, die Arme hochzuhalten, und rammte ihm dann die ausgestreckten Finger in die Seite. Mit seinen spitzen Fingernägeln soll er bis in das Innere des Leibes eingedrungen sein und dort die Eingeweide des Kreugas gepackt und herausgerissen haben. Kreugas brach auf der Stelle tot zusammen. Er erhielt dennoch den Siegeskranz, weil die Jury das Herausreißen der Eingeweide als zweiten, der Verabredung zuwiderlaufenden «Schlag» wertete[298].

Wieviel an dieser Greuelgeschichte historisch ist, steht dahin[299]. Über Details mag man streiten, als sicher dagegen ist der Tod des Kreugas – zumindest als Ausgangspunkt für eine spätere Ausschmückung mit «pikanten» Details – anzunehmen. Die Erzählung wirft auch helles Licht auf eine besonders brutale Eigenart des Faustkampfes im Altertum: er ging nicht über eine vorher festgelegte Anzahl von Runden, sondern endete stets erst mit einem K. o.-Sieg. Erst wenn einer der Kontrahenten eindeutig kampfunfähig wurde, indem er niederstürzte und benommen und unfähig zu jeglicher Gegenwehr liegenblieb, wurde der Kampf abgebrochen – oder aber, wenn einer der beiden in bedrängter Lage die Hand hob und damit die Aufgabe des Kampfes signalisierte.

Man kann gegenüber idealisierenden Darstellungen des olympischen Sportes nicht deutlich genug betonen, daß dieses – gegenüber den heute geltenden Regeln – geradezu barbarisch anmutende Reglement keine Verschärfung durch die Gladiatorenkampferfahrenen, «abgestumpften» Römer gewesen ist, sondern eine genuine, niemals in Frage gestellte «Erfindung» der Griechen.

In die schöne heile Welt des Sport-Ästhetizismus fügen sich dieser Faustkampf auf Leben und Tod, seine grimmigen Akteure und sein durchaus nervenstarkes Publikum gar nicht so recht ein. Erfreulich immerhin, daß Adolf Boetticher, einer der Pioniere der Olympia-Forschung, diese Feststellung schon vor über 100 Jahren mit leisem Bedauern und ungläubigem Kopfschütteln, aber doch ganz ungeschminkt und mutig ausgesprochen hat:

«Von allen olympischen Kampfarten ist unserem heutigen Gefühle am wenigsten sympathisch der Faustkampf; und es bleibt allen Versuchen gegenüber doch noch immer nicht recht erklärlich, wie ein hochgebildetes und ästhetisch so fein fühlendes Volk an dem barbarischen Schauspiele Gefallen finden konnte, wie zwei Männer einander mit schwerbewehrten Fäusten ins Antlitz schlugen, sich bis zur Unkenntlichkeit zerhieben und blutüberströmt so lange im Kampf verharrten, bis der eine sich für besiegt erklärte oder kampfunfähig zusammenbrach.»[300]

Tödlicher Ausgang eines Faustkampfes trotz Aufsicht: Boxer und Schiedsrichter (Vase, 6. Jh. v. Chr.).

Auf die Idee, daß vielleicht an dem Griechen-Bild seiner Zeit einiges nicht stimmte, ist Boetticher freilich trotz dieser unmißverständlichen Stellungnahme in Sachen Boxsport nicht gekommen...

Dabei war der Faustkampf keineswegs die berühmt-berüchtigte Ausnahme von der postulierten Regel. Wer die Roheiten im Boxen noch übersah, konnte indes die Augen nicht vor der Brutalität des Pankration, der dritten schwerathletischen Disziplin, verschließen.

Außer Beißen und Graben alles erlaubt – Der Allkampf, «der schönste in Olympia»

Das Pankration war eine Mischung aus Boxen und Ringen, ein «Allkampf», bei dem alles erlaubt war. Oder, korrekter, fast alles außer «Beißen und Graben»[301]. Unter «Graben», ὀρύττειν, ist wahrscheinlich das Bohren eines Fingers in die Augenhöhle, die Mundhöhle oder andere weiche Körperteile zu verstehen.

Ansonsten war in diesem totalen Kampf alles statthaft, was geeignet war, den Gegner zu schwächen, ihm Schmerzen zuzufügen und ihn schließlich zur Aufgabe zu bewegen, angefangen von Boxhieben und Ringergriffen über Treten und Stoßen mit Knie und

Fuß bis zum Umdrehen von Gelenken und Brechen von Knochen. Beliebt waren auch Würgegriffe, die den Kontrahenten in äußerste Atemnot und Todesfurcht brachten. Tritte in die Genitalien waren, wie eine Vasendarstellung aus dem späten 6. Jh. zeigt, ebensowenig verpönt wie das Niedertrampeln des Gegners, der dann mit dem Gesicht auf den Boden gepreßt wurde und Sand schlucken mußte.[302]

Im Unterschied zum Boxen und Ringen ging der Kampf auch am Boden weiter. Dabei bemühten sich die Athleten vor allem, ihren Gegner an den Extremitäten zu packen, diese zu verrenken oder auszukugeln oder auch seine Hände einzuklemmen und ihn mit Fausthieben zu traktieren. Selbst ein Bart wurde offenbar als «Haltepunkt» gern genutzt, wenn der Athlet so unvorsichtig war, sich diese vermeidbare Blöße zu geben. Jedenfalls führt uns ein Vasenbild Herakles als Pankratiasten vor, der den Antaios am Bart festhält, ihm allerdings eindeutig regelwidrig auch noch den Finger ins Auge bohrt – wobei die Darstellung keineswegs aus der vermeintlichen Verfallszeit der griechischen Athletik stammt, sondern um 510 v. Chr. zu datieren ist[303].

Olympische Disziplin wurde das Pankration im Jahre 648 v. Chr. In der Gunst der Zuschauer entwickelte es sich rasch zum populärsten schwerathletischen Agon; er galt als «der schönste in Olympia»[304]. Daß gerade die Unerbittlichkeit und die Roheit dieser Disziplin so außerordentlich publikumswirksam waren und daß von der allen Beteiligten präsenten extremen Verletzungsgefahr jener Nervenkitzel ausging, der das Olympia-Publikum so faszinierte, zeigt der berühmte Fall des mehrfachen Pankration-Olympioniken Arrhichion.

Tod eines Pankratiasten – und das Publikum rast

Der war schon zweimal Olympiasieger geworden. In seinem dritten Endkampf stieß er indes auf einen Kontrahenten, der durch seine verzweifelte Gegenwehr dem angesehenen Pankratiasten

Auch der große Herakles schreckt nicht vor Fouls zurück: Er hält Antaios am Bart fest und bohrt ihm den Finger ins Auge (Vase, spätes 6. Jh. v. Chr.).

alles abverlangte. Im Verlaufe des erbitterten Ringens gelang es dem – für uns namenlosen – Gegner, bei Arrhichion den berüchtigten Scherengriff um die Taille anzuwenden. Während er ihm die Schenkel gegen die Leisten preßte und damit enormen Druck auf den Unterleib Arrhichions ausübte, drückte er ihm den Arm gegen die Kehle und würgte ihn fast bis zur Bewußtlosigkeit.

Arrhichion war damit in eine lebensgefährliche Lage geraten. Nach aller Erfahrung hätte er sich jetzt schnellstens ergeben müssen, um dem Tode zu entrinnen. Sein Trainer erkannte das, aber er reagierte darauf mit einem schockierenden Durchhalte-Befehl. «Welch herrlicher Totenschmuck», soll er ihm zugerufen haben, «sich in Olympia nicht zu ergeben!»[305]

So angespornt, holte Arrhichion zu einer letzten verzweifelten Attacke gegen seinen Gegner aus. Es gelang ihm, dessen Fuß zu packen und ihm einen Zeh so zu verrenken, daß er den Kampf vor Schmerz aufgab. Im selben Moment starb Arrhichion unter dem Würgegriff seines Gegners. Die Hellanodiken erklärten indes den Toten zum Sieger, weil er den anderen zur Aufgabe des Kampfes gezwungen habe – ein Stück olympischer Ruhmesgeschichte, das von Jahrhundert zu Jahrhundert mit Bewunderung weitererzählt wurde und selbst uns noch in mehreren Überlieferungen vorliegt[306].

Glücklicherweise hat sich sogar die Beschreibung eines Bildes erhalten, das den letzten Kampf des Arrhichion darstellte. Besonders aufschlußreich ist dabei die Schilderung, wie sich die Zuschauer verhalten haben, als der Kampf in seine dramatische Phase ging: «Von ihren Sitzen aufgesprungen, schreien sie, und die einen werfen beide Hände empor, andere lüpfen ihr Gewand, wieder andere springen von der Erde auf, und manche fangen aus Scherz an, mit ihren Nachbarn zu ringen. Denn wirklich aufregende Schauspiele erlauben es den Zuschauern nicht, ihre Fassung zu bewahren. Wer wäre so gefühllos, über einen solchen Kämpfer nicht laut aufzuschreien?»[307]

Ort und Zeit dieser Publikumsbegeisterung angesichts eines erbitterten Kampfes auf Leben und Tod: nicht etwa das brodelnde römische Colosseum in der Kaiserzeit, sondern der heilige olympische Hain im Jahre 564 v. Chr. Die Kulisse: nicht etwa der als blutgierig verschriene römische Mob, sondern das als nobel gerühmte Olympia-Publikum aus allen Teilen der klassischen griechischen Welt. Die Protagonisten: nicht etwa zwei barbarische Gladiatoren, die unter dem Zwang der Aufseher-Peitsche in einen brutalen, lebensgefährlichen Kampf gehetzt werden, sondern zwei anerkannte, gefeierte Pankratiasten, die sich aus völlig freien Stücken in die Hölle des «Allkampfes» wagen.

Man mag einwenden, bei der Darstellung des aus heutiger Sicht eher abstoßenden Zuschauer-Verhaltens habe der Maler des von Philostrat geschilderten Gemäldes die Eindrücke seiner eigenen Zeit, wahrscheinlich des 1. oder 2. nachchristlichen Jahrhunderts, auf das griechische Altertum zurückprojiziert. Völlig widerlegen läßt sich dieser Einwand nicht. Allerdings spricht größere Wahr-

Regelverstoß: Die beiden Pankratiasten versuchen, ihre Finger in die Augenhöhle des Gegners zu «bohren». Der Schiedsrichter greift ein (Vase, frühes 5. Jh. v. Chr.).

scheinlichkeit dafür, daß der Künstler sich an älteren Vorbildern orientiert hat. Die Szene ist, bedenkt man das südländische Temperament der Zuschauer und die unleugbare Attraktivität, die das brutale Pankration auf die Griechen ausübte, ausgesprochen realistisch gemalt: Wer sich auf die Tribüne begab, um sich an der Dramatik des «Allkampfes» zu delektieren, verstummte nicht urplötzlich, wenn einer der beiden Akteure in lebensgefährliche Bedrängnis geriet.

Um kein Mißverständnis aufkommen zu lassen: es geht hier nicht darum, das griechische Olympia-Publikum zu denunzieren oder es gewissermaßen an den moralischen Pranger zu stellen. Das Recht dazu mögen andere haben, aber gewiß nicht unsere Epoche, die sich durch unmenschliche Zynismen auf vielerlei Gebieten – auch im Bereich des Sports! – auszeichnet. Empörung ob der «Bar-

barei» der griechischen Olympia-Zuschauer des 6. Jh. v. Chr. wäre nur ein weiterer Ausdruck jener Bigotterie und Heuchelei, mit der wir diese Zynismen mit großem Aufwand zu kaschieren trachten.

Wenn etwas im Interesse der historischen Wahrheit «denunziert» werden soll, dann ist es die Mär von einem sozusagen nur dem Guten und Schönen verpflichteten Olympia-Publikum, das seinen Beitrag zum olympischen «Gottesdienst» dadurch geleistet hätte, daß es den edlen Wettkämpfen ausschließlich wohlgeformter Athleten artig Beifall geklatscht und sich mit stillem Genuß an der Schönheit, der Kraft und der Behendigkeit des menschlichen Körpers ergötzt hätte.

Gewiß ist dieses Kapitel aus einer einseitigen Perspektive geschrieben. Es lenkt die Aufmerksamkeit auf die – vom Standpunkt landläufiger Ästhetik aus – «häßlichen», «negativen» Aspekte des olympischen Wettkampfsports schon in klassischer Zeit. Daß es auch viel Schönes, Wohlanzusehendes bei den sportlichen Agonen Alt-Olympias gegeben hat, soll überhaupt nicht bestritten werden. Doch muß es erlaubt sein, die Dinge auch einmal mit bewußter Einseitigkeit gegen den Strich zu bürsten – als Notwehr sozusagen gegen eine fatale Ästhetik-Schwärmerei, die ihrerseits extrem unhistorischer Einseitigkeit zu zeihen ist.

Wie kann man an Brutalität Gefallen finden? – Die Anfrage eines entsetzten «Barbaren»

Diese Verklärung, die übrigens auch die gesellschaftliche Funktion gerade des Kampfsportes als geregelte Kanalisierung von Aggression und Gewaltphantasien und seine Bedeutung für die militärische Ausbildung junger Griechen übersieht[308], erinnert in ihrer Naivität an das gespielte Erstaunen und Entsetzen, das Lukian dem Skythen Anacharsis beim Anblick kämpfender Schwerathleten in einer griechischen Palaistra in den Mund legt. Der «Barbar» kann es gar nicht glauben, daß ausgerechnet die «gesitteten» Griechen sich zu solchen Gewalttätigkeiten und häßlichen Szenen hingezogen fühlen:

«Das ist ja gerade das Erbärmlichste, daß so viele Zuschauer Zeugen der Mißhandlung der Athleten sind, die sie aber offenbar noch glücklich preisen, wenn sie sie blutüberströmt sehen oder wie sie von ihren Partnern gewürgt werden. Denn das ist anscheinend das größte Glück, das ihrem Sieg beschert ist (...). Für die Wettkämpfer indessen ergreift mich noch Mitleid für das, was sie erleiden, jedoch wundere ich mich sehr über die Zuschauer, die ... sich von überallher zu den Festversammlungen einfinden, daß sie ihre wichtigen Geschäfte beiseite lassen und für derartige Darbietungen Zeit finden. Auch kann ich nicht begreifen, daß es ihnen ein Vergnügen bereiten soll, Menschen zu sehen, die sich stoßen und boxen, sich zu Boden schmettern und gegenseitig zerschlagen.»[309]

Lukian, man sieht es, empfiehlt sich durchaus als probates Ernüchterungsmittel gegen allzu hohe Ausschläge (scheinbar) hellenophilen Idealisierungsfiebers – übrigens nicht nur in Sachen Sport.

Ein Fest der Völkerverständigung?

Zutritt nur für Griechen – Olympische Exklusivität

Das IOC hätte, wäre es im Altertum mitsamt seinen Statuten schon existent gewesen, nicht gezögert, die Griechen von der Teilnahme an den Olympischen Spielen auszuschließen. Wieso? Weil sich die Hellenen in eklatanter Weise über jene Anti-Diskriminierungs-Statuten hinwegsetzten, die zu den tragenden ideologischen Säulen der modernen olympischen Idee gehören. Wie weiland der Bann des IOC Südafrika wegen der dort praktizierten Rassendiskriminierung getroffen hat, so hätte das einschlägige Verdikt die Hellenen gleich doppelt und dreifach treffen müssen: die Auslese der in Olympia geduldeten Teilnehmer hätte damals schwerlich nach exklusiveren Kriterien erfolgen können.

Symbolisieren heute die fünf ineinander verschlungenen Kreise die völkerverbindende, ja alle Kontinente umfassende Ausrichtung des Olympismus Coubertinscher Prägung, soll bei den heutigen Olympischen Spielen «die Jugend der Welt» nicht nur friedlich miteinander wetteifern, sondern sich auch näher kommen, sich besser verstehen lernen, und soll der Sport auf diese Weise trennende nationale Grenzen und ethnische Schranken überspringen, so fanden die Olympischen Spiele des Altertums gewissermaßen in geschlossener Gesellschaft statt: zugelassen waren nur Griechen.

Diese Beschränkung entsprach folgerichtig der historischen Entwicklung. Waren es anfangs vornehmlich Adlige aus der Region, die in Olympia ihre Kräfte maßen, um die Besten in ihren Reihen zu ermitteln, so dehnte sich der Kreis der Teilnehmer allmählich auf die gesamte Peloponnes und den Raum des griechischen Mutterlandes aus. Daß die Griechen aus den Kolonialgebieten an allen Küsten des Mittelmeeres selbstverständlich teilnahmeberechtigt waren, ergab sich aus den mannigfachen verwandtschaftlichen Beziehungen zu den Bewohnern ihrer alten Heimat. Das traf insbesondere auf der gesellschaftlichen Ebene der Aristokraten zu, die durch familiäre Bande, aber auch durch gegenseitige Gastfreundschaften eng miteinander verbunden waren. Hinzu kamen dieselbe Sprache, dieselbe Religion und weitgehend auch dieselben kulturellen Grundlagen, die identitätsstiftend wirkten.

Gerade weil sich Erziehung und kulturelles Umfeld, Wertvorstellungen und Lebensweise bei aller unterschiedlichen Ausprägung im einzelnen letztlich doch ohne Mühe auf einen gemeinsamen Nenner bringen ließen, hatte der sportliche Wettkampf die entscheidende Basis der Vergleichbarkeit. Wenn die Ausgangsbedingungen und Voraussetzungen zu stark divergieren, hat ein «Vergleichskampf» wenig Sinn – auch weil der Sieger in der einzelnen Disziplin dann viel weniger Anerkennung findet: das kopfschüttelnde Unverständnis des Skythen Anacharsis über die griechische Agonistik in Lukians gleichnamigem fiktivem Dialog führt das sehr plastisch vor Augen. Mit ätzender Ironie distanziert sich der «Barbar» dort von der in seinen Augen geradezu idiotischen Wertschätzung der Preise bei den großen Kranzspielen:

«Auch für die Wettkämpfer lohnt es sich gar sehr, sich um einen solchen Preis zu bemühen: Um Äpfel und Eppich lebensgefährlich einander zu würgen und sich die Gliedmaßen zu brechen, als ob es nicht jedem möglich wäre, sich ohne viel Umstände Äpfel zu beschaffen, wann immer er Lust verspürte, oder sich mit Eppich und einem Fichtenkranz zu bekränzen, ohne erst das Gesicht mit Lehm verschmieren zu müssen und von seinen Gegnern einen Stoß in den Bauch versetzt zu bekommen.»[310]

Die in den Pflanzstädten weitab der Heimat ihrer Väter wohnenden Griechen sahen das ganz anders. Für sie waren die panhellenischen Festspiele eine Art Brücke zum Mutterland. Sie legten großen Wert darauf, dazuzugehören – und sich selbst und den anderen Griechen zu beweisen, daß sie auch sportlich mithalten konnten.

Olympia und die anderen Festspielorte waren für die Griechen der Kolonien so gesehen eher noch wichtigere Foren der Selbstdarstellung; sie boten die willkommene Gelegenheit, dem brennenden Ehrgeiz freien Lauf zu lassen und die Ruhmsucht zu befriedigen – Merkmale des «Nationalcharakters», die auch sie eindeutig als Angehörige der hellenischen «Familie» auswiesen.

Die Olympischen Spiele waren demnach so etwas wie nationale Meisterschaften. Der Vergleich hinkt natürlich, weil es neben den Olympien noch die drei anderen großen panhellenischen Agone in Korinth, Nemea und Delphi gab, die sich in der Ausrichtung dieser Meisterschaften mit den Spielen in Olympia gewissermaßen abwechselten. Im Hinblick auf die Zulassungsbedingungen läßt sich die Parallele aber ziehen. Auch heute sind «abgeschlossene» nationale Meisterschaften durchaus noch das Übliche; die «offenen» Turniere beschränken sich auf wenige Sportarten wie Tennis und Golf. An sich ist also nichts Anstößiges daran, Wettkämpfen einen solchen Rahmen zu geben. Daß die Ideologie der Olympischen Spiele in der griechischen Antike noch nicht die heute so selbstverständlich erscheinende Idee des olympischen Internationalismus umfaßte, wird man den Griechen schwerlich vorwerfen können.

«Stammler» unerwünscht – Ablehnungsallianz von Kult, Kultur und Arroganz

Problematisch wurde die Abschottung nach außen erst, als die «Barbaren» stärker in das Blickfeld der Griechen gerieten. Ursprünglich war diese Bezeichnung für alle Nichtgriechen ein relativ wertneutraler, lautmalerischer Begriff: Barbaren waren die «Stammler», die «Lallenden», die «unverständlich Redenden» – also alle diejenigen, mit denen es aufgrund ihrer Sprache Kommunikationsschwierigkeiten gab.

Der zunächst weitgehend deskriptive Begriff erfuhr durch das Erlebnis der Perserkriege im frühen 5. Jh. v. Chr. eine Abwertung. Es war für die Griechen ein Überlebenskampf, den sie da gegen den mächtigen Großkönig, den Herrn über zahlreiche Völker, führten und bestanden. Solche Konfrontationen führen zur Polarisierung, und die erweist sich unter anderem in der abschätzigen Art, in der man seit dem 5. Jh. von den «Barbaren» sprach. Das Gefühl der Überlegenheit gegenüber den «rohen, ungebildeten» Nichtgriechen speiste sich nicht nur aus dem Bewußtsein, auf einer kulturell und ökonomisch höheren Leistungsstufe zu stehen. Es hatte auch eine politische Dimension: mit Verachtung schauten die «freien» Hellenen auf alle jene Völker herab, die sich von dem persischen «Despoten» scheinbar widerspruchslos «knechten» ließen. Das Bewußtsein, die eigene Freiheit gegenüber den Expansionsgelüsten des Großkönigs verteidigt zu haben, stärkte das Selbstvertrauen der Griechen und nährte eine Einstellung gegenüber den «Barbaren», die – trotz einiger warnender Stimmen – zunehmend durch Überheblichkeit und Arroganz gekennzeichnet war.

In einem solchen Klima war natürlich nicht daran zu denken, die Olympischen Spiele auch für Teilnehmer aus «barbarischen» Ländern zu öffnen. Soweit wir wissen, ist diese Idee niemals ernsthaft erwogen worden – so absurd erschien sie. Es war ein wohl eher widerwilliger Tribut an den Ungeist der Zeit, als der ansonsten sehr nüchterne und sachliche Ludwig Ziehen im Jahre 1939 im RE-Artikel «Olympia» schrieb: «Für die Ausschließung der ‹Barbaren› war natürlich in erster Linie das rassische Bewußtsein bestimmend.» Was er im Anschluß daran formulierte, entspricht durchaus der griechischen Sicht: «Der Gedanke, daß etwa ein Neger im olympischen Ringe auftreten könnte, wäre ohne Zweifel für die Griechen bis in späte Zeit hinunter unerträglich oder vielmehr überhaupt undenkbar gewesen»[311].

Man mag es, will man so unhistorisch urteilen, bedauern, daß die Griechen so dachten; ändern kann das an der Tatsache aber nichts: als geistige Paten des völkerverbindenden Olympischen Gedankens kann man die alten Griechen angesichts ihrer rigiden Haltung gegenüber den «Barbaren» nicht in Anspruch nehmen.

Olympia-Entree dank mythologischer Verrenkungen – Der Sonderfall Makedonien

Wie restriktiv die Hellanodiken in der Barbaren-Frage eingestellt waren, zeigen die Schwierigkeiten, die die Makedonen in Olympia hatten. In der 1. Hälfte des 5. Jh. v. Chr. regierte Alexander I., der Sohn des Amyntas, den makedonischen Staat, der für die Griechen damals noch ganz am Rande ihrer Welt lag. Alexander hatte den Ehrgeiz, an den Olympischen Spielen teilzunehmen. Er reiste an den Alpheios, stieß dort aber bei vielen auf Ablehnung. Herodot lapidar zu der sich anbahnenden Konfrontation: «Die Griechen, die auch zu den Kämpfen antraten, wollten ihn nicht zulassen, weil nur Griechen und keine Barbaren an den Wettkämpfen teilnehmen dürften.»[312]

In dem hochnotpeinlichen Verfahren vor der Prüfungskommission mußte Alexander sich eines mythologischen Kunstgriffs bedienen, der aber der wohl zuvor schon offiziösen Abstammungs-Legende der Makedonen entsprach. Der Name der königlichen Herrscherfamilie der Argeadai leite sich, so legte Alexander den Hellanodiken dar, von der peloponnesischen Stadt Argos ab. Von dort seien einst drei Brüder ausgewandert, Angehörige eines vornehmen aristokratischen Geschlechtes, das seinen Stammbaum über Herakles auf Zeus zurückgeführt habe. In Makedonien angekommen, hätten diese Urahnen zunächst dem dort herrschenden König gedient, bevor sie schließlich nach und nach das Land selbst erobert hätten.[313]

Die «Story» leuchtete den Hellanodiken ein; mit pseudoetymologischen Argumenten vom Typ Argos-Argeadai ließ sich in der Antike erstaunlich leicht Überzeugungsarbeit leisten. Eine windige Konstruktion, aber sie ermöglichte es Alexander, als Grieche an den Olympischen Spielen teilzunehmen.

Nachdem sie sich so das Entree verschafft hatten, nahmen in der Folgezeit auch andere makedonische Könige an den Olympischen Spielen teil. Philipp II., der Vater Alexanders des Großen, war stolz auf seine Siege im olympischen Wagenrennen. Zugleich schlug er politisches Kapital aus ihnen, indem er sie in seine Münzpropaganda einbezog.[314] Will man der Legende Glauben schenken, so soll ihm die Geburt Alexanders zeitgleich mit der Nachricht von seinem Sieg beim olympischen Wagenrennen und einem militärischen Erfolg gemeldet worden sein – eine Koinzidenz, die man flugs als gutes Omen für die «Unbesiegbarkeit» seines großen Sohnes interpretierte – zumindest *ex post.*[315].

Im übrigen war der Streit um die Zugehörigkeit der Makedonen zu den Hellenen mit der Entscheidung des olympischen Schiedsgerichts noch längst nicht beigelegt. Er flammte in der Zeit des makedonischen Aufstiegs im 4. Jh. v. Chr. wieder heftig auf. Mochte es sich dabei auch um propagandistische Schaugefechte handeln, die die Makedonen-Gegner aus durchsichtigen Agitationsgründen inszenierten, so sahen sich die makedonischen Herrscher doch gezwungen, weiterhin um Anerkennung zu werben: sie traten als großzügige Sponsoren auf, die zum Schmuck des olympischen Festspielorts mit einer Reihe wertvoller Bauten und Kunstwerke beitrugen[316].

In der Zeit des Hellenismus wurde es angesichts der durch den Alexanderzug erfolgten Hellenisierung weiter Räume Vorderasiens und Ägyptens schwierig, exakt zwischen Griechen und «Barbaren» zu unterscheiden. Wie sich die Hellanodiken damals den Nachweis «echter» griechischer Abstammung erbringen ließen, ist nicht bekannt.

Die Dämme brechen – oder: Die Römer als Griechen

Besonders heikel wurde die Lage mit dem allmählichen Aufstieg Roms zur beherrschenden Macht im Mittelmeerraum. Wie konnte man es römischen Athleten erlauben, an den panhellenischen Spielen teilzunehmen, ohne daß die Zulassung der Römer allzu sehr wie ein Kniefall vor ihrer politisch-militärischen Macht aussah?

Den Anfang machten die Organisatoren der Isthmischen Spiele. Sie gestatteten den Römern erstmals im Jahre 229 v. Chr. die Teilnahme an den in Korinth ausgetragenen panhellenischen Agonen – als Geste tiefer Dankbarkeit dafür, daß die Römer die Adria zuvor von Seeräubern befreit und sich so als Garanten eines ungehinderten Seehandels profiliert hatten[317]. Wahrscheinlich verband sich mit dieser Einladung lediglich die Anerkennung der Römer als einer zivilisierten – und insofern nicht «barbarischen» – Nation, nicht aber die Aufnahme in die hellenische «Familie». Allerdings ist auch das nicht ganz auszuschließen: unter Berufung auf das mythologische Konstrukt, das sie über den großen Helden Aeneas zu Nachfahren der Trojaner machte, mögen sich schon damals die Römer in die Verwandtschaft der Griechen «eingeklagt» haben.

Mit der Zulassung zu den Isthmien war das Eis gebrochen. Sicher mußten in der Folgezeit auch die Veranstalter der anderen großen Festspiele, die einen früher, die anderen später, vor der faktischen Macht Roms kapitulieren und die Zulassungsbedingungen wohl oder übel etwas flexibler handhaben. Mag sein, daß das «führende» Olympia sich noch einige Jahrzehnte gegen diese Aufweichung gesperrt hat, aber spätestens im Jahre 146 v. Chr. dürfte auch dort der Widerstand aufgegeben worden sein: damals wurde Griechenland römische Provinz.

Von römischen Olympioniken hören wir in der Zeit der Republik allerdings nichts. *So* attraktiv war die Teilnahme an den Olympien damals möglicherweise für Römer gar nicht. Zum einen, weil national-römische Ressentiments der griechischen Athletik ohnehin große Skepsis und Verachtung entgegenbrachten, und zum anderen, weil sich die Bedeutung Olympias in den letzten beiden vorchristlichen Jahrhunderten spürbar verringert hatte. Die Siegerliste mit einer Vielzahl von Olympioniken aus dem näheren geographischen Einzugsgebiet Olympias läßt vermuten, daß die Wettkämpfe damals vorrangig von Athleten aus der Region besucht worden sind.

Der erste römische Olympiasieger war im übrigen der spätere Kaiser Tiberius. Er gewann wahrscheinlich im Jahre 4 v. Chr. den Sieg im Wagenrennen. Auf ihn folgten noch zahlreiche «römische» Olympioniken – kein Wunder; denn je freigebiger die Kaiser die Verteilung des römischen Bürgerrechts handhabten, um so größer wurde der Kreis der Teilnahmeberechtigten. Wobei indes die Freigebigkeit nicht auf die Cäsaren beschränkt blieb: Auch die griechischen Städte rissen sich mitunter förmlich darum, bedeutenden Athleten ihr Bürgerrecht anzudienen. So besaß der im 2. Jh. n. Chr. berühmte Pankratiast und Faustkämpfer Marcus Aurelius Demostratus Damas, ein gebürtiger Lyder, das Bürgerrecht von nicht weniger als fünfzehn Städten, unter ihnen Delphi und Athen[318]. Es ist klar, daß angesichts dieser inflationären Tendenzen von olympischen Zulassungsbedingungen im ursprünglichen Sinne nicht mehr die Rede sein kann.

Neben der ethnisch und kultisch bedingten Zulassungssperre für «Barbaren» gab es im Olympia der klassischen Zeit – aber auch später – weitere Einschränkungen. Aus heutiger Sicht mag der Begriff «Diskriminierung» angebracht sein, für die Griechen waren diese Restriktionen jedoch selbstverständlich, ja geradezu nötig.

Mit «beseelten Werkzeugen» mißt man sich nicht! – Olympia-Sperre für Sklaven

Die erste dieser Barrieren war sozialer Natur: es war grundsätzlich nur freien Bürgern erlaubt, an den olympischen Wettkämpfen teilzunehmen. Sklaven waren als Aktive in Olympia nicht geduldet. Das war eine logische Konsequenz aus dem allgemeinen rechtlichen und gesellschaftlichen Status der Unfreien. Sie gehörten auch in den einzelnen Gemeinden nicht dem Kultverband der die Polis konstituierenden Bürger an. Da die Olympischen Spiele formal als kultische Veranstaltung zu Ehren des Zeus rangierten, mußte dort eine analoge Regelung gelten.

Aber auch angesichts der Frühgeschichte Olympias als Tummelplatz vorwiegend adliger Herren verbot sich ein Kräftemessen mit Unfreien. Mochten sich die Spiele im Laufe des 6. und 5. Jh. v. Chr. allmählich «demokratisieren», indem zunehmend auch Athleten aus den bürgerlichen Schichten und in Einzelfällen sogar aus der Klasse der Lohnarbeiter in Olympia an den Start gingen – so weit ging die Demokratisierung im alten Griechenland auf keinem Gebiet, auch nicht auf politischem, daß irgend jemand an die Ausdehnung dieses «Prinzips» auch auf die Sklaven gedacht hätte.

Um das zu begreifen, braucht man sich nur den aristokratischen Dünkel vor Augen zu führen, mit dem Alkibiades, im ausgehenden 5. Jh. immerhin Exponent der *demokratischen* «Partei» in Athen, sich dazu bekannt hat, daß er seinen olympischen Ehrgeiz auf die hippischen Agone richtete: «Die gymnischen Wettbewerbe verachtete er, weil er sah, daß einige der daran teilnehmenden Athleten von geringer Geburt und Bürger unbedeutender Städte waren und zudem über eine armselige Erziehung verfügten.»[319] Das konnte noch Jahrzehnte später sein Sohn voller Stolz über seinen berühmten Vater sagen, ohne eine Lawine an empörten öffentlichen Reaktionen loszutreten. Man stelle sich nur vor, ein Tennisspieler äußerte sich heutzutage in ähnlicher Weise über am olympischen Turnier teilnehmende Sportler anderer Disziplinen – ein Sturm der Entrüstung würde über den «elitären Schnösel» hinwegfegen, der eigentlich nur das getan hätte, was man im demokratischen Athen des 5. Jh. ungestraft tun durfte: seine Meinung sagen.

Im übrigen *waren* Sklaven aufgrund ihrer gesellschaftlichen und juristischen Stellung für einen freien Griechen nun einmal keine akzeptablen Partner im sportlichen Vergleich. Viel zu groß war die Verachtung, die ihnen von den meisten Freien entgegengebracht wurde. Sklaven galten – sicher nicht nur nach Auffassung des Aristoteles, der diese Lehre «systematisierte» – als «beseelte Werkzeuge», die aufgrund ihrer gesamten Natur zum Dienen bestimmt seien. Wie die Menschen über die Tiere und der Mann über die Frau herrschten, so herrsche der Freie über den Sklaven aufgrund natürlichen Rechtes. Der «Barbar» sei solch ein natürlicher Sklave, findet Aristoteles, denn:

«Diejenigen, die so sehr voneinander verschieden sind wie die Seele vom Körper und der Mensch vom Tier (...), sind Sklaven von Natur.» Und wie es für alle zahmen Tiere am besten sei, von den Menschen regiert zu werden, weil nur das sie am Leben erhalte, «so ist es auch für die Sklaven von Natur... besser, auf die entsprechende Art regiert zu werden.»[320]

Die von Aristoteles als «Sklaven von Natur aus» Bezeichneten sind für ihn übrigens keine Griechen, sondern Barbaren. Hier schließt sich der Kreis: mit solchen nach ihrer Meinung weit unterlegenen Menschen sich zu messen, erschien der überwältigenden Mehrheit der Hellenen in klassischer Zeit als Zumutung.

Wenn man Sklaven in Olympia duldete, dann nicht unter den Aktiven, sondern allenfalls als Diener, Lastenschlepper und Quartiermacher vermögender Herren, die sich die mühsame Reise mit Hilfe ihres unfreien Gefolges etwas erleichterten. Auf der olympischen Tribüne der brütenden Mittagshitze des griechischen August ausgeliefert zu sein – das gestattete man «großzügig» auch Sklaven, wie eine witzige Anekdote zeigt, die Aelian in seinen «Vermischten Geschichten» überliefert.

«Ein Mann aus Chios, der sich über seinen Sklaven ärgerte, sagte: ‹Ich werde dich nicht in die Mühle bringen (die härteste, von Sklaven am meisten gefürchtete Arbeitsstätte), sondern nach Olympia!› Er hielt es nämlich offenbar für eine härtere Strafe, in Olympia als Zuschauer in der Sonne zu schmoren, als zum Mahlen in der Mühle verurteilt zu sein.»[321]

«Fernhaltung der Weiber» – Olympisches Tabu-Geheimnis

Die dritte Großgruppe der von den Olympischen Spielen Ausgeschlossenen waren die Frauen. Verheirateten Frauen war der Zutritt nach Olympia gänzlich untersagt; auch auf den Zuschauerrängen hatten sie nichts zu suchen – im Unterschied zu ledigen jungen Frauen, denen man das Zuschauen erlaubte[322]. Auf Übertretung dieser Vorschrift stand eine furchtbare Strafe: Jede Frau, die es an den Festtagen wagte, auch nur den Alpheios zu überschreiten, sollte von einem nahegelegenen, schroff aufragenden Hügel zu Tode gestürzt werden.

Es soll allerdings nur eine einzige Frau dabei erwischt worden sein, daß sie sich über das strenge Verbot hinwegsetzte. Kallipatreia – andere überliefern den Namen Pherenike –, Tochter, Schwester und Mutter mehrerer Olympioniken, schlich sich, als Trainer verkleidet, in Olympia ein und mischte sich unter die Zuschauer. Sie brannte darauf, ihren Sohn beim Faustkampf der Knaben mit eigenen Augen kämpfen zu sehen. Als der den Sieg holte, hielt es Kallipatreia nicht mehr hinter der Absperrung, die die Trainer von den Athleten trennte. Während sie über die Barriere sprang, passierte es: Ihr Gewand zerriß, und man erkannte sie als Frau. Die Hellanodiken ließen indes Gnade vor Recht ergehen: mit Rücksicht auf den olympischen Ruhm ihrer Familie wurde der neugierigen Dame die Strafe erlassen. Aus der Geschlechts-Täuschung zog man allerdings sofort Konsequenzen: Fortan mußten auch die Trainer ihre Kleider ablegen, damit sich nicht noch einmal ein derart skandalöser Vorgang ereignete ...[323].

Warum dieses kompromißlose Fernhalten verheirateter Frauen von den Olympischen Spielen? Über diese Frage ist viel gerätselt worden; um so mehr, als uns die Quellen aus dem Altertum dabei im Stich lassen. Hängt es mit der allgemeinen Stellung der Frau in Hellas zusammen? L. Ziehen erteilt dieser Spekulation eine deutliche Absage: die Vermutung, «die Fernhaltung der Weiber» gehe auf die niedere Einschätzung des weiblichen Geschlechtes an sich zurück, sei schon deshalb abwegig, weil gegen junge Mädchen in Olympia ja niemand etwas hatte[324].

Statt dessen sieht er den Grund dafür in den «magischen Kräften der weiblichen Sexualität, deren Wirkung auf die zum Wettkampf nötige Konzentration man scheute». Eine fragwürdige These, setzt sie doch voraus, «daß man die Sexualität der Frauen wesentlich stärker bewertete und fürchtete» als die von Jungfrauen[325].

In letzter Zeit erfreut sich die Theorie E. Mehls einer gewissen Beliebtheit: Mehl glaubt, «mutterrechtliche Reste in der Olympischen Festordnung» nachweisen zu können[326], und bringt das mit der alten These J. J. Bachofens in Verbindung, der für das vorhellenische Griechenland eine matriarchalische Gesellschaft annimmt. Nachdem im Verlaufe der Einwanderung der griechischen Stämme diese von den Frauen dominierte Ordnung durch das «klassische» Patriarchat abgelöst worden sei, hätten die Männer ganze Arbeit geleistet, indem sie den frühen mutterrechtlichen Kult Olympias in einen vaterrechtlichen Zeuskult «umfunktioniert» und die Spiele zu einer Art Tabu-Zone für Frauen erklärt hätten. Fest steht: Der Ausschluß der Frauen muß kultische Gründe gehabt haben. Ob

Mehls Vermutung indes die endgültige Lösung des Rätsels bedeutet, muß angesichts ihrer Fundierung auf die fragwürdige Bachofensche Matriarchats-Theorie bezweifelt werden.

Wenn sie Frauen schon nicht als Zuschauerinnen auf der Tribüne duldeten, dann waren die Männer erst recht nicht bereit, ihre Sport-Domäne mit weiblichen Konkurrenten zu teilen. Bis auf ganz wenige Sonderfälle wie Sparta, wo auch Mädchen der staatlichen Sporterziehung unterworfen waren – sie sollten nach der Heirat nicht vor harter Arbeit zurückschrecken und ihren Männern besonders gesunde und kräftige Kinder gebären[327] –, gab es in Hellas so gut wie keinen Mädchensport. Eine aktive Teilnahme an den Olympischen Festspielen lag deshalb überhaupt nicht im Denkhorizont der Griechen.

Die Kurtisane als Olympiasiegerin – Das Reglement macht's möglich

Wenigstens *das* scheint wirklich einmal eine Parallele in den Olympischen Spielen der Neuzeit zu finden. Der Mädchensport setzte sich im vergangenen Jahrhundert nur sehr zögernd durch; im schulischen Sportunterricht gelang der Durchbruch erst nach dem Ersten Weltkrieg[328]. Bei den Olympiaden sah es nicht viel anders aus: Damen-Wettbewerbe wurden erstmals im Jahre 1908 in London in den Disziplinen Bogenschießen und Eiskunstlauf ausgeschrieben, und die Zahl der Frauendisziplinen nahm in der Folgezeit nur sehr langsam zu.

Bei genauerem Hinsehen liegt jedoch auch hier keine echte Parallele zwischen den ersten drei modernen Olympiaden bis 1904 und den Spielen der Griechen vor; denn die erlaubten es den Frauen wenigstens in *einer* Art von Wettkämpfen, die Phalanx der männlichen Olympioniken zu durchbrechen: in den hippischen Agonen. Da in ihnen der Rennstallbesitzer, nicht der Wagenlenker den begehrten Ölzweig erhielt, war die persönliche Anwesenheit des Siegesaspiranten in Olympia nicht zwingend vorgeschrieben. Trotzdem erstaunlich, aber sicher verbürgt: Frauen, die ein

Gespann aus ihrem Besitz in Olympia anmeldeten, wurden nicht zurückgewiesen. Mehr noch: Durch diese Sonderregelung schafften es einige wenige Frauen im Altertum, Olympiasieger zu werden.

Die erste Frau, der das gelang, war die aus einem spartanischen Königshaus stammende Kyniska. Sie war gleich zweimal hintereinander erfolgreich, in den Jahren 396 und 392 v. Chr.[329]. Es schmälerte ihren Ruhm nicht, daß der Spartanerkönig Agesilaos, ihr Bruder, dabei eine Art grauer Eminenz im Hintergrund gewesen sein soll. Das berichtet jedenfalls Plutarch in seiner Agesilaos-Biographie: um einigen dünkelhaften Rennstallbesitzern gewissermaßen eine kalte Dusche zu verpassen, soll er Kyniska angestiftet haben, «einen Wagen in Olympia laufen zu lassen und sich an dem Wettkampf zu beteiligen in der Absicht, den Griechen zu zeigen, daß ein solcher Sieg keine Sache der eigenen Tüchtigkeit, sondern des Reichtums und des Kostenaufwandes ist.»[330]

Man sieht: mit weiblicher Emanzipation in Sachen Olympischer Spiele hatte der Erfolg der Kyniska offenbar wenig zu tun. Bei der zweiten, namentlich bekannten Olympiasiegerin war das nicht anders: Belastiche (oder Bilistiche), die in den Jahren 268 und 264 v. Chr. im Rennen der Fohlenvier- bzw. -zweigespanne siegte, war eine berühmte Kurtisane, die Mätresse des ägyptischen Königs Ptolemaios II. Philadelphos[331]. Woher ihre Mittel stammten, die ihr den Unterhalt eines aufwendigen Rennstalls ermöglichten, konnte niemandem verborgen bleiben.

Olympisches Wir-Gefühl? – Nur in Sonntagsreden beschworen

Bislang haben wir nur Trennendes, Barrieren und Exklusivität kennengelernt – also fürwahr nichts, aus dem jener Geist der Verständigung und des Brücken-Bauens wehte, der für die moderne Olympische Idee konstitutiv ist. War aber nicht wenigstens innerhalb des eng gezogenen Rahmens der griechischen Spiele eine Kraft des Verbindenden wirksam? Konkret gefragt: führten die Olympischen (und anderen panhellenischen) Spiele nicht doch dazu, daß sich die Teilnehmer aus den vielen Städten und Territorialstaaten besser kennen und schätzen lernten, daß sich ein Geist der Versöhnung und des Wir-Gefühls durchsetzte, der zumindest auf mittlere und lange Frist auf ein harmonischeres Miteinander hinführte?

So enttäuschend es sein mag: ein derartiges olympisches Pfingstwunder hat es nicht gegeben. Kein Zweifel, daß die panhellenischen Spiele identitätsbildend bzw. -ausbauend wirkten. Wer als Aktiver oder Zuschauer die Spiele besuchte, war sich bewußt, daß er «dazu gehörte», daß er dort Umgang hatte mit Menschen, die dieselbe Sprache sprachen wie er, die denselben Göttern opferten und die dieselbe Begeisterung für den Sport als keineswegs nur «schönste Nebensache der Welt» aufbrachten wie er selbst. Olympia und Delphi waren die Kristallisationspunkte des Griechentums als Kulturnation. Erkauft wurde dieses stolze Wir-Gefühl jedoch gerade durch die scharfe Trennlinie, die man zu den «Barbaren» hin zog. Die olympische Besinnung auf das Gemeinsame hat als unabdingbares Pendant die scharfe, teils kämpferisch-aggressiv, teils dünkel- und gönnerhaft sich gebende Ablehnung des Fremden, eben des «Barbarischen» – jedenfalls in der vorhellenistischen Zeit.

In diesem Lichte müssen die Ovationen gesehen werden, die die Zuschauer Themistokles bei der Olympiade des Jahres 476 v. Chr. darbrachten. Sie jubelten dem athenischen Politiker einen vollen Tag lang zu, berichtet Plutarch, und vergaßen darüber sogar die sportlichen Wettbewerbe[332]. Der Jubel galt dem «Retter Griechenlands», dem Staatsmann, der beim Angriff der Perser auf Hellas (480/79 v. Chr.) maßgeblichen Anteil daran hatte, die antipersische Koalition griechischer Staaten zu schmieden und in der Stunde höchster Gefahr zusammenzuhalten. Der «panhellenische Applaus» in Olympia war also eine eindrucksvolle Manifestation nicht nur des Triumphgefühls der siegreichen Griechen, sondern auch ihrer antipersischen Stimmungen und Ressentiments.

Und wie schnell die Fassade der griechischen «Eintracht» bröckelte, zeigte sich wenige Stunden später: da soll ausgerechnet der Held der Spiele selbst heftig gegen den Tyrannen Hieron von Syrakus agitiert und die Masse zur Plünderung von dessen Luxuszelt aufgewiegelt haben. Begründung: Hieron habe sich am Kampf gegen die Perser nicht beteiligt[333]. Mit panhellenischen Parolen zur Gewalt gegen einen griechischen «Mitbruder» aufzurufen – *das* war die Realität des im Zeichen Olympias angeblich so gefestigten Wir-Gefühls aller Griechen!

Auf der gleichen Ebene liegt alles, was auch später mit schönen, kraftvollen Worten als Werbung zur griechischen Eintracht in Olympia gesagt worden ist. Ob Gorgias, der die Festversammlung im Peloponnesischen Krieg (408 v. Chr.) aufforderte, die innergriechischen Feindseligkeiten einzustellen und statt dessen gemeinsam gegen die Perser zu Felde zu ziehen, ob Lysias, der ebenfalls die Solidarität der Griechen im Kampf gegen Persien und den sizilischen Tyrannen Dionys einzufordern suchte (388 v. Chr.), oder Isokrates, der acht Jahre später erneut zur Eintracht aller Griechen und zum Widerstand gegen die Perser aufrief – sie alle beschworen pathetisch die Verantwortung ihrer Landsleute für das *gemeinsame* Schicksal; sie alle appellierten an die gemeinsame Abstammung, die gemeinsame Kultur und die gemeinsamen Werte aller Griechen als Verpflichtung zum gemeinsamen Vorgehen gegen die «Barbaren» – und sie alle scheiterten.

An der tatsächlichen, egoistischen und engstirnigen Politik der griechischen Stadtstaaten, die selten bereit waren, auf ihre Souveränitätsrechte zu verzichten, änderten diese gut gemeinten panhellenischen Sonntagsreden nichts. Olympia bot sich für solche beschwörenden Appelle Einzelner zur gesamtgriechischen Solidarität als Forum natürlicherweise an – dort kamen Sportler, Zuschauer, Politiker und Intellektuelle aus allen griechischen Staaten zusammen. Aber aus dieser eher technischen Funktion läßt sich weder eine panhellenische Ideologie mit Zielrichtung politischer Eintracht folgern, noch darf man die Worte der Rhetoren mit den Taten der Politiker verwechseln. Im übrigen lassen sich Ausfälle und Tiraden gegenüber anderen Nationen, auch wenn sie zur Aufrüttlung des panhellenischen Gewissens dienten, kaum als programmatische Anknüpfungspunkte für die völkerverbindende Idee der modernen Olympischen Spiele in Anspruch nehmen.

Lippenbekenntnisse zur Eintracht, aber keine panhellenische Politik

Wurde dort aber nicht doch wenigstens im bescheidenen *innergriechischen* Rahmen Wichtiges geleistet, das zu mehr Ausgleich und Harmonie der Griechen untereinander führte? Diese Auffassung wird oft vertreten. So spricht Ludwig Drees von der «eintrachtstiftenden Wirkung der Olympischen Spiele», und er fügt hinzu: «In Olympia vergaßen die Griechen das Trennende und besannen sich auf das Gemeinsame.»[334]

Das klingt einleuchtend. Und tatsächlich nutzten Politiker die Gelegenheit der Olympischen Spiele, um miteinander zu reden. Abmachungen zwischen einzelnen Staaten wurden in Olympia ausgehandelt, fertige Verträge dort in Form von Urkundensteinen ausgestellt. So zum Beispiel das Friedensabkommen auf 30 Jahre, das Athen und Sparta im Jahre 446/45 v. Chr. schlossen: es wurde auf einer Bronzetafel fixiert und in der Altis von Olympia deponiert[335] – eine symbolische Geste, um den Friedenswillen der beiden griechischen Großmächte gewissermaßen dem gesamthellenischen Publikum zu präsentieren und ihn in die Obhut des olympischen Zeus zu geben. Genutzt hat das wenig. Wenn die politische Stimmung umschlug, interessierte sich niemand mehr für die feierlich in Olympia hinterlegte Friedensurkunde: Im Jahre 431 v. Chr. brach bekanntlich der Peloponnesische Krieg aus, fünfzehn Jahre, bevor der Friede auf dem «Papier» beendet war...

Auch für derartige unverbindliche Gespräche und Sondierungen, für *goodwill*-Gesten und symbolische Akte bot sich Olympia als Kult- und Wettkampf-Zentrum aller Griechen an. Wer der gesamten griechischen Welt etwas mitzuteilen hatte, fand dort – jedenfalls während der Spiele – die beste Zielgruppe; der «Streuverlust» war hier bei seiner Kommunikations- oder Werbekampagne denkbar gering. Was den Gedanken eines panhellenischen Näher-Zueinander-Rückens angeht, wurde jedoch in Olympia nichts bewegt. Im besten Falle tauschte man sich am Rande der Wettkämpfe aus, fuhr wieder nach Hause – und machte dort politisch so weiter, als gäbe es Olympia gar nicht. Augusta Hönle kommt in ihrer einschlägigen Untersuchung zu einem eindeutigen Fazit: «Der Impuls zum gemeinsamen politischen Handeln wurde dort nicht geweckt.»[336] So ist es – allen Phantastereien zum Trotz: Olympia hat die geradezu pathologisch zerstrittene Griechen-Familie nicht einträchtiger gemacht.

Siegerehrung als Keim der Zwietracht – Nur wer gewinnt, verliert nicht

Eher war das Gegenteil der Fall, wurde dort die Saat zu weiterer Rivalität, Eifersucht und Zwietracht gelegt. Denn es ging ja ums Prestige. Und zwar nicht nur um das des einzelnen Athleten, sondern auch um das seiner Heimat. Zu welchen Mitteln Sportler griffen, um den begehrten Ölzweig zu bekommen, haben wir bereits gesehen. Ebenso, wieviel den Staaten der Olympiasieg eines ihrer Bürger wert war und wie weit man es in der hohen Kunst brachte, olympisches Prestige in politische Propaganda umzusetzen[337].

Auf diese Weise standen nicht nur die Athleten in Konkurrenz miteinander, sondern auch die Poleis. Und diese Rivalität war geradezu institutionalisiert: bei der Siegerehrung wurde neben dem Namen des Olympioniken der seiner Heimatstadt verkündet – also das Pendant zu dem heute von vielen als «nationalistisch» angeprangerten Aufziehen der Nationalflaggen und dem Abspielen der Nationalhymne des Siegers.

An dem sogenannten «Medaillenspiegel», den die Medien bei den modernen Olympischen Spielen in fortschreitender Aktualisierung, nach Ländern unterschieden, veröffentlichen, wird ebenso oft Kritik geübt: dergleichen leiste nationalistischen Tendenzen Vorschub und stehe im Widerspruch zur völkerverbindenden Olympia-Idee. Der Einwand mag berechtigt sein oder nicht; das antike Olympia läßt sich allerdings auf keinen Fall als Argument von «historischer Vorbildlichkeit» dafür ins Feld führen. Zwar gab es damals keinen Medaillenspiegel – aber gezählt wurde sicher!

Verschärfend kam noch eine Besonderheit der antiken Spiele

Olympische Opfergabe mit politischem Hintergrund: Helm des Miltiades, des Siegers der Schlacht von Marathon (490 v. Chr.), mit der Inschrift: «Miltiades weihte (ihn) dem Zeus.»

hinzu, die weithin unbekannt ist. «Verbrüderungsszenen» auf dem olympischen Siegertreppchen, mehr oder weniger freundliche Umarmungen der drei Erstplazierten untereinander, wie sie die Kameras als «Beweise» für Harmonie, *fair-play*-Gesinnung und internationale Versöhnung unter dem Symbol der fünf Ringe so gerne einfangen, *shakehands*-Szenen während der Siegerehrungszeremonie – all das kannte man bei den Griechen nicht; auch nicht in einer anderen Form.

Es *konnte* so etwas nicht geben, denn es gab stets nur *einen* Sieger. Wer den zweiten oder dritten Platz belegt hatte, war ebenso Verlierer wie der, der als Achter oder Zehnter durchs Ziel gekommen war. Wer in den schwerathletischen Disziplinen bis ins Finale vorgedrungen war, fiel, wenn er dort unterlag, der Vergessenheit ebenso anheim wie diejenigen, die er vorher bezwungen hatte. Bezeichnenderweise ist nicht einmal der Name des Kontrahenten überliefert, unter dessen Würgegriff der postum zum Sieger ausgerufene Arrhichion das Zeitliche gesegnet hatte. Was zählte, war allein der Sieg. Auch das Kampfgericht stellte keinerlei Reihenfolge der unterlegenen Athleten fest ...[338].

Die einzige Ausnahme von dieser ehernen Regel war eine – rein privat und inoffiziell vorgenommene – Feststellung *weiterer* Plazierungen, die ein Sieger errungen hatte. Technisch war das natürlich nur bei den hippischen Agonen möglich, wo ja der Rennstallbesitzer zu olympischen Ehren kam. Es war einem Teilnehmer unbenommen, etwa zum Wagenrennen mehrere Gespanne anzumelden. Daß sich jemand später mehrerer guter Ränge rühmte, kam selten vor – und wenn, dann nur in Verbindung mit dem ersten Platz. So brüstete sich Alkibiades, als er sich in Athen um eine wichtige Feldherrnstelle bewarb, mit seinen sieben in Olympia gemeldeten Viergespannen sei er Sieger, Zweiter und Vierter geworden.[339]

Ähnlich stellte sich auch die süditalische Griechenstadt Kroton als eine Art Athleten-Dorado dar, indem die Stadtväter stolz darauf hinwiesen, bei einer Olympiade seien im Stadionlauf der Sieger und die sechs Nächstplazierten alle von Kroton gestellt worden. Als werbewirksames Bonmot prägte man nach diesem Erfolg das «Motto», «der letzte aus Kroton sei noch immer der erste unter den übrigen Griechen» ...[340].

Dabei sein ist nichts – Mutmaßungen über das olympische Psycho-Klima

«Dabei sein ist alles», heißt die moderne olympische Devise, und dem, der an sie glaubt, nimmt sie eine Menge Erfolgsdruck und Versagensangst und vielleicht auch etwas von der Verbissenheit und dem unbedingten Siegeswillen, die sich in der Regel gar nicht förderlich für die Harmonie in der international zusammengewürfelten «Jugend der Welt» auswirken. Wenn schon die Teilnahme an den Olympischen Spielen als Erfolg gewertet wird, kann man die Dinge gelassener sehen, kann man sich «notfalls» sogar auf *fair play* kaprizieren ...

Wie aber sollte ein griechischer Athlet dazu in der Lage sein, wenn der gewaltige Erfolgsdruck, siegen zu müssen, auf ihm lastete? Denn das erwarteten seine Landsleute von ihm. Wurde er den Erwartungen nicht gerecht, so war das eine unangenehme Sache für den Sportler. Besser, er ließ nach seiner Rückkehr erst einmal Gras über die peinliche Niederlage wachsen und ging in Deckung, indem er große Plätze und Menschenversammlungen mied und sich lieber durch enge Gassen drückte.[341]

Die Niederlage – und das heißt: alle Plazierungen bis auf den ersten Platz – galt als Schmach, hatte zumindest etwas Peinliches – auch wenn sie naturgemäß stets die große Mehrheit der Olympia-Teilnehmer traf[342]. Um sie abzuwenden, taten die Athleten und ihre Trainer folglich fast alles – bis hin zu illegalen Praktiken. Es muß ein eher ungesundes Psycho-Klima aus extremem Ehrgeiz, heftigem Konkurrenzdenken, neidvoller Ruhmessucht und belastenden Versagensängsten gewesen sein, das über den olympischen Wettkämpfen lag. Daß ausgerechnet in dieser Atmosphäre individueller wie staatlicher Egozentrik der sonst übliche *sacro egoismo* der griechischen Poleis mit ihren ausgeprägten zentrifugalen, partikularistischen Vorlieben zugunsten eines harmonischen panhellenischen Miteinanders überwunden worden wäre, ist eine sympathische Vision. Mit der historischen Realität hat sie allerdings nichts zu tun.

Anhang

Auswahlbibliographie

E. Baltrusch, Politik, Kommerz, Doping. Zum Sport in der Antike, Gymn. 104, 1997, 509 ff.

H. Bengtson, Die Olympischen Spiele im Altertum, München ²1972

A. Bernardini, Lo sport in Grecia, Rom 1988

H. Berve, Vom agonalen Geist der Griechen, in: Gestaltende Kräfte der Antike, München ²1966, 1 ff.

B. Biliński, L'agonistica sportiva nella Grecia antica. Aspetti sociali e ispirazioni letterarie, Rom 1961

B. Biliński, Agoni ginnici. Componenti artistiche ed intellettuali nell' agonistica greca, Wroclaw 1979

R. und M. Brophy, Deaths in the Pan-Hellenic games, AJPh 99, 1978, 363 ff.; 106, 1985, 171 ff.

H. Buhmann, Der Sieg in Olympia und in den anderen panhellenischen Spielen, München ²1975

H. Buhmann, Der sakrale Charakter der antiken Olympischen Spiele, Anregung 34, 1988, 103 ff.

H. Buhmann, Die Olympioniken, in: Studien zur Alten Geschichte, FS S. Lauffer, Rom 1986, 87 ff.

J. Burckhardt, Griechische Kulturgeschichte, 4 Bände, 1898/1902, ND München 1977

P. de Coubertin, Olympische Erinnerungen, Berlin 1936

P. de Coubertin, Der Olympische Gedanke. Reden und Aufsätze, Lausanne/Stuttgart 1966

N. B. Crowther, Elis and the games, AC 57, 1988, 301 ff.

W. Decker, Sport in der griechischen Antike, München 1995

L. Deubner, Kult und Spiel im alten Olympia, Leipzig 1936

M. W. Dickie, Fair and foul play in the funeral games in the Iliad, Journ. of Sport Hist. 11.2, 1984, 8 ff.

L. Drees, Olympia. Götter, Künstler und Athleten, Stuttgart 1967

J. Ebert, Griechische Epigramme auf Sieger in gymnischen und hippischen Agonen, Berlin 1972

J. Ebert, Olympia – Olympische Spiele, Altertum 22, 1976, 5 ff.

J. Ebert (Hg.), Olympia. Mythos und Geschichte moderner Wettkämpfe. Wien 1980

L. Edelstein, Antike Diätetik, Antike 7, 1931, 255 ff.

M. I. Finley / H. W. Pleket, Die Olympischen Spiele in der Antike, Tübingen 1976

C. A. Forbes, Crime and punishment in Greek athletics, ClJ 47, 1951/52, 169 ff.

C. A. Forbes, Ancient athletic guilds, Class. Phil. 50, 1955, 238 ff.

P. Frisch, Die Klassifikation der παῖδες bei den griechischen Agonen, ZPE 75, 1988, 179 ff.

E. N. Gardiner, Greek athletic sports and festivals, London 1910

E. N. Gardiner, Athletics of the ancient world, Oxford 1930
H. J. Gehrke, Die Olympischen Spiele im Rahmen des antiken Sports, AU XXVIII H. 5, 1985, 14 ff.
J. Göhler, Olympioniken als Krieger und Politiker, Die Leibeserz. 19, 1970, 190 ff.
H. A. Harris, Greek athletes and athletics, London 1966
H. A. Harris, Sport in Greece and Rome, London 1972
H.-V. Herrmann, Die Siegerstatuen von Olympia, Nikephoros 1, 1988, 119 ff.
H.-V. Herrmann, Olympia. Heiligtum und Wettkampfstätte, München 1972
A. Hönle, Olympia in der Politik der griechischen Staatenwelt, Diss. Tübingen 1968
A. Hönle, Der spartanische Staat und die Olympischen Spiele in der Forschung. Der Versuch eines kritischen Kommentars, Stadion VI, 1988, 1 ff.
J. Jüthner, Philostratos über Gymnastik, Leipzig/Berlin 1909
J. Jüthner, Kalokagathia, in: Chaisteria. FS A. Rzach, 1930, 99 ff.
J. Jüthner / E. Mehl, s. v. «Pygme» RE Suppl. IX (1962), 1314 ff.
J. Jüthner / F. Brein, Die athletischen Leibesübungen der Griechen, Österr. Akad. der Wiss., phil.-hist. Kl. 249, I, Wien 1965
R. Knab, Die Periodoniken. Ein Beitrag zur Geschichte der gymnischen Agone an den vier griechischen Hauptfesten, Diss. Gießen 1934
D. G. Kyle, Solon and athletics, Anc W 9, 1984, 91 ff.
D. G. Kyle, Athletics in ancient Athens, Leiden 1987
M. Lämmer, Der sog. Olympische Friede in der griechischen Antike, Stadion VIII/IX, 1982/83, 47 ff.
M. Lämmer, Der Diskus des Asklepiades aus Olympia und das Marmor Parium, ZPE I, 1967, 105 ff.
A. Mallwitz, Olympia und seine Bauten, München 1972
D. Mannsperger, Olympischer Wettkampf. Sportdarstellungen auf antiken Münzen und Medaillen, Tübingen 1984
M. Marchovich, Xenophanes on drinking-parties and Olympic games, Illinois Class. Stud. 3, 1978, 1 ff.
H. I. Marrou, Geschichte der Erziehung im klassischen Altertum, Freiburg 1957
E. Mehl, Mutterrechtliche Reste in der Olympischen Festordnung, in FS C. Diem, 1962
K. Meuli, Der Ursprung der Olympischen Spiele, Die Antike 17, 1941, 189 ff.
K. Meuli, Der griechische Agon, Köln 1968
F. Mezö, Geschichte der Olympischen Spiele, München 1930
S. G. Miller, Arete. Greek sports from ancient sources, Berkeley / Los Angeles [2]1991
L. Moretti, Iscrizioni agonistiche greche, Rom 1953
L. Moretti, Olympionikai. I vincitori negli antichi agoni olimpici, Rom 1959
L. Moretti, Supplemento al catalogo degli Olympionikai, Klio 32, 1970, 295 ff.
L. Moretti, Nuovo supplemento al catalogo degli Olympionikai, Misc. greca e rom. 12, 1987, 67 ff.
R. Muth, Der Sieg in Olympia: Faszination und Kritik, Das Wort im Gebirge 15, 1976, 7 ff.
R. Muth, Olympia. Idee und Wirklichkeit, Serta Philolog. Aenipontana 3, 1979, 161 ff.
W. J. O'Neal, Fair play in Homeric Greece, Class. Bull. 56, 1979, 11 ff.
Chr. Pappas, Die antike agonale Idee als Grundstein der Olympischen

Spiele und des heutigen Wettkampfsports, Saarbrücken 1986
R. Patrucco, Lo sport nella Grecia antica, Florenz 1972
H. W. Pleket, Some aspects of the history of the athletic guilds, ZPE 10, 1973, 197 ff.
H. W. Pleket, Zur Soziologie des antiken Sports, Mededelingen van het Nederlands Instituut te Rome 36, 1974, 57 ff.
H. W. Pleket, Games, prizes, athletes and ideology, Stadion I, 1976, 49 ff.
H. W. Pleket, Sport und Leibeserziehung in der griechischen Welt des hellenistisch-römischen Zeitalters, in: H. Ueberhorst (Hg.), Geschichte der Leibesübungen, Bd. II, Berlin 1978
M. B. Poliakoff, Kampfsport in der Antike, Zürich und München 1989
W. J. Raschke (Hg.), The archaeology of the Olympics, Madison 1988
J. Regner, s. v. «Olympioniken», RE XVIII (1939), 232 ff.
L. Robert, Les épigrammes satiriques de Lucillius sur les athlètes, parodie et réalités, in: L'épigramme grecque, Fond. Hardt, Entretiens sur l'Antiquité classique, Genf 1968
D. G. Romano, Boycotts, bribes and fines. The ancient Olympic games, Expedition 27, 1985, 10 ff.
W. Rudolph, Olympischer Kampfsport in der Antike, Berlin 1965
W. Rudolph, Sportverletzungen und Sportschäden in der Antike, Ant. 22, 1976, 21 ff.
W. Rudolph, Zu den Formen des Berufssports zur Zeit der Poliskrise, in: E. Ch. Welskopf (Hg.), Hellenische Poleis III, Berlin 1974, 1472 ff.
T. F. Scanlon, Greek and Roman athletics. A bibliography, Chicago 1984
B. Schröder, Der Sport im Altertum, Berlin 1927
E. Segal, To win or to die of shame. A taxonomy of values, Journ. of Sport Hist. 11.2, 1984, 25 ff.
U. Sinn, Olympia. Kult, Sport und Fest der Antike, München 1996
J.-P. Thuillier, Sport im antiken Rom, Darmstadt 1999
O. Tzachou-Alexandri (Hg.), Mind and body. Athletic contests in ancient Greece, Ausstellungskatalog Athen 1989
C. Ulf / I. Weiler, Der Ursprung der antiken Olympischen Spiele in der Forschung. Der Versuch eines kritischen Kommentars, Stadion VI, 1988, 1 ff.
D. Vanhove (Hg.), Le sport dans la Grèce antique, Brüssel 1992
I. Weiler, Der Agon im Mythos. Zur Einstellung der Griechen zum Wettkampf, Darmstadt 1974
I. Weiler, Aien aristeuein. Ideologiekritische Bemerkungen zu einem vielzitierten Homer-Wort, Stadion I/II, 1975, 200 ff.
I. Weiler, Der Sport bei den Völkern der Alten Welt, Darmstadt ²1988
I. Weiler, Einige Bemerkungen zu Solons Olympionikengesetzgebung, in: FS R. Muth, Innsbruck 1983, 573 ff.
I. Weiler, Der «Niedergang» und das Ende der antiken Olympischen Spiele in der Forschung, Grazer Beitr. XII/XIII, 1985/86, 235 ff.
L. Weniger, Das Hochfest des Zeus in Olympia, Klio 4, 1904, 125 ff.; Klio 5, 1905, 1 ff.; 184 ff.
N. Yalouris (Hg.), The Olympic games in ancient Greece, Athen 1992
D. C. Young, The Olympic myth of Greek amateur athletics, Chicago 1984
D. C. Young, How the amateurs won the Olympics, in: Raschke (Hg.), The archaeology of the Olympics, 55 ff.
L. Ziehen, s. v. «Olympische Spiele», RE XVII 2 (1937), 2520 ff.; RE XVIII 1 (1939) 1 ff.

Anmerkungen

Die Olympischen Spiele des Altertums

1 Bengtson, Olymp. Spiele 29
2 Vgl. Weiler, Sport 189 ff.
3 Luk. Herodot oder Aetian 1 f.
4 Vgl. S. 203 f.
5 E. Friedell, Kulturgeschichte Griechenlands, 1949, ND München 1976, 122
6 Paus. V 9, 3
7 Paus. V 24, 9
8 Vgl. S. 116 ff.
9 Vgl. S. 204 ff.
10 Paus. VI 20, 10–21
11 J. Ebert, Zum Pentathlon der Antike. Untersuchungen über das System der Siegerermittlung…, Abh. Sächs. Akad. Wiss., phil.-hist. Kl. 56,1 (1963); andere Vorschläge bei Weiler, Sport 192 ff.
12 Paus. V 10, 4
13 IG XIV 1102
14 Poliakoff, Kampfsport 166 f.
15 Andere Rekonstruktionen gehen von einer Dauer von nur fünf Tagen aus; vgl. etwa Ebert (Hg.), Olympia 45 f. Dagegen Bengtson, Olymp. Spiele 34 mit Berufung auf L. Weniger
16 Belegstellen bei Ziehen, RE XVIII 1, Sp. 31 f.
17 Ausführlich dazu Drees, Olympia 101 f.
18 Herrmann, Olympia 124

Sport und Politik

19 Dio Cass. 63, 20, 2
20 Dio Cass. 63, 20, 3–5; Suet. Nero 25, 3
21 Suet. Nero 23, 1
22 Philostr. Vita Apoll. Tyan. V 7
23 Suet. Nero 24, 1
24 Suet. Nero 24, 2
25 Dittenberger, Sylloge^3 814
26 Dio Cass. 63, 14, 1; Paus. X 36, 9
27 Umfassend dazu E. N. Tigerstedt, The legend of Sparta in classical Antiquity, 2 Bände, Stockholm 1965–1974
28 Hönle, Olympia in der Politik 128 ff.
29 Thuk. I 6, 5
30 Plat. resp. V 452 c
31 Ausführlich dazu Hönle, Olympia in der Politik 30 ff.
32 Hönle, Olympia in der Politik 29 ff.
33 Aristot. Pol. VIII 1338 b 24 ff.
34 Hönle, Olympia in der Politik 135
35 Vgl. dazu S. 80 ff.
36 Plut. Mor. 236 e; vgl. auch 233 e
37 Plut. Mor. 242 a–b
38 Plut. Mor. 190 c
39 Paus. VI 13, 2
40 Hönle, Olympia in der Politik 142
41 Plut. Mor. 639 e
42 Pind. Ol. VIII 11 ff.
43 Vgl. dazu ausführlich S. 97 ff.
44 Hom. Il. VI 208; XI 784
45 Paus. VI 19, 2; Herrmann, Olympia 91 ff.
46 Paus. I 28, 1
47 Thuk. I 126, 3
48 Thuk. I 126, 3 ff.; Hdt V 71
49 Hdt VI 35, 1
50 Hdt VI 36, 1 ff.
51 H. Berve, Die Tyrannis bei den Griechen, I, München 1967, 48
52 Hdt VI 103
53 Aristot. AP 16, 7; vgl. auch 16, 2; zu den Söhnen des Peisistratos: AP 17, 3 ff.; vor allem 19, 1
54 Hdt VI 103, 3
55 Pind. Ol. 1 12 f.; 23 ff. (Übers. O. Werner)

56 Pind. Ol. I 115
57 Bakchyl. V, 1 ff.; 48 ff.
58 Bakchyl. III 4 ff. (Übers. O. Werner)
59 Aristot. Pol. V 1313 b 10 ff.
60 Diod. XI 67, 4
61 Paus. VI 12, 1; VIII 42, 9
62 Pind. Ol. II und III
63 Pind. Ol. II 5 ff.
64 H. Berve, Tyrannis (s. Anm. 51) I 133
65 Athen. I 3 d–e; Herakl. 25, 5
66 Cic. Verr. IV 119
67 Fragmente der Rede: Lys. XXXIII
68 Diod. Sic. XIV 109
69 Pind. Pyth. XI 52 ff.
70 Isokr. XVI 32 ff.
71 Thuk. VI 16, 2 f.
72 Thuk. VI 15, 2
73 Vgl. etwa Plut. Alk. 12, 1
74 Vgl. S. 103 ff.; 111 ff.
75 Pind. Ol. VIII 68 f.; Pyth. VIII 85 ff.; Nem. X 40 f.
76 Paus. VI 13, 1 (anachronistische Zuschreibung an Hieron)
77 Paus. VI 2, 6
78 Paus. VI 18, 6
79 Forbes, Crime and punishment 170
80 Beispiele bei Buhmann, Der Sieg in Olympia 125 f.
81 Eine einschlägige Liste bei Buhmann, Der Sieg in Olympia 119 ff.
82 Paus. VI 1–18
83 Paus. VI 1, 2
84 Herrmann, Olympia 98
85 Chr. Meier, Die Entstehung des Politischen bei den Griechen, Frankfurt/Main 1980, 45

Olympia der Profis

86 Young, How the amateurs ... 55 f.
87 Young, How the amateurs ... 56
88 Young, How the amateurs ... 57
89 Young, How the amateurs ... 66
90 Hom. Il. XXIII 544
91 Poliakoff, Kampfsport 165; vgl. Paus. IV 24, 3
92 Pind. Ol. VII 80 ff
93 Pind. Ol. VII mit Scholien
94 Paus. VI 11, 2; Youngs gegenüber der aristokratischen Abstammung des Theogenes skeptische Ausführungen (Olympic myth 150 ff.) überzeugen nicht.
95 Moretti, Iscrizioni agonistiche Nr. 21, S. 1 ff.
96 Pleket, Soziologie 65
97 Plut. Mor. 811 d–e
98 Paus. VI 6, 5 f.
99 Paus. V 24, 9
100 Pleket, Sport und Leibeserziehung 304
101 M. Clauss, Sparta. Eine Einführung in seine Geschichte und Zivilisation, München 1983, 147 ff.
102 Vgl. S. 32 ff.
103 Plut. Sol. 23; Diog. Laert. I 55
104 Vgl. zuletzt Weilers Aufsatz «Einige Bemerkungen ...» in der FS R. Muth
105 So Pleket, Soziologie 63
106 Pleket, Soziologie 63
107 Xenoph. frg. 2 Diels (Übers. H. Fränkel)
108 Paus. VI 14, 5; Euseb. Chron. I 202 Sch.
109 Paus. VI 14, 7
110 Aristot. frg. 520 Rose; Cic. de sen. 27 und 33; vgl. auch Galen, Protr. 13
111 Vgl. Young, Olympic myth 153 f.
112 Hdt III 137, 5
113 Poliakoff, Kampfsport 164
114 Diod. XII 9
115 Pleket, Soziologie 67
116 Galen, Thrasyb. 33

117 Vgl. Göhler, Olympioniken als Krieger und Politiker, passim
118 Pleket, Soziologie 57
119 Vgl. etwa Philostr. Gymn. 1 ff; s. auch S. 164 f.
120 SEG 16, 595
121 Young, How the amateurs ... 72
122 Athen. IX 382 b; nicht zu überzeugen vermag Plekets Versuch der sozialen Aufwertung zum «Priester-Opferer» (Soziologie 60)
123 Phlegon v. Tralles, FGrHist 257, frg. 1, 2; vgl. auch Paus. V 8, 6 und VIII 26,4

Das «süße Leben» der Olympiasieger

124 Pind. Ol. I 87 f.
125 Eur. Iph. Taur. 823 ff.
126 Quellen bei Scherling, s. v. «Myrtilos», RE XVI 1 (1933), 1152 ff.
127 Pind. Ol. I 87 ff.
128 Weiler, Agon im Mythos 215 f.
129 Paus. V 10, 6
130 Vgl. die ausführliche Darstellung bei Herrmann, Olympia 136 ff.
131 Burckhardt, Griech. Kulturgeschichte IV 90
132 V. Ehrenberg, Ost und West. Studien zur geschichtlichen Problematik der Antike, Wien 1935, 65 (Hervorhebungen von mir)
133 Hom. Il. XXIII 259 ff.
134 Hom. Il. XXIII 539 ff.
135 Vgl. dazu W. Jaeger, Paideia. Die Formung des griechischen Menschen, I, Berlin [3]1954, 23 ff.
136 Muth, Olympia – Idee und Wirklichkeit 167
137 Weiler, Agon im Mythos 313
138 Burckhardt, Griech. Kulturgeschichte IV 99 f.
139 E. Curtius, Der Wettkampf, in: Alterthum und Gegenwart I, Berlin [4]1892, 141
140 Th. Klee, Zur Geschichte der gymnischen Agone an griechischen Festen, 1918, 29 ff.
141 Pleket, Sport und Leibesübungen 293
142 Dion Chrys. 66, 11
143 G. Steinkopf, Untersuchungen zur Geschichte des Ruhms bei den Griechen, Diss. Halle 1937; M. Grundl, Kleos, Kydos ..., Diss. München 1939
144 Pind. Ol. VIII 11 f.
145 Plat. resp. V 465 d
146 Cic. Pro Flacco 31
147 Ael. Var. Hist. IX 2
148 Afric. zu Ol. 113; Moretti, Olympionikai 464
149 Paus. III 18, 7
150 Diog. Laert. I 72; Plin. N. H. VII 119; Gell. III 15, 3
151 Paus. VI 9, 6
152 Dion. Chrys. 31, 110
153 Pind. Ol. X 74 ff.
154 Plin. N. H. XXXIV 16
155 Paus. VI 2, 1; VI 14, 13; VI 15, 10; VI 3, 11
156 Vitr. de arch. IX praef. 1
157 Pind. Pyth. IX 123 f.; Plut. Mor. 723 c; Paus. VI 7, 3
158 Plut. Mor. 639 e
159 Dio Cass. 63, 20, 1
160 Diod. XIII 82
161 Pind. Ol. IV 15
162 Zu den einzelnen Aspekten und Belegen s. Buhmann, Der Sieg in Olympia 107 ff.
163 Aristot. Rhet. I 1365 a
164 Buhmann, Der Sieg in Olympia 129
165 Plut. Sol. 23, 5; Diog. Laert. I 55
166 Ebert, Griech. Epigramme 251 ff.
167 Xenophanes frg. 2, 8 Diels
168 Plat. Apol. 36 d–37 a (Übers. M. Fuhrmann)

169 Buhmann, Der Sieg in Olympia 112 f.
170 Pind. Ol. I 97 ff.

Zeus-Statuen aus Strafgeldern

171 Paus. V 21, 2
172 Herrmann, s. v. «Zanes», RE Suppl. XIV (1974) 977
173 Paus. V 21, 4
174 Paus. V 21, 6
175 Moretti, Olympionikai Nr. 384
176 Paus. V 21, 5 ff.
177 Paus. V 21, 8 f.
178 Paus. V 21, 16
179 Paus. V 21, 15–17
180 Philostr. Gymn. 45
181 Philostr. ibid. (Übers. J. Jüthner)
182 Paus. V 24, 10; vgl. auch V 16, 8
183 Plut. Lyk. 20
184 Paus. VI 1, 4 f.
185 Paus. V 10, 4 ff.
186 Paus. V 10, 5
187 Paus. VI 3, 7
188 Hdt VIII 59
189 Aristoph. Equ. 1159 ff.; Luk. Calumnia 12
190 Plut. Mor. 224 f.
191 Poliakoff, Kampfsport 112 f.
192 Paus. V 24, 9
193 Thuk. V 49, 1
194 Thuk. V 50; Xen. Hell. III 2, 21
195 Paus. VI 2, 2 f.
196 Vgl. S. 59 ff.
197 Philostr. Apoll. Tyan. V 43
198 Paus. V 4, 12–14
199 Plut. Ages. 13; Xen.Hell. IV 1, 40
200 Der genaue Name ist unsicher; es sind auch die Schreibweisen Theagenes und Theugenes überliefert; s. Lamer, RE VI A 1 (1936) 252 ff., s. v. «Theugenes». Quellen: Paus. VI 11, 5; Dittenberger, Sylloge[3] 36 (= Moretti, Olympionikai Nr. 21); Plut. Mor. 811 e
201 Paus. VI 6, 5 f.
202 Paus. V 21, 18
203 Paus. VI 9, 6
204 Paus. VIII 40, 2; vgl. auch Philostr. Gymn. 21. Als Namensvarianten sind «Arrhachion» und «Arrhychion» überliefert.
205 Paus. VI 4, 3
206 Poliakoff, Kampfsport 47 f.
207 Poliakoff, Kampfsport 46
208 Hom. Il. XXIII 339 ff.; 383 ff.; 420 ff.; 514 f.; 725 ff.; 774 ff.
209 Vgl. etwa 695 ff.; Literatur: O'Neal, Fair play.
210 Weiler, Agon im Mythos 261
211 Luk. Anach. 36

Pax Olympica?

212 Lämmer, Sog. olymp. Friede 69
213 So der Titel seiner Studie in: 11. Olymp. Kongreß Baden-Baden 1981, Bulletin 6, S. 12–15; 42–48
214 P. de Coubertin, Der Olympische Gedanke, in: Reden und Aufsätze 154
215 Lämmer, Sog. olymp. Friede 69
216 Lämmer, Sog. olymp. Friede 70
217 H. Frisk, Griech. Etym. Wörterbuch I, Heidelberg 1960, 476, s. v. ἐκεχειρία
218 Gell. N. A. I 25, 8 f.
219 Tralles FGrHist II B frg. 1
220 Paus. V 20, 1
221 Plut. Lyk. 1, 1
222 Vgl. schon Ziehen, RE XVII 2, 2525; Hönle, Olympia in der Politik 7 ff.
223 Strabo VIII 3, 33
224 Strabo VIII 3, 33
225 Polyb. IV 73 (Übers. H. Drexler)
226 Paus. VI 22, 2; Strabo VIII 3, 33; Hdt VI 127, 3

227 Lämmer, Sog. olymp. Friede 53
228 Luk. Ikaromen. 22
229 Muth, Olympia – Idee und Wirklichkeit 171
230 Lämmer, Sog. olymp. Friede 54
231 Thuk. V 49, 1
232 Strabo VIII 3, 33
233 Thuk. V 47
234 Drees, Olympia 184
235 Thuk. V 49, 1
236 Thuk. V 49, 2
237 Thuk. V 49, 4–50, 1
238 Thuk. V 50, 3–4; zu Lichas s. ausführlich S. 125 f.
239 Xen. Hell. III 2, 23
240 Xen. Hell. III 2, 26
241 Xen. Hell. III 2, 30 f.; Paus. III 8, 3–5
242 Xen. Hell. VII 14
243 Xen. Hell. VII 4, 33
244 Xen. Hell. VII 4, 28 ff. (auch zum Folgenden)
245 Xen. Hell. VII 4, 31 (Übers. nach G. Strasburger)
246 Diod. XV 78, 3
247 Xen. Hell. VII 4, 35
248 Diod. XV 78, 3; Paus. VI 4, 2; 8, 3; 22, 3
249 Plut. Them. 25, 1; Ael. Var. Hist. IX 5
250 J. Papastavrou, Themistokles, Darmstadt 1978, 92 f. Die Historizität des Themistokles-Appells ist allerdings umstritten; möglicherweise handelt es sich um eine Dublette der im folgenden berichteten Konfrontation zwischen Lysias und dem Repräsentanten des Dionys.
251 Diod. XIV 109, 1–3
252 Thuk. VIII 10, 1
253 Muth, Olympia – Idee und Wirklichkeit 173
254 Isokr. Paneg. 43
255 Lys. Olymp. (XXXIII) 2
256 E. Szanto, RE X (1905) 2162 f. s. v. «Ekecheiria»

Wettstreit edler Körper?

257 E. Kästner, Ölberge, Weinberge. Ein Griechenland-Buch, Frankfurt/Main 1953, 217
258 Luk. Anach. 1–3 (Übers. E. Steindl)
259 Galen I 28 f.; V 878 f.
260 Galen V 905
261 Sen. ep. mor. 80, 2
262 Philostr. Gymn. 44
263 Philostr. Gymn. 46 (Übers. J. Jüthner)
264 Vergleich bei Weiler, Sport 172
265 H. I. Marrou, Geschichte der Erziehung im klassischen Altertum, Freiburg/München 1957, 102
266 Vgl. etwa Aristoph. Ran. 717 ff.; Thuk. VIII 48, 4
267 Aristoph. Nub. 961 ff.
268 S. auch Jüthner, Kalokagathia, FS A. Rzach 99 ff.
269 Pind. Ol. VIII 19 f.; IX 65 f.; AP XVI 2
270 FGrHist IV 513
271 Aristot. frg. 520 Rose (Schol. Theokr. IV 6)
272 Arist. Pol. VIII 1338 a 6
273 Rudolph, Olymp. Kampfsport 45
274 E. N. Gardiner, JHS 25, 1905, 14–31; 263–293; H. Jäger, Die Gymnastik der Hellenen, 1850, 98
275 Il. XXIII 701; 735
276 Poliakoff, Kampfsport 41 ff. Zu den Würgegriffen vgl. Nonnos Dion. XXXVII 590 ff.
277 Vgl. S. 132
278 Poliakoff, Kampfsport 59 f.
279 Rudolph, Olymp. Kampfsport 53
280 Luk. Anach. 12
281 Artemidor I 61
282 Hom. Il. XXIII 697
283 Hom. Od. XVIII 1–98
284 Hom. Od. XVIII 36 ff.; 98 f.
285 Hom. Od. XVIII 37

286 Weiler, Sport 177
287 Theokr. XXII 98–131
288 Verg. Aen. V 468 f.
289 Ael. Var. hist. X 19
290 Poliakoff, Kampfsport 100 f.
291 Galen de parv. pil. 55
292 AP XI 78
293 AP XI 77
294 AP XI 75
295 AP XI 80
296 AP XI 81 (Übers. H. Beckby)
297 Paus. VI 9, 6
298 Paus. VIII 40, 3
299 Skeptisch wohl mit Recht: Rudolph, Olymp. Kampfsport 12 f.; anders Weiler, Sport 181, der die Geschichte für glaubwürdig hält.
300 A. Boetticher, Olympia. Das Fest und seine Stätte, Berlin [2]1886, 101
301 Philostr. Imag. II 6
302 Luk. Anach. 3
303 Abb. 55 bei Poliakoff, Kampfsport
304 Philostr. Imag. II 6, 1
305 Philostr. Gymn. 21
306 Philostr. Imag. II 6; Gymn. 21; Paus. VIII 40, 1 f.
307 Philostr. Imag. II 6, 2
308 Dazu ausführlich Poliakoff, Kampfsport 123 ff.
309 Luk. Anach. 11 (Übers. E. Steindl)

Ein Fest der Völkerverständigung?

310 Luk. Anach. 9
311 Ziehen, RE XVIII 1 (1939), 41
312 Hdt V 22
313 Hdt VIII 137–139
314 Plut. Alex. 4, 5
315 Plut. Alex. 3, 5
316 M. Errington, Geschichte Makedoniens, München 1986, 203
317 Polyb. II 12, 8
318 Moretti, Iscrizioni agonistiche Nr. 84
319 Isokr. XVI 32
320 Aristot. Pol. I 1254 b 20 ff.
321 Ael. Var. Hist. XIV 18
322 Paus. V 6, 7; VI 20, 9
323 Paus. V 6, 7 f.; VI 7, 2; Philostr. Gymn. 17
324 Ziehen, RE XVIII 1 (1939), 34
325 Ziehen, a. a. O. 34 f.
326 So der Titel von Mehls Aufsatz in Festschrift Carl Diem, 1962, 71–81
327 Philostr. Gymn. 27; Plut. Lyk. 14, 3
328 H. Buhmann, Frauensport im alten Griechenland, Anregung 35, H. 2 (1989), 113
329 Paus. III 8, 1; VI 1, 6
330 Plut. Ages. 20, 1
331 Paus. V 8, 11; Athen. XIII 596 e–f
332 Plut. Them. 17
333 Plut. Them. 25, 1; Ael. Var. hist. IX 5; s. auch S. 158
334 Drees, Olympia 68
335 Paus. V 23, 4
336 Hönle, Olympia in der Politik 175
337 Vgl. S. 109 ff. und S. 59 ff.
338 Buhmann, Der Sieg in Olympia 6 ff.
339 Thuk. VI 16, 2
340 Strabo VI 1, 12
341 Pind. Pyth. VIII 86 f.
342 Buhmann, Der Sieg in Olympia 16 ff.

Register